조선시대 봉수연구

● 지은이

김주홍 _ 金周洪

청주대학교 사범대학 역사교육과 졸업(1992)
상명대학교 대학원 사학과 석사과정 졸업(2001)
충북대학교 대학원 사학과 박사과정 졸업(2011)
문화재청 국립경주문화재연구소(1991~1994)
경상남도 문화재전문위원(2009~현재)
LH 토지주택박물관(1995~현재)

주요 논저

『한국의 봉수』(공저)
『한국의 연변봉수』
『조선시대의 연변봉수』
『北韓의 烽燧』
「京畿地域의 烽燧研究」
「慶尙地域의 烽燧」I · II
「울산지역의 봉수」
「高麗~朝鮮時代 江華島의 烽燧 · 瞭望」
「南海岸地域의 沿邊烽燧」
「朝鮮後期 地方地圖의 烽燧標記」
외 다수

朝鮮時代 烽燧研究

조선시대 봉수연구

초판인쇄일	2011년 3월 3일
초판발행일	2011년 3월 4일
지 은 이	김주홍
발 행 인	김선경
책 임 편 집	김윤희, 김소라
발 행 처	도서출판 서경문화사
	주소 : 서울 종로구 동숭동 199 - 15(105호)
	전화 : 743 - 8203, 8205 / 팩스 : 743 - 8210
	메일 : sk8203@chollian.net
인 쇄	바른글인쇄
제 책	반도제책사
등 록 번 호	제 1 - 1664호

ISBN 978-89-6062-069-8   93900

정가 24,000원

朝鮮時代 烽燧研究

김주홍 지음

서경문화사

머리말

朝鮮時代의 軍事通信 수단을 대표하는 것으로 조선왕조 500여년 간 국가적인 기간통신망으로 운영 하였던 烽燧制가 있었다. 봉수는 烽[횃불·炬]과 燧[연기·煙]로 국경과 해안의 安危를 약정된 신호전달 체계에 의해 本邑·本營·本鎭이나, 중앙의 兵曹에 전하던 군사통신 수단이었다. 한국의 역사에서 이미 삼국시대부터 활용되기 시작한 후 고려시대에 이르러서 정례화 되었다. 이후 조선 세종대에 크게 정비되어 1895년 철폐까지 국가적 규모로 운영되었다.

이러한 烽燧를 필자가 처음 접한건 1990년 母校 博物館의 朴相佾 선생님을 따라 忠北의 烽燧 지표조사를 통해 본 몇 기에 불과하다. 당시에는 아무런 관심도 없이 그저 따라다니면서 시키는 대로 줄자로 규모를 재고 채집한 유물을 배낭에 지고 나르는 허드레 역할에 불과했다. 다음해 이름 석 자가 적힌 조사보고서를 받아 보고는 감격하여 몇 번을 보고 또 보기도 하였다. 이후 한동안 관심을 갖지 않았다가, 1995년 1월 현재의 직장에 입사하고 여름 첫 휴가를 어떻게 보낼까 고민할 때였다. 이때도 역시 모교 박물관의 박상일 선생님으로부터 청주 것대산[巨叱大山]봉수 발굴조사 참여 요청을 받게 되었다. 이렇게 하여 첫 휴가는 모교 재학생 후배들과 매일 봉수가 있는 산을 숨이 차게 오르내리면서 조사를 하고 도면을 작성하였다.

이후 필자는 석사과정 진학을 앞두고 전공을 무엇으로 할 것인가에 대한 고민을 하기 시작했다. 비록 학부때 歷史敎育學을 전공했지만 재학 중 청주 興德寺址, 충주 彌勒里寺址와 졸업 후 國立慶州文化財硏究所에 소속되어 王京地區 발굴 등을 통해 考古學에 심취해 있을 때였다. 당시 歷史考古學에서 선학들이 흔히 택하던 전공은 古墳·住居址·寺址·山城 등의 유적이나, 土器·靑銅器·瓷器·瓦 등의 각종 유적 출토 副葬品 혹은 遺物 등이었다. 그러므로 필자가 이중 한 분야를 택할시에는 비록 연구하기는 편할지라도 선학들이 해놓은 것을 그저 따라하고 재정리하는 수준으로 이해하였다. 따라서 선학들이 다루지 않은 분야가 무엇이고, 필자에게 가장 적합한 전공분야가 무엇인가를 고민하던 중 烽燧를 택하게 되었다. 처음 아무런 관심도 없이 그저 따라다니면서 보았던 봉수가 이제 평생 연구대상으로 다가 온 것이다.

　1997년 9월 석사과정에 진학하면서부터 필자는 일찌감치 봉수를 전공분야로 하되 지역을 경기지역으로 한정하였다. 당시에 이미 제도사적인 면에서는 선학들에 의한 연구가 있었기에 더 이상 새로 연구할 것이 없었다. 틈틈이 『世宗實錄』과 조선 전 시기 발간 地誌에서 봉수 관련 기록을 찾아 정리하였다. 그런데, 문제는 행정구역상 경기도를 포함한 서울·인천·강화 등 옛 경기지역 소재 봉수의 현장조사였다. 이를 위해서는 봉수가 있는 산 봉우리를 찾아 오르거나 島嶼 소재 봉수를 보기 위해 선박을 이용하는 등 실제 답사를 통한 기록과 실측·사진촬영을 포함한 현장조사가 불가피 하였다. 당시 입사한지 얼마 안된 직장인으로서 본연의 업무와 학업을 병행하면서 홀로 시작한 봉수 답사는 가정 생활의 희생 없이는 수행이 곤란하였다. 답사는 주로 휴일과 휴가를 이용하여 약간의 경비가 생기면 덥고 춥거나 비가 오고를 가리지 않고 돌아다녔다. 시간이 없었기 때문이다. 그리고 조사한 내용을 地誌의 기록과 대비하면서 비교·분석 및 특성을 정리하였다. 지금도 당시 신혼이었던 아내로부터 "허구한 날 어디를 그렇게 싸돌아 다니느냐"의 타박은 예사로 들린다. 하지만, 집을 나설때마다 걸음마를 막 시작하고 아빠·엄마를 한창 찾던 아들의 "아빠 놀아줘"에 응하지 못하였던 것은 지금 중학생이 된 아들에게 큰 미안함으로 남아 있다.

　그 와중에 성남시의 수탁을 받아 3차에 걸친 天臨山烽燧의 지표·발굴조사는 필자에게 어찌 보면 큰 행운이었다. 이를통해 朝鮮時代 內地烽燧의 제대로 된 실체를 파악하게 된 계기였다. 이에따라 조사결과를 당시 한창 작성 중이던 학위논문에 반영하여, 2001년 2월 『京畿地域의 烽燧硏究』라는 결과로 발표하게 되었다. 이후 학위도 받았고 몸도 마음도 지쳐 있는 상태에서 필자에게는 얼마간의 휴식이 필요하였다. 또한, 경기지역의 봉수조사도 이렇게 힘든데 忠淸·慶尙·全羅道 등 지역적으로 원거리 소재 봉수의 답사는 생각도 안할 때였다. 당시 최규성 지도교수님으로부터 곧바로 박사과정 진학의 권유가 있었으나, 이에 응하지 못하였던게 심히 송구스럽다.

필자가 경기지역을 벗어나 타 지역 봉수에 관심을 갖기 시작한 것은 2001년 忠北大學校 中原文化硏究所의 聞慶 炭項烽燧 지표조사이다. 당시 조사단장이었던 車勇杰 교수님은 이제 막 봉수에 눈을 뜨기 시작한 필자를 부르셔서 볼 기회를 주셨다. 이게 계기가 되어 다음해 발간된 보고서에 부록으로 졸고 「慶尙地域의 烽燧(Ⅰ)」를 수록하였다. 이후 틈나는 데로 타 지역 봉수의 답사를 통해 조사결과를 보고서나 학회 등에 발표하였다. 지금 보면 초보적인 연구수준으로 인해 내용의 중복과 오류 및 고쳐야 할데가 여러 군데 있다.

이때 만났던 분들이 울산의 이수창·이철영, 울진의 김성준, 삼척의 김도현(현 태백 장성여고 교사), 남해의 문부경, 여수의 백형선 선생님 등이다. 우연하게 인연이 되어 봉수 답사시 필요한 정보와 자료를 나누며 몸소 길 안내나 필자에게 숙식과 잠자리를 제공해 주시기도 하였다. 이분들과는 지금도 긴밀한 관계를 유지하고 있다. 이중 李喆永(현 울산과학대학 교수) 선생님은 전통건축이 전공으로 嶺南圈 봉수 답사시 필자의 눈과 발이 되어 주셨던 분이다. 필자 다음으로 가장 많은 봉수를 직접 보신 분이며 또, 이를 圖面으로 남기셨다. 이것이 계기가 되어 2006년 『朝鮮時代 沿邊烽燧에 관한 硏究』로 국내 최초 봉수로 박사학위를 취득하였다. 이후에도 꾸준하게 연구를 진행하고 있으며, 필자의 박사학위논문 작성시 많은 도움을 주셨다.

석사과정을 마치고 수 년을 외유하면서 필자가 박사과정을 염두에 두고 지도교수로 모시고자 했던 분은 충북대학교 역사교육과의 車勇杰 교수님이다. 2003년부터 두 번의 시도에 이은 苦杯를 마신 후 2005년 3월 드디어 충북대학교 사학과에 입학하여 지도교수로 모시게 되었다. 이후 국립대학 특유의 엄격한 수업과정과 여러차례의 대학원 예비발표 및 다섯 분 심사위원분들의 3차에 걸친 본심사를 통해 2011년 2월 『朝鮮時代의 內地烽燧』로 학위를 받기까지 많은 지도편달을 받았다. 이 과정에서 처음 작성하였던 원고가 장이 뒤섞이고 체제가 바뀌었을 뿐만 아니라 미쳐 더 수록하지 못한 점도 있다. 그러나, 이를 통해 문장내용과 구성의 통일, 단어사용의 정제 등 훈련을 통해 졸고가 완성되었다.

본 도서는 필자의 학위논문을 책으로 엮은 것이며 그간 약간의 추가내용을 반영하였다. 이중 제2장에서 다루는 烽燧日記는 조선후기 한반도 북부와 남부 일부 지역의 봉수 운용상황을 알 수 있는 자료로서 본 도서를 통해 처음 발표되는 자료이다. 본 도서가 발간되기까지 같은 박물관에 근무하고 있는 필자의 동학 金性甲 학형은 古文書學이 전공으로 본문에 소개되는 여러 고문서의 해독과 내용정리에 많은 도움을 주었다. 이에 지면을 빌어 진심으로 감사의 마음을 전한다. 끝으로 상업성이 없는 본 도서의 출간을 승낙하시고 세상에 나오도록 한 서경 김선경 대표님과 긴 시간 편집에 고생하시면서 책자로 꾸며주신 김윤희 · 김소라 님께 감사드린다.

2011년 3월

金周洪

차 례

Ⅳ. 內地烽燧의 構造 · 形態와 施設 _ 229

Ⅴ. 結論 _ 301

I. 서론

1. 研究目的

朝鮮時代의 軍事通信 수단을 대표하는 것으로 조선왕조 500여년 간 국가적인 기간통신망으로 운영 하였던 烽燧制가 있었다. 봉수는 烽[횃불·炬]과 燧[연기·煙]로 국경과 해안의 安危를 약정된 신호전달 체계에 의해 本邑·本營·本鎭이나, 중앙의 兵曹에 전하던 군사통신 수단이었다. 한국의 역사에서 이미 삼국시대부터 활용되기 시작한 후 고려시대에 이르러서 정례화 되었다. 이후 조선 세종대에 크게 정비되어 1895년까지 국가적 규모로 운영되었다. 이 때문에 봉수제도는 전 근대 사회에서의 정보 통신체계로서 가장 발전된 형식을 가진 것이 조선왕조였다.[1]

현재 한반도 남부지역에는 약 500여기 내외의 봉수터가 동·남·서해 연안의 灣이나 串뿐만 아니라 島嶼 혹은 육지내륙의 山頂이나 山中에 소재하고 있다. 봉수는 성격에 따라 京烽燧[2]·內地烽燧[3]·沿邊烽燧[4]로 구

---

1) 車勇杰, 「봉수」, 『한국성곽연구회 학술대회』(叢書5), 한국성곽연구회, 2004, p.1.

분된다. 이외에 조선후기 군사적으로 중요하였던 營·鎭에서 자체적으로 설치하여 本邑·本鎭으로만 연락하도록 운용되었던 權設烽燧[5]가 있다. 또한, 조선후기 異樣船의 침입에 대비하여 단기간 운용되었던 瞭望臺[6]도 넓은 의미의 봉수로 볼 수 있다.

봉수는 과거 교통·통신수단이 발달하지 못하였던 시대에 국가의 중요한 군사통신 수단이었다. 따라서 봉수제가 확립되어 본격적으로 사용되었던 조선시대에는 中途廢絶을 막기 위한 논의와 봉수망의 유지와 보수를 통해 지속적인 관리가 이루어져 왔다. 高宗 31年(1894) 甲午更張을 계기로 烽燧制가 폐지되기에 이르고, 이듬해 각 처의 烽臺와 烽燧軍이 폐지되었다.[7] 100년이 넘는 시간이 지나면서 봉수는 世人들의 관심에서 멀어

---

2) 봉수제가 운영되던 고려·조선시대에 전국의 모든 봉수가 집결하였던 중앙봉수이다. 고려시대에는 개경의 松嶽山에 國師堂·城隍堂 등 2기의 경봉수가 있었고, 조선시대에도 계속적으로 사용되었다. 조선시대에는 漢陽의 木覓山에 5所의 경봉수가 있었으며 전국 모든 봉수의 최종 집결처였다.

3) 邊境지역 初面의 沿邊烽燧와 京烽燧를 연결하는 육지 내륙지역 소재의 봉수로서 腹裏烽火와 같은 용어이다.

4) 국경과 해안가 및 도서 등 極邊 初面에 설치되어 煙臺라 지칭되었던 봉수이다. 연변봉수의 개념과 전국적인 현황에 대해 다음의 졸저가 있다.
  김주홍, 『한국의 연변봉수』, 한국학술정보, 2007.
  김주홍, 『조선시대의 연변봉수』, 한국학술정보, 2010.

5) 권설봉수의 기본 개념에 대해 車勇杰은 "間烽이라는 이름은 直烽의 전 노선에 이어지는 사이사이로 이어진 노선을 이름하기도 하며, 단지 本鎭·本邑·行營·水營의 지방적 警報에만 사용하는 것도 間烽이라 하였다. 이를 『大東地志』에서는 구분하여 權設이라 하였다. 따라서 權設烽燧는 직봉과 연결되는 간봉과는 구분될 수 있다. 운영의 주체가 다르며, 京 혹은 都城烽燧라 할 수 있는 木覓山烽燧와의 연결을 목적으로 한 것이 아니었다. 또한, 중앙 정부에서 마련한 봉수의 운영에 필요한 여러 조처와는 별도의 운영체계가 있었을 것이다" 하여 이에 대한 개념을 최초로 정의하였다.
  忠北大學校 中原文化硏究所, 『聞慶 炭項烽燧 地表調査報告書』, 2002, pp.21~22.

6) 높다란 곳에서 적의 동정을 살펴 바라보기 위해 흙 또는 석재를 높이 쌓아서 사방을 바라볼 수 있게 만든 시설이다. 조선후기 발간 地誌의 기록보다는 朝鮮後期 地方地圖를 통해 주로 경상·전라 남해안 일대의 도서에 다수 분포하고 있음이 확인된다. 요망대에 근무하는 요망의 책임자를 瞭望將이라 하였으며 그 밑에 瞭望軍이 있었다.

7) 命各處烽臺烽燧軍廢止 軍部奏請也 (『高宗實錄』卷32, 32年 5月)

져 왔다. 일부는 과거 原形을 추정할 수 있을 정도로 그 터가 온전히 남아 있기도 하다. 그러나, 대부분의 봉수 터들이 각종 통신시설·군부대·민묘 조성 등으로 훼손되었다. 심지어는 잘못된 復原으로 遺址가 온전하게 남아 있던 봉수가 사실과 다른 모습으로 변형되기도 하였다. 일부는 과거 문헌기록을 통해 이름만 알 수 있을 뿐 위치를 알 수 없는 경우도 있게 되었다.

따라서 봉수에 대한 전반적인 현황파악이 필요하고, 봉수에 대한 전반적인 연구도 필요하며, 이러한 과정을 통해 과거의 문화양상에 대한 올바른 이해를 가져야 한다. 아직 이에 대한 인식은 부족하여 특정 지역 소재 봉수의 조사나 연구가 진행되고 있으나, 피상적으로만 이해되고 있는 실정이다. 또 조사자마다 봉수에 대한 이해 및 인식의 차이로 인한 듯, 용어 및 조사결과의 해석에 차이가 있거나, 심지어 사실의 왜곡이 아닐까 의심되는 경우도 있다.

그러므로 본 論文은 內地烽燧를 주제로 봉수제의 운영 및 문헌상의 봉수시설과 표기양식에 대하여 검토하고자 한다. 이어 구조·형태와 시설의 실제 운영에 대한 검토를 통해 조선시대 봉수의 실체를 보다 깊이 이해하여 보고자 한다. 기존 연구성과가 있는 沿邊烽燧와의 비교를 통해 조선시대의 內地烽燧를 대상으로 각종 기록과 古地圖 및 현장 조사결과를 활용하여 연구를 진행시키고자 한다.

본 논문은 다음과 같이 각 장으로 나누어 살펴보고자 한다. 먼저 본 연구의 시간적 범위는 조선왕조 시대이며, 공간적 범위는 조선왕조의 영역이었던 한반도내 전체에 걸친다.

제Ⅰ장에서는 연구목적에 접근하기 위해 연구사적 검토와 지금까지 이루어진 봉수관련 조사현황을 5개 권역으로 구분하여 소개하고자 한다. 우선 연구사의 검토에서는 일제강점기 日人들과 해방 후 先學에 의한 연구내용을 살펴본 뒤 歷史學·地理學·考古學·建築學 등 각 분야별 연구자들에 의해 진행되어 온 연구내용을 소개하고자 한다. 이어 조사현황에서는 일제강점기 일본인에 의한 조사내용과 해방 후 한반도 남부지역에서 이루어진 조사현황을 소개할 것이다. 이를 통해 지금까지 이루어진 봉수연구와 조사의 흐름을 이해할 수 있을 것이다. 아울러 봉수와 관련된 시설을 유적으로 파악한 조사를 통해 보고서가 발간된 內地·沿邊봉수의 현황을 집약하기로 하겠다.

　제Ⅱ장에서는 시대별로 烽燧制의 運營과 變遷을 살펴보고자 한다. 봉수제의 시원은 三國時代로 거슬러 오를 수 있으나, 체계화된 봉수제도는 高麗王朝 時代에 성립되어 沿邊烽燧를 중심으로 운영되었고, 설치목적은 倭寇 등 외적의 침입에 대비하기 위해서였다. 본격적인 봉수제의 확립과 운영은 朝鮮王朝 時代에 이루어졌으며, 특히 世宗 在位 기간에 京烽燧의 설치와 5炬 擧火制가 확립되었다. 뿐만 아니라 지방의 內地烽燧와 沿邊烽燧(烟臺)의 築造規式과 烽燧路線網의 整備 및 烽燧軍의 인원과 근무 및 처벌규정 등이 국가의 법으로 정해졌음을 개관하기로 한다. 봉수제는 성립초기에 제시된 본래의 설치목적을 제대로 달성하여 그 기능을 발휘한 사실이 적어 여러 폐단을 없애려는 시도와 함께 革罷도 논의된 바 있었으나, 국가적 규모로 지속적 운영이 이루어진 것이 사실이다. 시대적 흐름이 근대로 치닫던 高宗 31年(1894) 八路烽燧의 폐지가 결정되어 다음해 각처 봉대와 봉수군을 폐지함으로써 모든 봉수제는 폐지되기에 이르렀다. 따라서 본 장에서는 조선왕조 全 時期 봉수제의 운영과 변천 및 여러 폐단을 없애려던 노력과 관련된 논의를 포함하여 결국 폐지단계에 이르기까지의 상황을 검토하고자 한다. 이어 최근 발굴된 古文書 자료를 근거로 조선후기 황해도·충청도·경상도·전라도의 여러 지역에서 烽燧制가 運營된 실태를 알아보고자 한다. 이들 고문서는 晴明日記·風變日記·陰晴日記 등의 명칭으로 전해오며, 前月의 氣象 상황과 봉대에 入直한 將卒의 姓名을 韓紙에 적어 翌月 初에 소속 觀察使·都巡察使·都事·大都護府·三

軍府 등 상부기관에 보고한 내용들이다. 비록 지역은 제한적이지만 봉수제 시행의 직접 사료로서의 가치가 크며, 일부는 이 논문을 통해 최초로 소개되는 자료도 있다.

제Ⅲ장에서는 文獻에 기록되거나 그려진 烽燧施設과 標記樣式을 분석하고, 이어서 봉수제가 운영되던 당시의 地誌에 기록되어 있는 봉수시설과 봉수마다 비치하고 있었던 80여 종의 각종 비치 物目을 성격별로 정리하여 보기로 하였다. 시기적으로는 조선 후기이며 성격에 따라 거화, 방호, 신호, 생활·주거시설 및 비품 물목으로 구분된다. 이어 古地圖의 烽燧 標記形態를 통해 조선시대 봉수의 구조·형태를 이해하기 위한 좀 더 실체적인 접근을 시도하고자 한다. 이를 위해 조선후기 발간의 『輿地圖書』와 『海東地圖』 및 『朝鮮後期地方地圖』에 표기된 봉수의 다양한 표기형태를 소개하고자 한다. 이를 통해 이들 고지도에 표기된 繪畫資料인 봉수의 형태가 실제 잔존모습과 어느 정도 유사성이 있는지를 확인하고 그것이 상징하는 의미를 검토하고자 한다.

제Ⅳ장에서는 內地烽燧의 構造·形態와 주요 시설이었던 연조·방호벽·출입시설·건물 터·우물[井] 등에 대해 연변봉수와의 비교·검토를 시도하였다. 따라서 제1절 구조·형태에서는 한반도 남부지역 소재 각 노선의 초기 연변봉수가 내지화하는 과정과 연변·내지의 접점 지대에 있는 봉수를 소개한다. 이어 지역별 노선관계의 검토를 통해 동일 지역임에도 각자 다른 노선의 봉수가 처음의 기점이 되었거나 지나던 경남·경북·충북·경기 소재의 16개 지역에 대한 검토를 시도하였다. 제2절 시설에서는 내지봉수의 지표·발굴조사를 통해 煙竈가 확인된 약 20기의 사례를 연변봉수와의 비교·검토를 통해 차이와 유사점 및 특징을 확인하고자 한다. 이어 내지봉수의 평면 형태를 결정짓는 防護壁의 형태 및 규모의 검토와 내지봉수의 出入施設에 나타난 시설 자체의 형태를 유형별로 소개하고자 한다. 이외에도 봉수군이 風雨와 寒暑를 피하고 생활을 하거나 거화·

방호에 필요한 각종 비품의 보관에 필요한 시설물인 建物에 대해 지지 검토와 조사사례 및 봉수군의 취사나 생활에 절대적으로 필요한 요소였던 우물[井]의 소개를 통해 위치 · 평면형태 등을 검토하고자 한다.

마지막으로 제Ⅴ장에서는 앞의 분석과 정리를 다시 종합하여 결론으로 제시하여 보기로 하였다.

2. 硏究史 檢討

1895년까지 국가적인 운영을 하였던 봉수에 대한 연구는 日人들에 의해 선행되었다. 즉, 日帝 강점기에 日本人 和田一郎[8], 松田 甲[9] 등이 그들의 토지수탈과 식민사관의 입장에서 조선의 봉수를 소개한 것이 최초였다. 이후 平川 南 · 今平 利幸 · 酒寄 雅志 등이 자국의 봉수유적 조사 성과와 조선시대 봉수의 소개를 포함하여 단행본으로 발간하였다.[10] 그러나, 그 내용이 극히 간략하고 단편적이어서 지금으로서는 연구에 참고할 만한 가치는 없다.

국내에서의 연구는 해방 후 車相瓚[11]이 봉수의 기원을 고대 駕洛國에서 시작되었다고 보고 고려시대에 훨씬 발달되었으며, 조선은 그것을 모방한 것에 불과한 것으로 간주하였다. 그의 언급 가운데 각 봉수간의 거리와 연통의 크기 및 구조 등에 대한 소개는 조선시대 봉수의 형태를 추정하

---

8) 和田一郎, 「烽臺屯及烟臺屯」, 『朝鮮土地地稅制度調査報告書』, 宗高書房, 1920, pp.407~411.
9) 松田 甲, 「李朝時代の 烽燧」, 『朝鮮』254, 1928.
10) 青木書店, 『烽(とぶひ)の 道』, 1997.
11) 車相瓚, 「烽火」, 『朝鮮史外史』第1卷, 明星社, 1947, pp.93~101.

는데 참고가 된다.

이후 봉수는 歷史學·地理學·考古學·建築學·民俗學·鄕土史·通信工學 등 다양한 분야에서 연구의 대상이 되어 왔다. 우선 歷史學 분야에서는 몇몇 先學들에 의해 문헌기록을 근거로 제도사적인 측면에서 일찍부터 다루어 왔다.[12] 비록 실제적인 답사가 결여되어 개별 봉수의 현황은 언급되지 않았지만, 광범위한 사료의 소개를 통해 오늘날 봉수연구의 기초가 마련되었다. 이후의 봉수연구는 각 연구자별로 조선시대를 중심으로 大同小異한 편이다.[13] 한편, 朴相佾은 기존 연구자들과는 달리 조선시대 제5거 봉수노선을 중심으로 운용체계와 유적현황을 정리하였다. 이를 통해 고려시대 사용되었던 봉수노선의 일부를 찾을 수 있는 곳으로 江華島가 언급되었다.[14]

한편, 2000년대에 들어 봉수연구는 제2의 전환기를 맞게 되었다. 관련

---

12) 許善道, 「烽燧」, 『韓國軍制史 -近世朝鮮前期篇-』, 陸軍本部, 1968, pp.486~635.
　　_____, 「近世朝鮮前期의 烽燧制」(上), 『韓國學論叢』第7輯, 國民大學校 韓國學硏究所, 1985, pp.135~180.
　　_____, 「近世朝鮮前期의 烽燧」(下), 『韓國學論叢』第8輯, 國民大學校 韓國學硏究所, 1986, pp.71~123.
　　南都泳, 「朝鮮時代 軍事通信組織의 發達」, 『韓國史論』9, 國史編纂委員會, 1986, pp.73~143.
　　_____, 「馬政과 通信」, 『韓國馬政史』, 마사박물관, 1997, pp.519~564.
　　李元根, 「韓國 烽燧制度考」, 『蕉雨 黃壽永博士 古稀紀念 美術史學論叢』, 通文館, 1987, pp.381~416.
　　_____, 「烽燧槪說」, 『韓國의 城郭과 烽燧』(下), 한국보이스카우트연맹, 1990.
13) 方相鉉, 「朝鮮前期 通信制度의 硏究」, 慶熙大學校 碩士學位論文, 1976.
　　_____, 「朝鮮前期의 烽燧制」, 『史學志』14, 檀國大學校 史學會, 1980.
　　朴世東, 『朝鮮時代 烽燧制 硏究 -慶尙道地方을 中心으로-』, 嶺南大學校 碩士學位論文, 1987.
　　盧泰允, 『朝鮮時代 烽燧制 硏究』, 檀國大學校 碩士學位論文, 1991.
　　孫德榮, 『朝鮮時代 公州地方의 烽燧에 대한 考察』, 公州大學校 碩士學位論文, 1993.
14) 朴相佾, 「朝鮮時代의 烽燧運營體系와 遺蹟現況」, 『淸大史林』第6輯, 淸州大學校 史學會, 1994, pp.71~72.

연구자의 증가와 함께 학위논문이나 개별논문이 다수 발표되었다. 따라서 이전시기와는 다르게 문헌기록을 중심한 실증으로부터 탈피하여 유구 자체의 조사를 포함한 실증적인 연구가 이루어지기 시작하였다. 金明徹은 濟州道의 邑城·鎭城과 烽燧·煙臺를 대상으로 현황 및 시기별 변천과 특징을 소개하였다.[15] 2001년도에는 金一來의 조선시대 충청도 지역의 연변봉수[16], 李貴惠의 부산지방의 봉수[17], 金周洪에 의한 경기지역의 봉수연구[18]를 통해 제주도·충청도·부산·경기지역의 봉수에 대한 문헌고찰과 성격 및 현황파악이 가능하게 되었다. 또한, 김용욱의 조선후기 해안 봉수대를 중심으로 한 연구가 있었으며[19], 이지우는 문헌기록에 근거하여 조선시대 경남의 봉수를 시설과 비치물목, 봉수군의 신분, 운용상의 문제점 등을 중심으로 소개 및 5개의 권역으로 나누어 해당 지역의 봉수를 소개하였다.[20] 이외에도 조선후기 울산지역 봉수군을 대상으로 한 이상호의 연구가 있다.[21] 이상호는 『慶尙道蔚山府陸軍諸色庚寅改都案』[22]을 분석하여 당시 울산지역 5기 봉수에 속한 봉수군의 운영요원과 인원,

---

15) 金明徹, 『朝鮮時代 濟州道 關防施設의 연구』, 濟州大學校 碩士學位論文, 2000.
16) 金一來, 『朝鮮時代 忠淸道 지역의 沿邊烽燧』, 서울市立大學校 碩士學位論文, 2001.
17) 李貴惠, 『釜山地方의 烽燧臺 硏究』, 釜山大學校 碩士學位論文, 2001.
18) 金周洪, 『京畿地域의 烽燧硏究』, 詳明大學校 碩士學位論文, 2001.
　　위의 연구는 행정구역상 현 경기도와 서울·인천·강화 등 옛 경기지역 소재 54기 봉수에 대한 현황중심의 글이었다. 이후 江華島에서 새로운 봉수의 확인과 古地圖에서 瞭望이라 표기된 조선후기 축조 연변봉수 성격의 權設烽燧가 확인되어 출간된지 불과 2~3년 만에 무용지물이 되어버렸다. 이전의 오류를 본 논고를 통해 바로잡고자 한다.
19) 김용욱, 「조선조 후기의 烽燧制度」, 『法學硏究』第44卷 第1號·通卷 52號, 釜山大學校 法學硏究所, 2003, pp.127~151.
20) 이지우, 「朝鮮時代 慶南地域 烽燧臺의 運用實態」, 『加羅文化』第18輯, 慶南大學校博物館 加羅文化硏究所, 2004, pp.25~26.
　　＿＿＿, 「조선시대 경남지역 烽燧臺의 변천」, 『경남의 역사와 사회 연구』, 경남대학교 경남지역문제연구원, 2004, pp.49~114.
21) 이상호, 『조선후기 울산지역 봉수군에 대한 고찰』, 울산대학교 석사학위논문, 2001.

연령, 거주지, 신장, 봉수군 교체 등을 밝혀냈다. 한편 봉수군의 신분에 대한 김난옥의 고려후기 烽卒에 관한 연구가 있다. 논고에서 烽卒編配의 주요 원인으로 외적 방어 실패 등의 군사적 문제, 정치세력간의 알력, 반란에 의한 연좌를 들었으며, 처벌로 인해 봉졸이 된 대상자는 관직자이거나 그의 자손으로서 지배계층에 부과된 형벌로 보았다.[23]

地理學 분야는 元慶烈이『大東輿地圖』의 내용분석을 통해 문헌별 봉수의 변화와 道別 봉수대의 평균높이를 소개하였다. 이외에 봉수망이 조선시대 전기간을 통해 제도화된 군사조직이면서 이것이 실용화되지 못한 요인을 역사적 · 지리적인 측면에서 각각 언급하였다.[24] 이후 김경추는 강원도 소재 봉수의 입지에 대한 연구결과를 발표하였다.[25]

考古學 분야에서는 金周洪이 연변봉수를 여섯 유형의 형식으로 분류를 처음 시도하였다.[26] 곧이어 최초의 분류 안이 당시까지 조사되었던 소수의 봉수를 대상으로 단순하게 분류한데다, 각 형태별로 분류된 봉수가 추후 조사를 통해 다르게 확인되는 등 오류가 있었음을 인정하고, 다시 열한 개 유형의 형식 분류를 시도하였다.[27] 洪性雨는 경남지역 봉수의 구조

22) 英祖 46年(1770) 작성. 경상도 蔚山府에 배정된 육군의 구성과 소속 군인들의 상황을 수록한 책으로 울산지역 군역 근무자의 실상을 파악할 수 있는 자료이다. 여기에는 당시 울산 소재 尒吉 · 下山 · 加里 · 川內 · 南木 등 5기 봉수의 봉수군 명단이 있다. 각 봉수에 편성된 봉수군은 총 100명이다. 이들 100명은 20番으로 구성되어 있는데, 매 番은 伍長 1명, 軍 4명으로 편성되어 있었다.(서울大學校 奎章閣 所藏, 청구번호 奎 15022)
이상호, 『조선후기 울산지역 봉수군에 대한 고찰』, 울산대학교 석사학위논문, 2001, pp.3~5.
23) 김난옥, 「고려후기 烽卒의 신분」, 『韓國史學報』제13호, 高麗史學會, 2002, p.177.
24) 元慶烈, 「驛站과 烽燧網」, 『大東輿地圖의 硏究』, 成地文化社, 1991, pp.130~148.
25) 김경추, 「朝鮮時代 烽燧體制와 立地에 관한 연구」, 『地理學硏究』제35권3호, 韓國地理教育學會, 2001, pp.273~282.
26) ①煙臺形 ②煙臺＋防護壁形 ③煙臺＋濠形 ④煙臺＋煙竈形 ⑤煙臺＋防護壁＋煙竈形 ⑥異形
金周洪, 「韓國 沿邊烽燧의 形式分類考(Ⅰ)」, 『實學思想硏究』27輯, 毋岳實學會, 2004, pp.99~111.

를 망대와 연조의 배치 형태 및 중심시설을 감싸는 방호벽과 호의 유무에 따라 여섯 유형으로 분류하였다.[28] 이어 조선시대 내지·연변 봉수대의 개념 및 구조에 대한 검토와 현장조사의 필요 부분을 다루었다.[29] 金成美 는 경남 창녕지역 소재 餘通山·太白山烽燧의 지표·발굴조사 결과를 통해 이 지역 봉수의 현황과 특징 외에 봉수군의 추정 거주마을을 추론하였 다.[30]

建築學 분야는 손영식이 연변·내지봉수의 추정도 제시를 통해 구조·형태적 접근을 시도한 바 있었다.[31] 그러나, 국내 봉수에 대한 현황 조사가 어느 정도 진척됨에 따라 그가 제시한 추정도는 사실과 다른 점도 있음이 밝혀졌다. 이에 반해 李喆永의 朝鮮時代 沿邊烽燧에 관한 硏究는

---

27) ①煙臺形 ②煙臺＋煙竈形 ③煙臺＋壕形 ④煙臺＋防護壁形 ⑤煙臺＋壕＋防護壁形 ⑥煙臺＋煙竈＋壕形 ⑦煙臺＋煙竈＋防護壁形 ⑧煙臺＋煙竈＋壕＋防護壁形 ⑨防護壁形 ⑩防護壁＋煙竈形 ⑪防護壁＋煙竈＋壕形
김주홍,「한국 연변봉수의 형식분류고」,『한국의 연변봉수』, 한국학술정보, 2007, pp.21~48.
이렇게 분류된 11가지의 유형분류는 최근 경상문화재연구원에서 경남 남해군 창선면 진동리 將軍山(110m) 일원의 골프장 예정부지 지표조사를 통해 연조 2기가 새롭게 확인됨으로서 煙竈形을 추가하면 12가지의 유형으로 분류된다. 이상 소개한 12가지 연변봉수의 유형분류는 煙臺를 기본으로 거화시설인 煙竈, 방호시설인 防護壁·壕의 有·無와 配置 形態에 따른 羅列式의 區分法이다. 그러나, 지나치게 세밀하게 나열한 이런 식의 구분법이 실제 조선시대 연변봉수의 형식과 시기 구분에는 적합하지 않다. 그러므로 필자는 그동안 여러차례 타 연구자 들로부터 문제점을 지적 받은 바 있다. 따라서 향후 연변봉수의 형식분류에 대해서는 좀 더 심사숙고를 통해 신 유형의 형식분류를 시도하고자 한다.
28) ① Ⅰa型(烟臺＋防護壁型) ② Ⅰb型(烟臺型) ③Ⅱa型(望臺＋煙竈＋防護壁型) ④Ⅱb型(望臺＋煙竈型) ⑤Ⅲa型(煙竈＋防護壁型) ⑥Ⅲb型(煙竈型)
洪性雨,「慶南地域 烽燧臺의 構造 관한 一考察」, 慶南大學校 碩士學位論文, 2007, pp.35~41.
29) 홍성우·박세원,「조선시대 봉수대의 구조와 조사방법」,『野外考古學』第9號, 韓國文化財調査研究機關協會, pp.279~321.
30) 김성미,「창녕 여통산봉수대 발굴조사 개보」,『한국성곽학보』제9집, 한국성곽학회, 2006, pp.175~202.
_____,「창녕지역의 봉수」,『한국성곽학보』제13집, 한국성곽학회, 2008, pp.121~147.
31) 손영식,『전통 과학 건축』, 대원사, 1996, pp.121~147.

건축학적인 입장에서 봉수의 거화 · 방호시설뿐만 아니라 烽燧軍의 주거
시설을 함께 고려한 분류안이다. 봉수를 배치형태에 따라 ① 一廓形 ②
連接形 ③ 分離形으로 구분하고, 일곽형을 다시 單廓形과 複廓形으로 구
분하였다. 따라서 이렇게 배치된 연변봉수의 종합적인 평면 형태에 따라
① 圓形 ② 半圓形 ③ 楕圓形 ④ 方形 ⑤ 末角方形으로 구분하였다. 이들
배치 형태 및 평면 형태는 봉수가 위치한 입지, 군사 · 행정상의 특성, 지
역성 등이 반영되어 다양하게 나타나고 있음을 밝혔다. 아울러 그동안의
조사결과를 근거로 제시한 추정 복원도([표IV-7]의 ②)는 조선시대 연변봉
수의 한 유형에 가장 가까운 모델로 볼 수 있다.[32] 이후 봉수군의 주거지
[33], 연변봉수의 배치형식 및 연대[34]와 동해안지역 연변봉수[35], 조선시대
내지봉수에 관한 연구[36]로 심화시켰다. 최근에는 조선시대 경상도 연
변 · 내지봉수의 동 · 남해안 지역별 해발고도 및 평면형태의 차이를 면밀
히 분석하고 봉수의 규모와 내부 공간구성에 대한 고찰까지 시도하였
다.[37]

　　民俗學 분야는 김도현이 三陟地域 5기의 烽燧[38]를 대상으로 民間信仰

---

32) 이철영이 아래의 논고에서 제시한 연변봉수 추정도는 울산지역 8기의 봉수 중 울주군 서
　　생면 나사리 소재 爾吉烽燧를 모티브로 하여 연변봉수의 여러 유형에서 특정 부분을 차
　　용한 것이다.
　　李喆永,『朝鮮時代 沿邊烽燧에 관한 硏究』, 大邱가톨릭大學校 博士學位論文, 2006, p.197.
33) 이철영 외,「조선시대 봉수군의 주거에 관한 연구」,『한국주거학회논문집』(제16권 제6
　　호), 한국주거학회, 2005, pp.111~120.
34) 이철영 외,「조선시대 연변봉수의 배치형식 및 연대에 관한 연구」,『건축역사연구』49(제
　　15권5호), 韓國建築歷史學會, 2006, pp.41~56.
35) 이철영 외,「조선시대 동해안지역 연변봉수에 관한 연구」,『건축역사연구』57(제17권2호),
　　韓國建築歷史學會, 2008, pp.47~66.
36) 이철영 외,「조선시대 내지봉수에 관한 연구」,『건축역사연구』67(제18권6호), 韓國建築歷
　　史學會, 2009, pp.47~64.
37) 이철영 외,「朝鮮時代 慶尙道地域 烽燧 硏究」,『大韓建築學會支會聯合論文集』제12권4호,
　　大韓建築學會支會, 2010.

的인 면에서 언급하였는데, 그는 봉수 본래의 기능이 폐지된 이후 봉수가 마을신앙 대상물의 새로운 형태로 致祭되어 전용된 사실에 착안하여 삼척지역 봉수의 현황을 소개하고 성격을 규명하였다.[39] 따라서 봉수 본래의 기능을 밝히는 연구도 중요하지만 다양한 인접분야에서의 이러한 연구 역시 매우 의미 있는 성과로 평가된다.

郷土史 분야는 각주와 같이 지역별로 봉수에 관심을 가진 향토사가들에 의해 많은 실증적인 연구가 이루어졌다. 이를 통해 새로운 사실이 일부 밝혀지기도 하였다. 그러나, 해당지역에만 국한하다 보니 각지 봉수와의 비교·검토 및 논지전개와 용어의 사용에서 혼동이 있을 수 있으나, 자료의 추적과 안내, 향토 문화재의 보호와 인식, 기초적인 이해를 바탕으로 하는 초등 교육에의 이바지 등 중요한 기능을 지속적으로 유지케 하는 순기능이 있다.[40]

通信工學 분야는 遞信部에 의해 1985년 韓國電氣通信 100년을 기념하여 허선도·진용옥 2인이 그동안의 연구 내용을 근거로 봉수제를 정리하

---

38) 可谷山, 臨院山, 草谷山, 陽野山, 廣津山
39) 김도현, 「삼척지역의 烽燧硏究」, 『博物館誌』第11號, 江原大學校 中央博物館, 2004, pp.29~94.
40) 尹聖儀, 「唐津地域의 烽燧址」, 『內浦文化』第5호, 唐津鄕土文化硏究所, 1993, pp.105~115.
　신재완, 「保寧의 烽燧臺」, 『保寧文化』第8輯, 保寧文化硏究會, 1999, pp.112~127.
　백형선, 「여수의 봉수대」, 『아살자 2001 자료집』, 여수시민협, 2001, pp.149~215.
　김중규, 「18세기 군산지역 봉수대의 폐지 및 이설에 따른 위치 및 명칭 확인」, 『제17회 전국향토문화연구발표수상논문집』, 전국문화원연합회, 2002, pp.19~69.
　김범수, 「당진지역의 봉수」, 『內浦文化』第15호, 唐津鄕土文化硏究所, 2003.
　임정준, 「蔚珍地域의 烽燧 調査報告」, 『史香』창간호, 울진문화원부설 울진역사연구소, 2003, pp.121~152.
　황의호 외, 「보령지역의 봉수대 연구」, 『제19회 전국향토문화연구발표수상논문집』, 전국문화원연합회, 2004, pp.523~601.
　김용우, 「浦項의 봉수대」, 『東大海文化硏究』제10집, 동대해문화연구소, 2005, pp.1~68.
　김태호, 「우리 고장 봉수대」, 『淸道文化』제9집, 청도문화원, 2007, pp.58~69.

였다.[41] 이중 진용옥은 정보통신의 뿌리로서 봉수가 원시적인 형태이지만 당시 기술로서는 간단하고도 우수한 통신수단이었음을 소개하였다.[42]

이처럼 여러 분야에서 여러 학자들이 봉수에 대해 연구하여 오면서 관심도 더욱 높아지고 학문적 이해의 수준도 더욱 깊어지고 있다. 金周洪은 직접 답사를 통해 조사한 결과와 문헌기록을 접목하여 여러 편의 글들을 발표하여 왔다. 초기에는 경기지역 봉수를 대상으로 해발고도별 위치[43], 조선시대의 봉수제[44] 및 경기 중부와 남부지역 봉수의 현황과 특징의 소개[45] 외에 『海東地圖』와 『朝鮮後期地方地圖』의 봉수표기를 고찰하기도 하였다.[46] 또 지역별로는 경상도·충북·울산·인천 외 한반도 중북부에 이르기까지 지역과 대상을 확대하여 해당지역 봉수의 현황과 특징을 언급하였다.[47] 특히, 경상도의 7기 봉수를 대상으로 備置物目을 소개하여 조선왕조시대 봉수의 실제 운용과 관련한 작업도 하게 되었다.[48] 이후 沿邊烽燧의 구조·형태적 특징과 평면 형태별 분류의 시도[49]에 이어 內地烽燧에 대해서도 개략적인 검토를 하였다.[50]

한편, 한반도 북부지역 소재의 봉수에 대한 조사는 현실적으로 거의 불

41) 遞信部,「烽燧制度」,『韓國電氣通信100年史』(上), 1985, pp.28~40.
42) 진용옥,『봉화에서 텔레파시 통신까지』, 지성사, 1997.
43) 金周洪,「京畿地域의 烽燧位置考(Ⅰ)」,『博物館誌』第9號, 忠淸大學 博物館, 2000, pp.3~23.
　　　　,「京畿地域의 烽燧位置考(Ⅱ)」,『白山學報』62, 白山學會, 2002, pp.143~186.
44) 金周洪,「朝鮮時代의 烽燧制」,『實學思想研究』19·20, 毋岳實學會, 2001, pp.181~237.
45) 金周洪,「朝鮮前期 京畿中部地域의 烽燧 考察」,『詳明史學』第8·9合輯, 詳明史學會, 2003, pp.157~177.
　　　　,「京畿南部地域의 烽燧 現況」,『平澤 關防遺蹟』(Ⅱ), 京畿道博物館, 2004, pp.620~651.
46) 金周洪,「海東地圖의 烽燧標記形態 考察」,『학예지』제10집, 육군사관학교 육군박물관, 2003, pp.133~172.
　　　　,「朝鮮後期 地方地圖의 烽燧標記」,『先史와 古代』32, 韓國古代學會, 2010, pp.337~358.

가능한 상태이다. 현재까지 이루어진 연구결과는 육군사관학교 화랑대연구소의 한강 이북지역의 봉수체계에 관한 연구[51]와 김주홍의 경기북부지역 봉수의 고찰[52]이 있다. 前者는 민간인의 접근이 제한되어 있는 경기중북부지역 봉수의 조사를 통해 한강 이북지역의 봉수를 고찰하였다는데 의미가 있다. 여기에서는 동북지역의 제1거 봉수노선에 대한 분석과 예시

47) 金周洪,「慶尙地域의 烽燧(Ⅰ)」,『聞慶 炭項烽燧』, 忠北大學校 中原文化硏究所, 2002, pp.175~250.
　　　,「南海岸地域의 沿邊烽燧」,『慶南硏究』創刊號, 경남발전연구원 역사문화센터, 2009, pp.179~203.
　　　,「忠北地域의 烽燧(Ⅰ)」,『忠州 馬山烽燧』, 忠北大學校 中原文化硏究所, 2003, pp.73~118.
　　　,「忠州地域의 烽燧」,『中原文物』第21號, 충주대학교박물관, 2009, pp.43~68.
　　　,「仁川地域의 烽燧(Ⅰ)」,『仁川文化硏究』創刊號, 인천광역시립박물관, 2003, pp.111~210.
　　　,「高麗~朝鮮時代 江華島의 烽燧・竈望」,『江華外城 地表調査報告書』, 韓國文化財保護財團, 2006, pp.397~450.
　　　,「울산지역의 봉수」,『울산관방유적(봉수)』, 울산문화재보존연구회, 2003, pp.27~60.
　　　,「北韓의 烽燧」,『비무장지대 도라산유적』, 경기도박물관 외, 2003, pp.451~548.
48) 金周洪,「慶尙地域의 烽燧(Ⅱ)」,『實學思想硏究』23輯, 毋岳實學會, 2002, pp.39~80.
49) 金周洪,「韓國의 沿邊烽燧(Ⅰ)」,『한국성곽연구회 정기학술대회』(叢書 2), 한국성곽연구회, 2003, pp.121~181.
　　　,「韓國烽燧의 構造・施設과 地域別 現況 考察」,『한국성곽연구회 정기학술대회』(叢書 5), 한국성곽연구회, 2004, pp.
　　　,「韓國의 沿邊烽燧(Ⅱ)」,『울산지역 봉수체계와 천내봉수대의 보전방안』, 울산과학 대학 건설환경연구소, 2004, pp.1~36.
　　　,「韓國 沿邊烽燧의 形式分類考(Ⅰ)」,『實學思想硏究』27輯, 毋岳實學會, 2004, pp.99~111.
　　　,「한국 연변봉수의 형식분류고」,『한국의 연변봉수』, 한국학술정보, 2007, pp.21~48.
50) 김주홍,「韓國 內地烽燧의 構造・形態 考察」,『학예지』제14집, 육군사관학교 육군박물관, 2007, pp.163~184.
51) 이재,『한강 이북지역의 봉수체계에 관한 연구』, 육군사관학교 화랑대연구소, 2000.
52) 金周洪,「京畿北部地域 烽燧의 考察」,『南北連結道路(統一大橋~長湍間) 文化遺蹟試掘調査報告書』, 京畿道博物館 외, 2001, pp.219~239.

및 경기 중북부의 봉수노선을 중심으로 이 일대의 봉수 터에 대한 조사결과를 소개하였다. 또 서북지역 제3, 4거 봉수노선에 대한 地誌의 기록과 현지조사 결과를 소개하였다. 後者는 만포진 여둔대에서 초기하여 서북지방을 지나는 제3거 직봉노선의 봉수를 대상으로 하여 파주지역 소재 5기의 봉수에 대해 조선 왕조 시기의 각종 地誌의 기록내용과 현장조사 결과를 중심으로 경기북부지역 봉수의 현황을 소개한 것이었다.

3. 調査現況

봉수제의 폐지 후 이에 대한 조사는 일제강점기 日人들에 의해 시작되었다. 그 대표적인 조사결과는 朝鮮總督府에 의해 발간된『朝鮮寶物古蹟調査資料』(1942)이다. 여기에는 당시 각 道 소속의 郡 별로 각종 유적외에 봉수의 場所ㆍ所有ㆍ摘要ㆍ備考 등이 소개되어 있다. 그러나, 극히 일부의 봉수에 대한 개략적인 조사내용만 수록되어 있기에 전모를 상세히 알 수는 없다.[53] 이외에 趙漢鏞이 조사하여 朝鮮總督府 中樞院에서 발간한『烽燧調査表』[54]를 통해 조선후기 봉수의 명칭 및 위치만을 단편적으로 파악할 수 있다.

이후『文化遺蹟總覽』(1977)과『韓國의 城郭과 烽燧』(1990)에 한반도 남부 각 지역별로 봉수가 소개되어 있으나, 일제강점기의 조사내용과 다를 바 없다. 한편, 1990년도부터 봉수 단일 유적에 대한 조사가 점차 이루어졌는데, 이는 후면의 [표Ⅰ-1] 및 [표Ⅰ-2]와 같다. 표를 보면 내지봉수로

---

53) 朝鮮總督府,『朝鮮寶物古蹟調査資料』, 1942.
54) 발간연대 미상, 국사편찬위원회, 도서등록번호 1953.

서 양산 渭川烽燧, 연변봉수로서 시흥 正往山烽燧가 최초 조사되었다. 조사된 수량은 내지봉수 23기, 연변봉수 29기로서 50기가 약간 넘는 수이다.

한편, 본격적인 봉수조사를 통해 현황이 소개되기 시작한 것은 2000년도 부터이다. 한반도 남부지역 소재의 주요 봉수를 소개한『한국의 봉수』[55]와『韓國의 烽燧 40選』[56] 및 연변봉수를 대상으로『한국의 연변봉수』[57],『조선시대의 연변봉수』[58] 단행본이 잇다라 발간되었다. 이를통해 한반도 남부지역 소재 봉수의 개략적인 분포현황은 어느정도 파악이 가능해졌다고 여겨진다. 그러나, 실상은 내지봉수와 성격을 달리하는 연변봉수에 치중되어 있다.

이하 본 절에서는 한반도 남부지역의 봉수를 크게 5개 圈域으로 구분하여 해당 시·도별로 조사현황을 소개하고자 한다. 이중 濟州道는 조선시대인 태종 16년(1416) 濟州牧·旌義縣·大靜縣의 1牧2縣의 3邑制를 실시하고 全羅道에 편입되어 있었음으로 호남권에서 봉수의 소개를 하였다.

1) 京畿圈

(1) 서울特別市

서울특별시에는 世宗 5年(1423) 初築되어 전국의 모든 봉수가 집결하였던 京烽燧인 木覓山[南山]烽燧가 있다. 또한, 경봉수에 최종 신호를 전달하였던 제1거 峩嵯山烽燧, 제3거 毋嶽東烽, 제4거 毋嶽西烽, 제5거 開花山

---

55) 김주홍 외,『한국의 봉수』, 눈빛, 2003.
56) 성남문화원,『韓國의 烽燧 40選』, 2007.
57) 김주홍,『한국의 연변봉수』, 한국학술정보, 2007.
58) 김주홍,『조선시대의 연변봉수』, 한국학술정보, 2010.

烽燧 등 총 4기의 직봉이 있다. 이중 목멱산봉수와 무악동봉, 아차산봉수는 복원[59]되었으며, 무악서봉과 개화산봉수는 遺址가 잔존하고 있다.

목멱산봉수는 서울특별시에 의해 봉수 복원의 기초 자료를 얻기 위해 2007년부터 지표·발굴조사가 이루어졌다.[60] 조사를 통해 남산에 위치했던 5所의 烽臺 중 서울시에 의해 1993년 수원 華城의 烽墩을 모델로 하여 복원된 제3봉대를 제외한 나머지 봉대의 위치에 대해서는 정확한 규명이 이루어지지 못했다.

(2) 仁川廣域市

인천광역시에는 5기의 봉수[61]가 소재하는데, 축조시기별로 고려~조선후기의 여러 시기에 걸쳐 있다. 노선과 성격은 제5거 直烽과 間烽의 沿邊·權設烽燧이다. 이중 유지가 온전하게 남아 있던 杻串烽燧([표 I -2]의 15)는 인하대학교 박물관에 의해 2004년 정밀지표조사 되었다.[62] 필자가 조사한 바로는 석축의 방형 연대 주위에 타원형의 방호벽을 두르고 있다. 따라서 전체 평면은 타원형이다. 연대는 높이가 1~2m, 직경 동서 8m, 남북 8.2m, 하단부의 둘레 27.5m이다. 방호벽은 높이가 0.8~1m, 직경 동서 26m, 남북 22.5m, 둘레 85m이다.

현재 인천광역시에 편입되어 있는 강화군은 교동면을 포함하여 17기의 烽燧·瞭望[63]이 있다. 이들은 축조시기와 배경 및 노선을 달리하는 특

---

59) 서울특별시에 의해 1993년 한양정도 600주년을 기념하기 위해 복원 후 기념물로 지정되었다.
60) 서울역사박물관, 『남산 봉수대지 지표조사보고서』, 2007.
　　　　　　　　, 『남산 봉수대지 발굴조사보고서』, 2009.
61) 杻串·文鶴山·白石山·長峯島·白雲山烽燧
62) 인하대학교 박물관, 『仁川 杻串烽燧 정밀지표조사보고서』, 2004.
63) 大母城山, 鎭江山, 望山, 別立山, 松岳, 南山, 河陰山, 華盖山, 修井山, 鎭望山, 吉祥山, 東檢島, 末島, 甖音島, 魚遊井, 黃山島, 注文島

징이 있다. 따라서 동일 지역 내 봉수 운용체계의 규명에 있어 중요한 곳
이다. 성격상 연변·권설봉수이며, 노선별로는 제4거 간봉(3) 및 제5거 직
봉과 간봉(3)의 3개 노선에 포함되는 것들이다.

강화도 봉수의 체계적인 조사는 2000년 육군박물관의 지표조사[64]가
있었다. 이후 김주홍이 2005년 한국문화재보호재단의 江華外城 지표조사
를 계기로 강화도의 봉수·요망 17기를 현황과 운용체계를 중심으로 재
정리하여 소개한 바 있다. 당시 형태별 구조를 ① 煙臺形 ② 煙臺＋煙竈形
③ 煙臺＋防護壁形의 세 유형으로 분류하였다.[65] 이후 구제조사의 일환
으로 吉祥山烽燧가 발굴조사[66]되었으며, 2007년 강화산성 남장대지 발굴
조사를 통해 南山烽燧의 건물지가 확인되었다.[67]

강화도 소재의 여러 봉수 중 鎭江山烽燧는 요망대 외에 연조 4기가 동-
서 장축 1열로 온전하게 남아 있다. 연조는 토·석 혼축의 원형으로 직경
3~4m이며 지표에서 1m 이내로 상부구조가 온전하다. 각 연조 중심간 거
리는 3.25m이다. 연조의 수와 초기 지지의 기록을 통해 초축 시기를 고려
로 추정하고 있다.[68] 望山烽燧 역시 연대와 연조 5기가 서고동저의 지형
을 따라 온전하게 남아 있다. 이중 연조는 석축의 원형으로 직경 3~4m이
며 지표에서 3~7단의 석축이 존재한다. 각 연조 중심간 거리는 5~7m이

---

64) 육군박물관,『강화도의 국방유적』, 2000.
　　陸軍士官學校 陸軍博物館,『江華郡 軍事遺蹟(城郭·烽燧篇)』, 2000.
65) 金周洪·玄男周,『高麗~朝鮮時代 江華島의 烽燧·瞭望』,『江華外城 地表調査報告書』,
　　韓國文化財保護財團, 2006, pp.397~448.
　　본문에서 언급한 강화도 봉수·요망 세가지 형태 외에 종전 煙臺形으로 분류되었던 大母
　　城山烽燧에서 壕가 신규로 확인되어 강화도 봉수·요망은 총 네가지 형태가 있다.
66) 한강문화재연구원,『강화 선두리 강화종합리조트 조성사업부지 내 문화재 발굴조사 지
　　도위원회 자료집』, 2007. 4.
67) 한울문화재연구원,『2009년 강화산성 남장대지 발굴조사』, 2009. 5.
68) 김주홍,『조선시대의 연변봉수』, 한국학술정보, 2010, pp.86~88.

다.[69] 이외에 조선후기 초축의 魚遊井瞭望臺는 같은 시기 강화도에 초축된 末島·甫乙音島·黃山島 등의 것과 더불어 4처 요망대 중 1처이다. 당시 각 요망대에는 瞭望將 1인과 瞭望軍 10인이 배치되어 있었다. 연대와연소실이 온전하게 남아 있는데, 평면 원형의 석축 煙臺는 높이가 1.5~2m이며 둘레 30~35m이다. 연대 상부 중앙에는 깊이 0.6~0.7m, 직경이 동서3.5m, 남북 2.5m, 둘레 12m의 내부는 원형이나 외부는 방형의 燃燒室이존재하는 특이한 형태이다.[70]

이들 봉수와 요망대 외에도 강화도 내에는 유지가 온전하여 학술적 가치가 있는 봉수가 더 있다. 강화도의 봉수·요망은 아직 완전히 조사되어그 성격이 모두 밝혀진 것은 아니다.

(3) 京畿道

경기도는 고려왕조의 수도 개성과 한강·임진강·서해의 해안을 끼고인천·강화·김포·파주 등의 지역이 지리적으로 가깝다. 또한, 조선왕조의 도성인 서울과 인접하여 있다. 그러므로 世宗 때에 5炬路線으로 정비된각 노선의 봉수는 京烽燧에 최종 도달하기 전 반드시 현 경기지역의 봉수를 경유하였다. 이러한 지역적 특수성으로 경기지역에는 제1거~5거 노선의 모든 봉수가 분포하며 지역별로 특색 있는 봉수의 형식이 설정된다.[71]

현재 경기도 내에는 33기의 봉수가 13개 市별로 1~6기씩 있다.[72] 이중가장 많은 봉수가 소재하는 곳은 화성시로 6기가 있다. 다음 파주·포천

---

69) 김주홍, 『조선시대의 연변봉수』, 한국학술정보, 2010, pp.84~85.
70) 김주홍, 『조선시대의 연변봉수』, 한국학술정보, 2010, pp.91~93.
71) 金周洪, 『京畿地域의 烽燧研究』, 祥明大學校 碩士學位論文, 2001.
72) 종전 안성시에 속한 것으로 보았던 望夷山烽燧는 행정구역상 충북 음성군에 속함에 따라제외했다. 각 시별로 봉수의 수량은 화성(6), 파주(5), 포천(5), 김포(3), 고양(3), 시흥(2), 용인(2), 평택(2), 남양주(1), 성남(1), 수원(1), 안산(1), 오산(1) 등이다.

군이 각 5기로서 경기도의 봉수는 이들 3개 지역에 집중되어 있다. 이중 沿邊烽燧에 해당되는 시흥 正往山烽燧([표Ⅰ-2]의 1)⁷³⁾와 이어 평택 塊台串烽燧([표Ⅰ-2]의 5)가 가장 먼저 지표조사 되었다.⁷⁴⁾

內地烽燧로는 성남 天臨山烽燧([표Ⅰ-1]의 12, [표Ⅳ-12]의 ⑥)가 3차의 조사를 통해 방호벽 내 연조 5기의 기저부가 확인되었으며, 조사 후 기념물로 지정되었다.⁷⁵⁾ 고양 禿山烽燧([표Ⅳ-12]의 ②)는 평면 원형의 석축 방호벽 외부로 연조 5기와 계단형 출입시설 4기가 잔존하며 학술적인 가치를 인정받아 기념물로 지정되었다.⁷⁶⁾ 또한, 용인 石城山烽燧([표Ⅰ-1]의 10)는 최근 지표조사를 통해 현황과 정확한 규모 및 연조 3기가 있음이 새로 확인되었다.⁷⁷⁾

이외에도 경기도박물관에 의해 2000년도부터 화성·안산·김포 등 도서와 해안지역의 종합학술조사⁷⁸⁾, 임진강·한강·안성천 등 경기도 3대 하천 유역 종합학술조사⁷⁹⁾가 이루어졌다. 이를 통해 해당지역 봉수의 현

---

73) 明知大學校 博物館, 『始華地區 開發事業區域 地表調査』, 1988.
   경기도 시흥시 정왕동 봉우재 마을의 해발 115m인 정왕산 정상에 연대 1기와 연조 5기가 온전하게 남아 있었다. 그러나, 시화공단 조성에 필요한 매립용 토취를 위해 지표조사 후 산을 삭평함으로서 유지는 멸실되었다.
74) 京畿道博物館, 『平澤 關防遺蹟(Ⅰ)』, 1999.
   경기도 평택시 포승면 원정리 봉화재의 해발 83m인 산정에 있다. 평면형태는 동-서 장축의 세장방형이며 토축인 하단대지와 석축인 상단대지를 갖춘 이단식 구조로 되어 있다. 따라서 단면형태가 긴 '凸' 자 모양을 하고 있는 경기도 내 최대 규모의 연변봉수이다.
75) 한국토지공사 토지박물관, 『城南 天臨山烽燧 精密地表調査報告書』, 2000.
   _____, 『城南 天臨山烽燧 發掘調査報告書』, 2001.
   _____, 『성남 천림산봉수 건물지 발굴조사보고서』, 2003.
76) 한국토지공사 토지박물관, 『고양시의 역사와 문화유적』, 1999.
77) 충주대학교, 『용인 석성산봉수 종합정비 기본계획』, 2009.
78) 京畿道博物館, 『도서해안지역 종합학술조사』Ⅰ·Ⅱ·Ⅲ, 2000·2001·2002.
79) 경기도박물관, 『경기도3대하천유역 종합학술조사』Ⅰ(임진강), 2001.
   _____, 『경기도3대하천유역 종합학술조사』Ⅱ(한강), 2002.
   _____, 『경기도3대하천유역 종합학술조사』Ⅲ(안성천), 2003.

황이 파악되었다.

2) 關東圈

강원도는 大關嶺을 기준으로 관동[영동]·영서지역이 구분되며, 봉수 유적들은 동해안과 인접하고 있는 고성·양양·속초·삼척·강릉·동해 등의 관동지역에 대부분 분포하고 있다. 조선왕조 전기의 地誌에 모두 47기가 기록되어 있다. 조선시대에는 강원도에 편입되어 있다가 현 행정구역상 경상북도에 속한 울진군 소재 봉수를 제외하면 40기가 있다. 조선 전기 도성으로 집결되는 봉수망의 확정 이후, 후기에 慶興 西水羅에서 초기하는 직봉노선을 제외한 간봉노선은 모두 철폐되었다. 그럼에도 이들 봉수는 동해안의 灣과 串 및 島嶼에 유지가 일부 온전하게 남아 있다. 대부분 煙臺와 壕를 갖춘 평면 원형의 조선전기 연변봉수 형태이다. 따라서 구조·형태가 다양한 남해안 및 서해안의 봉수와 구분되는 동해안 연변봉수의 특징을 잘 보여 주고 있다.

강원도의 봉수는 1990년대 중반부터 지역 소재의 대학교 박물관별로 개략적인 현황조사가 이루어졌다. 이중 강릉 월대산봉수[80], 고성 麻次津里·鳳浦里·三浦里烽燧[81] 등은 원형이 온전하여 강원 영동지역 연변봉수의 한 형태를 파악 할 수 있도록 하였다. 이외에 민간인의 출입이 자유롭지 못한 지역은 육군박물관과 국립문화재연구소에 의해 연차조사[82] 및 구제조사의 일환으로 개별 봉수의 지표조사가 실시되었다.[83] 개인 연구자에 의한 지표조사[84]와 문화원에 의한 지표조사[85]를 통해 점차 현황이

---

80) 江陵大學校博物館,『江陵의 歷史와 文化遺蹟』, 1995. p.258.
81) 江陵大學校博物館,『高城郡의 歷史와 文化遺蹟』, 1995. p.125.

밝혀지고 있다.

동해 於達山烽燧([표 I -2]의 10)는 강원도에서 유일하게 발굴조사 되었으며, 기념물로 지정되어 있다. 조사를 통해 方形의 연대와 원형의 壕 및 土壘가 있음이 조사되었다. 또한, 봉수 남쪽 약 1km 지점의 해발 217m인 산정에서 고려시대의 또 다른 봉수 터가 확인되었다. 이를 통해 이곳에는 고려시대에 봉수가 위치하고 있다가, 조선시대에 현재 위치로 移設된 것을 알 수 있게 되었다.[86] 강원도 봉수의 복원 사례로는 강릉시 포남동 소재 所同山烽燧가 있다. 기단부만 남아 있다가 1986년 포남배수지의 설치로 멸실된 것을, 2008년 9월 제주도 소재 연대를 모방하여 복원하였다. 조선시대 동해안 연변봉수의 원형과는 많이 다른 모습이다. 따라서 제대로 된 복원이라면 석축 혹은 토+석 혼축의 煙臺와 주위 타원형의 壕를 갖춘 동해안 연변봉수의 형태여야 했을 것으로 여겨진다.

3) 湖西圈

(1) 忠淸南道

충청남도는 보령, 서천, 당진, 태안, 논산, 공주 등 西海와 錦江의 수계를 중심으로 35기의 봉수가 분포하고 있다. 노선과 성격상 제2거 간봉(9)

---

82) 陸軍士官學校 陸軍博物館,『江原道 鐵原郡 軍事遺蹟』, 1996.
_____,『江原道 高城郡 軍事遺蹟』, 2003.
_____,『강원도 홍천군 군사유적』, 2009.
　　國立文化財研究所,『軍事保護區域 文化遺蹟 地表調査報告書(江原道篇)』, 2000.
83) 강원대학교 중앙박물관,『강릉 낙풍리 광산개발사업구간내 문화유적지표조사보고』, 2002.
84) 김도현,『삼척지역의 烽燧硏究』,『博物館誌』第11號, 2004, pp.29~93.
85) 철원문화원,『철원의 성곽과 봉수』, 2006.
86) 江陵大學校 博物館,『東海 於達山烽燧臺』, 2001.

와 제5거 직봉 및 간봉(2)노선의 내지·연변 및 권설봉수가 혼재하고 있다. 이중 보령지역은 지지에 기록이 없는 봉수를 포함하여 총 12기가 파악되어 있다.

충청남도의 봉수는 산성조사의 일환으로 내지봉수인 대전 鷄足山烽燧([표Ⅰ-1]의 8)와 논산 魯城山烽燧([표Ⅰ-1]의 3) 및 아산 燕巖山烽燧[87]가 조사되었다. 이중 연암산봉수는 아산시에 의해 2000년 11월 방호벽과 연조 1기가 정비·복원된 이후, 최근에 다시 연조 5기에 대한 전체 복원이 이루어졌다.

공주 月城山烽燧([표Ⅰ-1]의 18)는 충청남도에서 처음으로 조사가 이루어진 내지봉수이다. 시굴조사를 통해 담장지, 연대, 건물지, 출입시설 및 백제시대 산성 내에서 자주 발견되는 저수용 저장시설 등이 보고되었다.[88] 2005년에는 연변봉수인 서산 主山烽燧([표Ⅰ-2]의 24)의 발굴조사를 통해 煙臺가 후대의 교란으로 멸실되었으나, 평면 원형의 壕와 수혈유구 4기가 존재한 내용이 보고되었다.[89]

최근에는 충청남도 내에서 가장 많은 봉수가 소재하는 보령시 소재 12기 봉수의 현황조사가 이루어졌다. 이를 통해 충청수영성과 보령시 소재 연변봉수 및 외연도·녹도·원산도 등 3기 권설봉수의 분포와 특징 및 형태와 구조에 대한 이해가 가능하게 되었다.[90]

---

87) 大田直轄市,『大田의 城郭』, 1993, p.194.
   公州大學校 博物館,『魯城山城』, 1995, pp.103~105.
   忠淸埋藏文化財硏究院,『牙山 꾀꼴·물한·燕巖山城 地表調査 報告書』, 2002.
88) 公州大學校 博物館,『月城山 烽燧臺 試掘調査 結果槪略報告』, 2003.
89) 忠淸文化財硏究院,『서산 주산봉수』, 2008.
   연변봉수 연대가 후대의 교란으로 멸실된 경우는 무안 甕山烽燧가 있다. 봉수는 전남 무안군 현경면 용천리의 烽臺山(82m) 정상에 있다. 초축은 고려시대이며 노선과 성격상 제5거 직봉의 연변봉수이다. 1976년경 전경부대가 주둔하면서 유구가 훼손된 것을 2001년 공공근로사업으로 정비하였다. 봉수 주위로 평면 원형의 호가 잔존한다.
90) 보령시,『보령시 소재 봉수대 정비 기본계획』, 2009, pp.201~242.

(2) 忠淸北道

충청북도는 지리적 특성이 바다가 없는 내륙에 위치하고 있다. 노선과 성격상 제2거 직봉과 간봉(2)・(9)의 內地烽燧만이 있다. 입지상 위치가 불명확한 보은 龍山岾烽燧를 제외한 20기 봉수의 평균 해발고도는 472m 이다. 이러한 원인은 충북의 봉수 노선이 소백산맥의 높은 준령을 넘어 다시 차령산맥을 넘어 도성으로 향하는 입지조건에 기인한다.

충청북도의 봉수에 대한 파악은 서원향토문화연구소에 의해 1991년 시・군별로 21기 봉수의 지표조사를 통해 현황이 소개된 것이 처음이다. 이에 의하면 제2거 직・간봉으로서, 형태는 평면구조가 장방형・장타원형・방형・타원형의 네 종류가 있다. 이는 지형적인 여건에 따른 것으로 조사자는 보았다. 다음 위치상 모두 옛 중요 교통로 옆 좌우의 산정에 구축되었다. 따라서 반드시 높은 산에만 있는 것이 아니라, 전후로 연결되는 봉수대와 서로 잘 通望될 수 있고 인근지역에 마을이 있어 봉수군들의 교대근무에 편리한 곳에 위치한 것으로 보았다.[91]

이후 충북대학교 호서문화연구소에 의해 1995년 전국 최초로 忠州 周井山烽燧([표 I -4]의 3) 발굴조사[92]와 곧이어 청주대학교 박물관에 의한 청주 것대산봉수([표 I -1]의 5)가 발굴조사[93]되었다. 이외에 文義 所伊山烽燧([표 I -1]의 9)[94], 제천 吾峙烽燧([표 I -1]의 11) 지표조사[95], 충주 馬

91) 朴相佾, 『忠北의 烽燧』, 西原鄕土文化硏究會, 1991, pp.88~91.
92) 忠北大學校 湖西文化硏究所, 『忠州 周井山烽燧臺 發掘調査報告書』, 1997.
93) 것대산봉수는 이후 중원문화재연구원에 의한 재 발굴조사를 포함 총 2차의 발굴조사가 이루어졌다. 발굴조사 후 방호벽 내에 5기의 연조가 복원되어져 있다.
  청주대학교박물관, 『청주 것대산봉수터 발굴조사 약보고서』, 1995.
  中原文化財硏究院, 『淸州 巨叱大山烽燧 -發掘調査報告-』, 2010.
94) 朴相佾, 『文義 所伊山烽燧』, 淸原鄕土文化硏究會, 1998.
95) 忠北大學校 中原文化硏究所, 『堤川 城山城・臥龍山城・吾峙烽燧』, 2000.

山烽燧([표 I -1]의 15) 지표·시굴조사[96] 및 단양향토문화연구회에 의해 2000년 단양 태백산맥과 소백산맥간 14기 봉수의 지표조사가 이루어졌다.[97]

가장 최근에는 충북향토문화연구소에 의해 烽燧 뿐만 아니라 驛院에 대한 재정리를 통해 현황이 소개되었다.[98]

4) 嶺南圈

영남권은 부산·울산광역시 외에 경상남·북도를 포함하고 있다. 조선시대 5거제의 봉수노선상 제2거 직봉과 간봉 10기가 영남권에서 초기하여 중앙의 경봉수에 연결되었다. 한반도 남부지역에서 약 170기 이상 가장 많은 수의 봉수대가 소재하는 곳이다.

영남권에서 초기하는 제2거 봉수로는 東路(竹嶺路)·中路(鷄立嶺路)·西路(秋風嶺路)로 구성되어 있었다. 각 노선의 관할과 관리책임자에 대해 車勇杰은 2002년 문경 炭項烽燧 지표조사를 계기로 자세하게 언급한 바 있다. 東路는 풍기 竹嶺山烽燧 이하까지 慶尙左道 兵馬節度使, 中路는 문경 炭項烽燧 이하까지 慶尙右道 水軍節度使, 西路는 金山 高城山烽燧 이하까지 慶尙右道 兵馬節度使 관할이었다. 이를 통하여 경상도 지역에서 水軍의 책임자가 관리하는 봉수노선의 가장 북쪽에 위치한 것이 탄항봉수임을 지적하였다. 그러나, 倭軍의 동태를 가장 먼저 感知하는 수군

---

96) 忠北大學校 中原文化研究所,『忠州 馬山烽燧 -地表調査報告書-』, 2003.
　　中原文化財研究院,『忠州 馬山烽燧 -試掘調査報告-』, 2009.
97) 丹陽鄕土文化研究會,『兩白之間(丹陽)의 山城·烽燧』, 2000.
98) 충북향토문화연구소,『충북의 역원과 봉수』, 2009.

이 관할하는 가장 북쪽에 위치한 탄항봉수라 하더라도 이곳을 지키는 烽燧軍이 수군 소속은 아니었다[99]고 하였다.

이하 영남권 소재 각 시·도별로 봉수의 조사현황을 정리하면 다음과 같다.

(1) 釜山廣域市

부산광역시에는 제2거 직봉의 초기봉수인 鷹峰烽燧가 있다. 또한, 제2거 간봉(1)의 干飛烏와 간봉(6)·(8)의 天城堡[100] 등 4기 직·간봉 노선의 봉수가 初起하였던 곳이다. 현재 부산에는 12기의 봉수[101]가 있다. 이중 吾海也項烽燧는 소재 불명이며, 南山·林乙郎浦烽燧는 유지가 온전하게 남아 있다. 성격상 연변·내지봉수가 혼재하고 있다.

부산광역시의 봉수는 1995년 煙臺山烽燧 지표조사([표 I -2]의 3)[102]와 1998년 기장군 내의 南山·阿爾浦·林乙郎浦 등 4기에 대한 위치와 현황,

---

99) 忠北大學校 中原文化硏究所, 『聞慶 炭項烽燧』, 2002, pp.22~26.
100) 부산광역시 강서구 천성동 가덕도의 해발 459.4m인 연대봉 정상 맞은편 바위 절벽상에 있다. 조선전기 발간의 『慶尙道地理志』(1425)에는 가덕도의 연대봉에 加德島鷹巖煙臺烽火와 加德島鷹巖烽火 2기가 소재하면서 각각 부산 省火也烽火와 진해 沙火郎山烽火에 응하였다. 『世宗實錄』地理志(1454)에는 김해도호부 소재 봉화 6처 중 1처인 加德島鷹嵩烽火 명칭으로 省火也山烽火와 沙火郎山烽火에 응하였다. 『新增東國輿地勝覽』(1530)에는 웅천현 소재 加德島烽燧 명칭으로 동과 서로 응하는 대응봉수노선은 변동이 없는 대신 웅천현에 신설된 城山烽燧가 正德 丙寅(中宗 1, 1506년) 가덕도에서 이설하였음을 기록하였다. 이후 발간 지지서의 기록내용은 동일하며 최종 『增補文獻備考』(1908)에는 天城堡烽燧 명칭으로 기록되어 있다. 따라서 조선전기에는 가덕도의 연대봉에 각각 다른 2기의 봉수가 위치하여 각각 다른 노선에 응하였으나, 중종 1년(1506) 1기가 웅천현으로 이설함으로서 잔존 1기의 봉수가 거화를 통해 간봉(6)과 (8)노선에 응하였다.
101) 부산지역에는 石城, 鷹峰, 龜峰, 吾海也項, 荒嶺山, 干飛烏, 南山, 林乙郎浦, 阿爾, 鷄鳴山, 煙臺山, 省火禮山 등 12기의 봉수가 소재하나, 대부분 1970년대 구청 혹은 산악회에서 임의로 복원을 통해 원형이 온전하지 않다.
102) 나동욱, 「강서구 천가동 연대산봉수대 지표조사」, 『박물관연구논집』3, 부산광역시립박물관, 1995, pp.119~124.

문헌검토 등이 시도되었다.[103] 성격상 모두 沿邊烽燧로서 이중 유지가 온전하게 남아 있던 기장 아이봉수([표 I -2]의 4)는 1997년과 2001년 시굴·발굴 조사되었다. 조사를 통해 직경 8.8m, 석축 높이 약 2m로 5단의 석축이 잔존하는 원형의 煙臺·防護壁·壕·出入施設·建物址 등의 부속시설의 양상이 보고되었다. 아울러 연대 상부 중앙에는 방형의 연소실도 확인되었다. 조사결과를 통해 볼 때 부산과 인근 지역 연대의 기본 형태는 抹角 方形인 임을랑포봉수를 제외하고는 주로 圓形이며, 직경이 9m 내외, 연소부가 2~3m 정도의 규모이고 연대의 외곽에 호가 설치되어 있는 형태로 보았다. 각 봉수마다 약간의 차이가 있는 것은 축조의 시기차를 반영하거나 축조당시의 현지 여건에 따라 달랐던 것으로 보았다.[104]

(2) 蔚山廣域市

울산광역시에는 제2거 직봉의 내지봉수 2기와 부산 干飛鳥에서 초기하는 간봉(1)의 연변봉수 6기 등 모두 8기의 봉수대가 파악되어 있다.[105] 대부분 기념물로 지정된 채 원형이 잘 남아 있고 초축 시기를 달리한다. 또한, 동일지역임에도 각각 초축 시기와 재료 및 평면형태가 달라 주목되는 곳이다.

울산광역시의 봉수는 처음으로 2003년에 울산문화재 보존연구회에 의해 지표조사가 이루어졌다. 이를 통해 해발고도, 대응봉수간 거리, 축조형태 등의 분포 양상과 특징이 소개되었다.[106] 곧이어 울산 지역 내 유포

---

103) 釜山大學校博物館,『釜山廣域市 機張郡 文化遺蹟』, 1998, pp.138~157.
104) 나동욱,「機長郡 孝岩里 爾吉烽燧臺 試掘調査」,『博物館硏究論集』7, 釜山廣域市立博物館, 1999, pp.125~185.
　　釜山博物館,『機長郡 孝岩里 爾吉烽燧臺』, 2004.
105) 直烽(夫老山·蘇山), 間烽(爾吉·下山·加里·川內·南木·楡浦)
106) 울산문화재보존연구회,『울산관방유적(봉수)』, 2003.

([표 I-2]의 14)·서생 나사봉수([표 I-2]의 17)[107]의 정비·복원을 위한 기초자료 수집목적의 조사[108]와 川內烽燧 지표조사([표 I-2]의 16[109]가 이루어졌다.

(3) 慶尙南道

경상남도는 남해안 일대의 島嶼뿐만 아니라 해안의 灣과 串에 다수의 연변봉수와 육지내륙에 내지봉수가 산재하고 있다. 이 외에 지지에 기록이 없으나, 군사적으로 중요하였던 營·鎭에서 자체적으로 설치하여 本邑·本鎭으로만 응하였던 권설봉수가 있다. 따라서 국내에서 가장 많은 봉수가 있는 곳이다. 그만큼 성격과 구조·형태가 다양할 뿐만 아니라 축조시기가 상이하다. 그러므로 타 지역에 비해 많은 조사가 이루어졌으며, 대부분 기념물로 지정되어 있다. 경상남도의 봉수는 1991년 圓寂山烽燧臺保存會에 의한 양산 渭川烽燧 정밀지표조사([표 I-1]의 1)[110]가 시초이다. 이후 東亞大學校博物館에 의해 1997년 밀양 推火山·終南山烽燧의 복원자료 수집을 위한 기초조사([표 I-1]의 7)[111]가 이루어졌다. 이상 소개한 3기는 모두 內地烽燧이다. 이어 1999년에는 연변봉수인 고성 佐耳山烽燧 지표조사([표 I-2]의 6)를 통해 장방형 석실구조를 가진 연대와 출입구, 연소실, 2개소의 공기조절구와 부속 건물지 등이 보고되었다.[112]

---

107) 서생 나사봉수 명칭은 문화재지정 당시의 명칭으로 본래의 명칭은 爾吉烽燧이다.
108) 울산광역시 북구청,『우가산 유포봉수대』, 2003.
   울산광역시 울주군,『서생 나사봉수대』, 2004.
109) 울산과학대학 건설환경연구소,『울산지역 봉수체계와 천내봉수대의 보전방안』, 2004.
   _____,『蔚山 川內烽燧臺 學術調査報告書』, 2004.
110) 圓寂山烽燧臺 保存會,『梁山圓寂山烽燧臺 精密地表調査報告』, 1991.
111) 東亞大學校博物館,『密陽推火山·終南山烽燧臺復元資料收集基礎調査報告』, 1997, pp.50~51.
112) 東亞大學校博物館,『佐耳山烽燧臺地表調査報告書』, 1999.

1999년에는 慶南文化財硏究院에서 통영 彌勒山烽燧([표 I -2]의 7)[113], 南海郡에 의한 錦山烽燧([표 I -2]의 8) 및 다음 해 臺方山烽燧에 대한 지표조사([표 I -2]의 9)[114]가 계속해서 이루어졌는데 모두 沿邊烽燧이다. 이중 미륵산봉수는 미륵산 제1봉에 있는 길이 30m, 너비 11~13m 규모의 암반을 봉수대로 보고 암반 상에 있는 길이 3.8m, 폭 1.8m, 깊이 0.8m의 유구를 화구부 및 연소부라 하였다. 또한, 제2봉의 정상부에 위치하는 내부가 빈 장방형 석실형태의 석축시설을 건물지로 인식하여 보고하였다.[115] 이는 경남 남해안 일대에 다수 분포하는 연변봉수의 다양한 구조·형태가 잘 인식되지 못한데서 초래된 결과일 가능성이 크다. 미륵산 제1봉의 암반상에 있는 유구는 봉수와 관련이 없는 유구일 가능성이 있고, 미륵산 제2봉의 건물지라 보고 된 석축 유구가 실제로는 고성 佐耳山烽燧·통영 閑背串烽燧·고흥 加乃浦烽燧 등에서 확인되는 것과 같은 봉수시설일 가능성이 크다.

2000년대에 들어서는 이전 시기와 다르게 경남지역 소재 봉수에 대한 본격적인 발굴(시굴)조사가 다수 이루어졌다. 조사기관별로 살펴보면 慶南發展硏究院에 의해 내지봉수인 의령 彌陀山烽燧([표 I -1]의 16)[116]와 진주 廣濟山烽燧의 시굴·발굴조사([표 I -2]의 17)[117] 및 연변봉수인 마산 城隍堂烽燧의 지표조사([표 I -2]의 27)[118]가 시차를 두고 이루어졌다. 이

---

113) 慶南文化財硏究院, 『統營 彌勒山烽燧臺』, 2001.
114) 남해군, 『금산 봉수대 지표조사보고서』, 1999.
_____, 『대방산 봉수대 지표조사보고서』, 2000.
115) 慶南文化財硏究院, 『統營 彌勒山烽燧臺』, 2001, pp.44~55.
116) 慶南發展硏究院, 『宜寧 彌陀山城』, 2003.
_____, 『宜寧 彌陀山 烽燧臺』, 2007.
117) 慶南發展硏究院, 『晋州 廣濟山烽燧臺 試掘調査報告書』, 2003.
_____, 『晋州 廣濟山烽燧臺』, 2006.
118) 慶南發展硏究院, 『烽火山烽燧臺 地表調査報告書』, 2008.

중 진주 광제산봉수는 발굴조사 후 방호벽과 연조 3기의 복원이 이루어졌다. 慶南考古學硏究所에 의한 2004년 고성 曲山烽燧([표 I -2]의 19)와 2005년 天王岾烽燧의 시굴조사([표 I -2]의 20)[119]가 이루어졌다. 두 봉수의 특징은 연대가 없이 방호벽을 갖춘 평면 타원형의 내지봉수 형태이면서, 해안에 인접하고 있는 연변봉수의 입지조건을 가진다. 조사를 통해 방호벽 내에서 연조가 조사되었고 계단형 출입시설을 공통적으로 갖추고 있음이 드러났다. 이어 2008년 거제 知世浦烽燧의 시굴조사([표 I -2]의 28)가 이루어졌다. 구조 · 형태상 위에서 소개한 2기와 마찬가지이며 내부에서 연조 2기와 봉수 내 · 외부로의 출입을 위한 계단형 출입시설 2기가 조사되었다. 다만, 시기적으로 초축 시기와 성격상 조선후기 축조의 권설봉수라는 차이가 있다.[120] 東亞細亞文化財硏究院에 의한 2005년 함안 巴山烽燧 발굴조사([표 I -2]의 21)와 거제 江望山烽燧 시굴조사([표 I -2]의 15)[121]도 있었다. 성격상 沿邊烽燧로서 2기 모두 조사 후 연대가 복원되었다. 이중 파산봉수는 입지적으로 해발고도가 659.3m의 고지에 위치하고 있다. 또한, 거제 加羅山烽燧에서 초기하는 제2거 간봉(2)노선의 연변봉수가 다음 봉수인 의령 可幕山烽燧부터 내지화하는 연변과 내지의 접점에 있는 봉수로서 의미가 있다. 우리문화재연구원에 의해서는 2005년 창녕 餘通山烽燧 발굴조사([표 I -1]의 19)[122]와 2008년 太白山烽燧 지표조사([표 I -1]의 21)[123]가 이루어졌다. 이중 餘通山烽燧는 조사를 통해 직방

---

119) 慶南考古學硏究所, 『固城 曲山烽燧 試掘調查報告書』, 2006.
　　　　　　　　, 『固城 天王岾烽燧臺 試掘調查報告書』, 『固城地域調查』, 2007.
120) 三江文化財硏究院, 『巨濟 知世浦烽燧臺 -試掘調查報告書-』, 2010.
121) 東亞文化硏究院, 『咸安 巴山烽燧臺』, 2007.
　　　　　　　, 『巨濟 江望山烽燧臺』, 2007.
122) 우리문화재연구원, 『昌寧 餘通山烽燧臺 遺蹟』, 2007.
123) 우리문화재연구원, 『창녕 태백산봉수대 문화재 정밀지표조사 결과보고서』, 2008.3.

형의 방호벽과 연조가 조사되었다. 이중 연조 1기는 동쪽 방호벽 외부에 위치하는 특이한 형태로 보고[124]되었으며, 2009년 복원되었다. 아울러 2008년에는 하동군 금성면 두우산 정상부의 남·북 능선부를 따라 신규로 봉수 2기와 봉수군 관련 건물지가 확인되었다. 특이한 것은 2기 봉수의 구조·형태가 각각 다른데 이중 煙臺형의 봉수를 桂花山烽燧, 방호벽 내부가 빈 평면 원형의 봉수는 위치하고 있는 산명을 빌어 頭牛山烽燧라 명명되었다.[125] 慶南文化財硏究院에 의해 2006년 연변봉수인 남해 雪屹山烽燧([표 I -2]의 25)와 내지봉수인 산청 笠巖山烽燧([표 I -1]의 20) 지표조사가 이루어졌다.[126] 설흘산봉수는 연대와 연조가 조사되었고, 조사 후 즉시 연대의 복원이 이루어졌다. 입암산봉수는 계단형의 출입시설 1개소와 타원형의 방호벽 내에 추정 연조 3기와 추정 건물지 2동이 조사되었다. 함안박물관에 의해 2006년 함안 安谷山烽燧의 지표조사가 이루어졌다. 봉수는 산성조사의 일환으로 이루어졌고, 부록으로 봉수를 중심으로 경남지역 산성 내 봉수에 대한 검토를 통해 성격에 따른 비교와 특징을 언급하였다.[127] 경남대학교 박물관에 의해 2007년 통영 한산도 閑背串烽燧 지표조사([표 I -2]의 26)가 있었다.[128] 이를 통해 봉수의 구조와 특징 및 설치와 운영 등이 상세하게 다루어지기도 하였다. 이중 건물지로 보고된 평면 方

---

124) 김성미, 「창녕 여통산 봉수대 발굴조사 개보」, 『한국성곽학보』 제9집, 한국성곽학회, 2006, pp.175~202.
125) 우리문화재연구원, 『하동군 금성면 두우배후단지 예정부지 내 문화재 지표조사 결과보고서』, 2008.4.
126) 慶南文化財硏究院, 『南海 雪屹山烽燧臺 地表調査結果報告』, 2006.
　　　　　　　　　　, 『山淸 笠巖山烽燧臺 地表調査結果報告』, 2006.
127) 홍성우, 「慶南地域 山城內 烽燧臺의 檢討」, 『咸安 武陵·安谷山城』, 함안박물관, 2009, pp.126~134.
128) 한배곶봉수는 경남 통영시 한산면 하소리의 해발 293.5m인 望山 정상에 위치하며 달리 望山烽燧로도 지칭된다. 최근 지표조사를 통해 望山 別望烽燧臺 명칭으로 보고된 바 있다. 경남대학교박물관, 『統營 閑山島 望山 別望烽燧臺 精密地表調査 報告書』, 2007.5.

形의 竪穴式 유구는 이와 유사한 형태가 거제 · 하동 · 고흥 등지에서 봉수 유구로 보고된 바 있어 재검토가 필요하다. 경상문화재연구원에 의한 2010년 남해 將軍山烽燧의 지표조사가 있었다. 봉수는 남해군 창선면 진동리 장군산(110m)의 동쪽에 위치한다. 남-북으로 연결된 능선의 남쪽과 북쪽의 끝부분에 원형 석축의 연조 2기만 확인되었다. 특이하게 연조 간 중심거리가 약 45m로서 간격이 매우 넓다.[129] 방호벽이나 호 등의 방호시설이 없이 거화시설인 연조만을 마련하여 놓았다는 점에서 유사시 거화기능이 강조된 봉수이다.

⑷ 慶尙北道

경상북도는 경상남도와 달리 봉수조사가 상대적으로 적은 편이었다. 그러나, 최근 들어 동해안 울진 · 포항 · 영덕지역을 중심으로 연변봉수에 대한 지표 · 발굴조사가 증가 추세에 있다. 이를 통해 경북 동해안 지역에 분포하는 봉수의 분포현황과 특징이 점차 규명되고 있다.

경상북도의 봉수는 의성문화원에 의해 1998~1999년도에 의성지역 내 제2거 직봉의 馬山 · 盈尼山 · 古城山烽燧 등 내지봉수 9기의 지표조사[130]가 시초이다. 이를 통해 의성이라는 경북 내륙지역 소재 봉수의 현황을 알 수 있게 되었다. 이후 경상북도문화재연구원에 의해 2009년 의성군 금성면 수정리 金城山의 해발 510m 지점의 능선에 위치하는 盈尼山烽燧의 시굴조사([표Ⅰ-1]의 22)[131] 후 방호벽에 대한 복원이 이루어졌다.

---

129) 조선시대 발간의 地誌와 古地圖에 기록이 없으며 위치하고 있는 山名을 빌어 將軍山烽燧로 명명되었다.
경상문화재연구원, 『남해 · 하동 개발촉진지구내 사우스케이프 오너스클럽 조성사업부지 문화재 발(시)굴조사 지도위원회의 자료집』, 2010.3.
130) 義城文化院, 『義城의 烽燧臺』, 1999.
131) 경상북도문화재연구원, 『의성 영니산봉수지 정비사업부지내 유적 발(시)굴조사 지도위원회자료집』, 2009.

의성에 이어 경북도내 봉수 단일 유적에 대한 최초 조사는 경상북도문화재연구원에 의한 2002년 영덕 大所山烽燧([표 I -2]의 11)였다.[132] 봉수는 경북도내 유일하게 기념물로 지정되었고, 연변봉수로서는 최대 규모의 봉수로 알려졌다. 연대 주위에 반구형으로 된 5기의 연조와 방호벽이 온전하게 남아 있었다. 조사 이후 연대 상부 석축의 연통시설과 연조 5기의 훼손 및 사실과 다른 형태의 복원이 이루어졌다. 아울러 동 기관에 의해 2009년 청도 烏禮山城 정밀지표조사를 통해 지지에 기록이 없는 내지봉수 1기가 보고되었다. 형태는 성내의 높고 평평한 곳에 장방형의 산돌로 담장을 쌓았는데, 동쪽 구간에는 출입을 하기 위해 담장을 쌓지 않은 간단한 시설이다. 규모는 담 두께가 약 0.8m, 높이 0.9m, 길이 17.8m, 너비 4.9m이다.[133] 형태상 이와 유사한 사례는 울산 蘇山烽燧가 있다. 규모면에서 오례산성봉수는 동쪽 부분을 제외한 둘레 40.5m의 소형이다. 형태상 사례가 적은 異形인데다, 규모면에서 후면에서 살펴 볼 내지봉수의 일반적인 평균 둘레에 훨씬 미달됨으로 봉수가 아닐 가능성을 포함하여 향후 재검토가 필요하다.

이외에 2002년도에는 충북대학교 중원문화연구소에 의해 내지봉수인 문경 炭項烽燧([표 I -1]의 13)의 지표조사가 이루어졌다. 조사를 통해 車勇杰은 본문에서 봉수의 위치와 교통·통신로 등을 전반적으로 다루었다. 또한, 제2거 봉수로의 소속과 간봉·권설의 정의 및 봉수군 운용에 대한 전반적인 소개를 통해 조선후기 경상도 봉수의 이해를 도모하였다.[134] 金周洪은 당시 본 보고서에서 경상지역의 봉수를 전반적으로 다룬 바 있다. 그러나, 당시 초보적인 연구수준과 미답사로 인해 내지봉수인 양산 渭

132) 慶尙北道文化財研究院, 『盈德 大所山烽燧臺 精密地表調査報告書』, 2002.
133) 경상북도문화재연구원, 『청도 오례산성 정밀지표조사보고서』, 2009, pp.68~70.
134) 忠北大學校 中原文化研究所, 『聞慶 炭項烽燧』, 2002, pp.15~29.

川烽燧를 연변봉수로 본 데다, 연변봉수인 통영 彌勒山烽燧를 이형으로 분류하는 오류를 범하였다.[135]

2003년에는 임정준이 울진군 소재 厚理山·表山·沙銅山 등 7기 연변 봉수의 현황을 소개하였다.[136] 이후 안동대학교 박물관에 의해 2006년 조사가 이루어졌다. 당시 울진군 소재 7기 봉수 외에 조선시대 강원도 소속이었던 삼척 가곡산봉수를 포함한 총 8기를 대상으로 정밀지표조사를 실시하였다.[137] 이후 대경문화재연구원에 의해 2008년 表山烽燧의 시굴조사([표 I -2]의 29)가 이루어졌다. 조사를 통해 연대·오름시설·호 및 석렬·민간신앙용 제단 등이 확인되었다.[138]

울진군에 이어 포항시의 봉수는 김용우가 2005년 福吉·磊城山·大串·烏峰烽燧 등 12기의 연변봉수 현황을 보고하였다.[139]

영덕군의 봉수는 대구대학교 중앙박물관에 의해 2007년 黃石山·別畔山·大所山·廣山·화전리봉수 등 5기를 대상으로 정밀지표조사 되었다.[140] 이를 통해 전년도의 울진군에 이어 경북 동해안 지역 연변과 내륙 일부 지역 봉수의 현황을 알 수 있게 되었다.

가장 최근의 조사로는 동양문물연구원에 의한 2010년 내지봉수인 달성 馬川山烽燧 지표조사가 이루어졌다.

한편, 봉수인지 아닌지에 대한 문제가 제기될 수 있는 보고도 있다. 경북 청송 南角山烽燧는 보고서에 의하면 煙臺와 長臺石이 보고되었는데,

---

135) 김주홍 외,「慶尙地域의 烽燧(I)」,『聞慶 炭項烽燧』, 忠北大學校 中原文化硏究所, 2002, pp.175~250.
136) 임정준, 「蔚珍地域의 烽燧 調査報告」,『史香』창간호, 울진문화원부설 울진역사연구소, 2003, pp.121~152.
137) 안동대학교박물관,『울진군 봉수대 지표조사보고서』, 2006.
138) 대경문화재연구원,『울진 표산봉수대 문화유적 발굴조사 학술용역 약보고서』, 2008.7
139) 김용우,『浦項의 봉수대』,『東大海文化硏究』, 동대해문화연구소, 2005, pp.1~68.
140) 大邱大學校 中央博物館,『盈德 烽燧臺 地表調査 報告書』, 2007.

청송지역은 해안에서 멀리 떨어진 육지내륙으로 봉수가 잔존한다면 그 형태는 방호벽과 연조를 갖춘 내지봉수의 형태여야 할 것이다.[141]

5) 湖南圈

(1) 全羅南道

전라남도는 조선시대 제5거 직봉의 초기봉수인 여수 突山島烽燧를 비롯하여 많은 수의 봉수대가 소재하고 있다. 지형상 여수시와 신안·진도·완도·고흥군 등의 전라 남해안 지역은 크고 작은 다수 반도와 島嶼를 끼고 있다. 이러한 지형적 조건은 麗末鮮初 왜구의 침입이 극성을 이루었을 때 이들에게 은신처 및 침입하기에 좋은 조건을 제공하였다. 따라서 경상도와 더불어 숱한 침입을 겪었으며 약탈대상지로서 큰 피해를 입었던 곳이다.

이에 대한 방비책으로 조선시대 발간의 지지에 기록된 50기 내외의 烽燧 외에, 高宗 9年(1872) 발간 조선후기 지방지도에는 군사적으로 중요하였던 鎭과 島嶼에 다수의 瞭望이 표기되어 있다. 즉, 여수지역에 26기 내외의 瞭望[142]과 羅州 2기[143], 靈光 1기[144], 長興 6기[145], 珍島 3기[146], 靑山鎭 2기[147], 興陽縣 1기[148], 萬頃縣 3기[149], 茂長縣 2기[150]의 요망을 통해

---

141) 安東大學校博物館,『文化遺蹟 分布地圖 -靑松郡-』, 2006, p.225.
142) 여수지역의 요망은 조선후기 발간 다음의 고지도에서 확인할 수 있다.
　　『全羅左道順天古突山鎭地圖』(奎10493)의 瞭望 24기,『全羅道順天防踏鎭地圖』(奎10510)의 瞭望 15기,『順天府地圖』(奎10511)의 瞭望 26기
143)『羅州智島鎭地圖』(奎10491) 鐵馬山瞭望臺·屛風島瞭望臺
144)『靈光荏子鎭地圖』(奎10442) 遠島瞭望臺
145)『長興府會寧鎭地圖』(奎10443) 得良島·萊德島·金塘島·平日島·山日島瞭望臺
146)『珍島府地圖』(奎10461) 屈山·上堂串·沙口尾瞭望臺

경상남도 다음으로 많은 봉수와 조선후기 축조의 다수 瞭望臺가 있었다.

그럼에도 전라남도의 봉수는 아직 학계에 그 현황이 제대로 소개되거나 조사된 사례가 거의 없다. 아울러 일부 복원을 통해 원형을 상실한 사례가 다수 있다.[151] 부분적으로 조사된 사례는 국립중앙과학관에 의한 2001년 고흥군 外羅老島內 宇宙센터 建設事業과 관련한 하반·청석산봉수 지표조사[152], 남도문화재연구원에 의한 2005년 광양 件臺山烽燧 지표조사[153] 등이 있다.

여수지역은 시민단체에 의해 2001년 지역내 17기 봉수의 현황조사가 이루어졌다.[154] 조사 후 발간된 자료는 여수의 봉수를 성격에 따라 직봉과 간봉으로 구분하여 현황중심으로 소개하였다.

전남지역 최초의 보다 정밀한 학술조사는 순천대학교 박물관에 의한 2001년 고흥군 소재 20기의 봉수 조사였다.[155] 조사를 통해 고흥지역 봉수의 구조는 산정상의 중앙에 煙臺를 설치하고 그 주변으로 壕나 석축시설을 하였으며, 연대에 근접한 곳에 봉수군이 주둔할 수 있는 시설물을 조성한 것으로 보고하였다. 이후 전남대학교 박물관에 의해 2005년 강진 垣浦烽燧([표 I-2]의 23)[156], 순천대학교 문화유산연구소에 의한 순천시 소

---

147) 『青山鎭地圖』(奎10515)
148) 『興陽縣呂島鎭地圖』(奎10457)
149) 『萬頃縣古群山鎭地圖』(奎10432)
150) 『茂長縣地圖』(奎10469)
151) 전남지역 봉수의 복원은 주로 沿邊烽燧의 煙臺를 대상으로 다수 이루어졌다. 구체적인 사례는 장흥 천관산(1986), 무안 군산(2001), 해남 달마산(2003), 순천 성황당, 해남 갈두산, 여수 남면 망산(1996), 여수 백야곶(1997), 여수 만흥동 봉화산봉수(2002~2003), 여수 북봉연대 등 10기 내외이다.
152) 國立中央科學館, 『外羅老島 宇宙센터 建設事業地域內 文化遺蹟 地表調查報告書』, 2001.
153) 南道文化財研究院, 『光陽市의 支石墓와 護國抗爭遺蹟』, 2005.
154) 백형선, 「여수의 봉수대」, 『아살자 2001 자료집』, 여수시민협, 2001, pp.149~215.
155) 順天大學校 博物館, 『高興郡의 護國遺蹟 II -烽燧-』, 2002.
156) 전남대학교 박물관, 『강진 원포봉수』, 2006.

재 城隍堂山・開雲山・鶴山里 등 3기 봉수의 지표조사[157]가 차례로 이어서 진행되었다.

(2) 全羅北道

전라북도는 전북체신청 소속 향토문화애호 직원들에 의해 1992년 도내 20기 봉수의 지표조사가 시초이다.[158] 정식적인 조사가 아니었던 관계로 전반을 이해하기에는 부족하다. 그러나, 이를 통해 당시까지 잔존하고 있던 봉수의 현황이 정리되었다는 데서 의의가 있다.

이후 군산대학교 박물관의 장수군 봉수에 대한 조사결과를 장수문화원에서 단행본으로 발간하였다.[159] 봉수의 분포를 섬진강・금강 등 2개 水系圈으로 구분하여 16기 봉수에 대한 조사내용을 보고하였다.

장수군은 봉수제가 운영되던 조선시대에 봉수노선이 지나는 곳이 아니었다. 그럼에도 해안 연변지역에 비해 상대적으로 안전하며 후방인 육지내륙의 일개 군에 분포하는 봉수의 수로서는 매우 많다. 이외에 16기 봉수의 평균 해발고도가 983m로서 낮은 것은 322.5m이지만 높은 것은 1,614m에 이른다. 이 높이는 봉수군이 정상적인 근무와 상주하기에는 비정상적으로 높은 부적절한 해발고도이다. 따라서 이상의 세 가지 요인을 통해 대부분 봉수가 아닐 개연성이 매우 높다. 축조 시기는 지표채집 유물이 인근 지역의 가야계 수혈식 석곽묘 출토품과 밀접한 관련성을 들어 조영시기를 추론[160]하고 있으나, 이는 지나친 억측일 가능성이 있어 학계의 검증과 재고가 필요하다.

---

157) 順天大學校 文化遺産研究所, 『順天市의 城郭과 烽燧』, 2007.
158) 전북체신청, 『全北의 烽燧臺』, 1992.
159) 長水文化院, 『長水郡의 山城과 烽燧』, 2002.
160) 長水文化院, 『長水郡의 山城과 烽燧』, 2002, pp.362~371.

⑶ 濟州道

제주도는 봉수제의 성립시기인 고려시대에 왜구의 빈번한 침입 및 중국 宋 상인들이 수시로 왕래하였던 곳이다. 따라서 일찍부터 烽燧·烟臺 외에 邑城·鎭城 등의 관방시설이 해안과 요해처에 다수 분포하고 있다. 조선시대 발간된 지지에 기록된 제주도 봉수는 초기 23기에서 후기에는 25기로 큰 변동이 없이 유지되었다. 제주 봉수는 초기부터 대부분 오름의 정상에 축조되어 있어 조선후기에 봉수제를 정비하면서 해안을 중심으로 축조된 38기의 연대와 구분되는 특징이 있다. 연대는 유사시 서로 인근의 연대와 신호를 주고 받으면서 제주도의 해안 방어체계를 구축하여 왔다.

제주도 봉수의 조사는 제주대학교 박물관에 의해 1998년 북제주군의 문화유적 지표조사시 봉수 9기, 연대 17기의 조사가 이루어졌다.[161] 이후 제주문화예술재단 문화재연구소에 의해 2004년 兎山烽燧([표 I -2]의 18)가 단일 유적으로는 최초로 지표조사되었다.[162] 조사를 통해 토축의 연대 주위에 2중의 호를 두른 평면 원형의 연변봉수로 확인되었다. 이는 오늘날 동해안에 존재하는 연변봉수에서도 다수 확인되는 형태이다. 타 지역에서 이와 가장 유사한 형태의 봉수는 울산 川內烽燧이다.

[표 I -1] 내지봉수 보고서 발간 현황표

連番	烽燧名稱	調査年度	調査種類	路線	報告書 및 參考文獻	備考
1	梁山渭川	91	지표	제2거직봉	圓寂山烽燧臺 保存會,『梁山圓寂山烽燧臺 精密地表調査報告』, 1991.	도기념물118.복원
2	安城望夷城	94~96	발굴	제2거직봉	단국대학교 중앙박물관,『망이산성 발굴보고서(1)』, 1996	山城조사와 병행

---

161) 濟州大學校博物館,『北濟州郡의 文化遺蹟(I)』, 1998.
162) 濟州文化藝術財團 文化財研究所,『兎山烽燧』, 2004.

3	論山 魯城山	94~95	지표· 시굴	제5거 직봉	公州大學校 博物館,『魯城山城』, 1995.	山城조사 와 병행
4	忠州 周井山	95	발굴	제2거 간봉(2)	忠北大學校 湖西文化研究所,『忠州 周井山烽燧臺 發掘調查報告書』, 1997.	도기념물 11.복원
5	清州 巨叱 大山	95	발굴	제2거 간봉(9)	청주대학교 박물관,『清州 것대山烽燧터 發掘調查報告書』, 2001. 中原文化財研究院,『清州 巨叱大山烽燧 發掘調查報告』, 2010.	도문화재 자료26 연조5기 복원
6	忠州 大林城	96~97	지표	제2거 간봉(2)	祥明大學校 博物館,『忠州 大林山城 精密地表調查報告書』, 1997.	山城조사 와 병행
7	密陽 推火山· 終南山	97~98	지표	제2거 간봉(8)	東亞大學校 博物館,『密陽 推火山·終南山烽燧臺 復元 資料收集基礎調查報告』, 1997.	도기념물 227.복원
8	大田 鷄足山	97~98	시굴	제2거 간봉(9)	忠南大學校 博物館,『鷄足山城 發掘調查 略報告』, 1998	山城조사 와 병행
9	文義 所伊山	98	지표	제2거 간봉(9)	清原鄕土文化研究會,『文義 所伊山逢授 地表調查報告書』, 1998.	·
10	龍仁 石城山	99	지표	제2거 직봉	忠北大學校 中原文化研究所,『處仁城·老姑城·寶蓋山城』, 1999. 충주대학교,『용인 석성산봉수 종합정비기본계획』, 2009.	山城조사 와 병행
11	堤川 吾峴	99~00	지표	제2거 직봉	忠北大學校 中原文化研究所,『堤川 城山城·臥龍山城· 吾峴烽燧 地表調查報告書』, 2000.	山城조사 와 병행
12	城南 天臨山	00	지표	제2거 직봉	한국토지공사 토지박물관,『城南 天臨山烽燧 精密地表 調查報告書』, 2000.	도기념물 179
		00~01	발굴		한국토지공사 토지박물관,『城南 天臨山烽燧 發掘調查報告書』, 2001.	
		02~03	발굴		한국토지공사 토지박물관,『성남 천림산봉수 건물지 발굴조사보고서』, 2003.	
13	聞慶 炭項	01~02	지표	제2거 간봉(2)	忠北大學校 中原文化研究所,『聞慶 炭項烽燧 地表調查報告書』, 2002.	·
14	牙山 燕巖山	02	지표	제5거 직봉	忠淸埋藏文化財研究院,『牙山 꾀꼴·물한·燕巖山城地表調查報告書』, 2002.	연조5기 복원
15	忠州 馬山	02~03	지표	제2거 직·	忠北大學校 中原文化研究所,『忠州 馬山烽燧 地表調查報告書』, 2003.	·
		07	시굴	간봉(2)	中原文化財研究院,『忠州 馬山烽燧-試掘調查報告』, 2009	·
16	宜寧 彌陀山	02~03	시굴	제2거 간봉(2)	慶南發展研究院,『宜寧 彌陀山城』, 2003.	山城조사 와 병행
		05	발굴		慶南發展研究院,『宜寧 彌陀山烽燧臺』, 2007.	
17	晋州	03	시굴	제2거	慶南發展研究院,『晋州 廣濟山 烽燧臺 試掘調查 報告書』, 2003.	도기념물 158.

連番	烽燧名稱	調査年度	調査種類	路線	報告書 및 參考文獻	備考
	廣濟山	04	발굴	간봉(9)	慶南發展研究院, 『晋州 廣濟山 烽燧臺』, 2006.	연조3기 복원
18	公州 月城山	03	시굴	제5거 직봉	公州大學校 博物館, 『月城山 烽燧臺 試掘調査 結果槪略 報告』, 2003.4.	·
19	昌寧 餘通山	05	발굴	제2거 간봉(6)	우리문화재연구원, 『昌寧 餘通山烽燧臺 遺蹟』, 2007.	·
20	山淸 笠巖山	06	지표	제2거 간봉(9)	慶南文化財研究院, 『山淸 笠巖山烽燧臺 地表調査 結果 報告』, 2006.	·
21	昌寧 太白山	08	지표	제2거 간봉(6)	우리문화재연구원, 『창녕 태백산 봉수대 문화재 정밀 지표조사 결과보고서』, 2008.	·
22	義城 盈尼山	09	시굴	제2거 직봉	경상북도문화재연구원, 『의성 영니산봉수지 정비사업 부지 내 유적 발(시)굴조사 지도위원회 자료집』, 2009.	방호벽 복원
23	達城 馬川山	10	지표	제2거 간봉(6)	동양문물연구원	·

[표 I-2] 연변봉수 보고서 발간 현황표

連番	烽燧名稱	調査年度	調査種類	路線	報告書 및 參考文獻	備考
1	始興 正往山	88	지표	제5거 직봉	명지대학교, 『始華地區 開發事業區域 地表調査』, 1988	유구멸실
2	釜山 天城堡	95	지표	제2거 간봉 (6)·(8)	부산광역시립박물관, 「강서구 천가동 연대산 봉수대 지표조사」, 『박물관연구논집』3, 1995.	
3	巨濟 玉女峰	95	지표	제2거	거제시, 『옥녀봉봉수대 지표조사보고』, 1995.	도기념물 129. 복원
4	釜山 阿爾	97 / 01	시굴 / 발굴	제2거 간봉(1)	부산광역시립박물관, 『이길봉수대 시굴조사』, 1999. 釜山博物館, 『爾吉烽燧臺』, 2004.	시기념물 38. 복원
5	平澤 塊台吉串	98~99	지표	제5거 직봉	京畿道博物館, 『平澤 關防遺蹟(I) 精密地表調査報告書』, 1999.	향토유적 1
6	固城 佐耳山	98~99	지표	제2거 간봉(4)	東亞大學校 博物館, 『佐耳山烽燧臺 地表調査報告書』, 1999.	도기념물 138
7	統營 彌勒山	99	지표	제2거 간봉(2)	慶南文化財研究院, 『統營 彌勒山烽燧臺』, 2001.	도기념물 210
8	南海 錦山	99	지표	제2거 간봉(10)	남해군, 『금산봉수대 지표조사보고서』, 1999.	도기념물 87.복원
9	南海 臺防山	99~00	지표	제2거 간봉(9)	남해군 창선면, 『대방산봉수대 지표조사 보고서』, 2000.	도기념물 248
10	東海 於達山	00	발굴	제2거 간봉	江陵大學校 博物館, 『東海 於達山烽燧臺』, 2001.	도기념물 13. 복원

11	盈德 大所山	01~02	지표	제2거 간봉(1)	慶尙北道文化財研究院,『盈德 大所山烽燧臺 精密地表 調査報告書』, 2002.	도기념물 37. 복원
12	巨濟 江望山	01~02	지표	제2거 간봉	東亞大學校 博物館,『巨濟 江望山烽燧臺 精密地表調査 報告書』, 2002.	도기념물 202. 복원
		05	시굴		東亞細亞文化研究院,『巨濟 江望山 烽燧臺 文化遺蹟 試掘調査 報告書』, 2007.	
13	金浦 守安山	03	시굴	제5거 직봉	漢陽大學校 博物館,『金浦 文殊山城 · 守安山城 試掘調査 報告書』, 2003.	山城조사 와 병행
14	蔚山 柳浦	03	지표	제2거 간봉	울산광역시 북구청,『우가산 유포봉수대』, 2003.	시기념물 13
15	仁川 杻串	04	지표	제5거 직봉	인하대학교 박물관,『仁川 杻串烽燧 精密地表調査 報告書』, 2004.	·
16	蔚山 川內	04	지표	제2거 간봉(1)	울산과학대학,『蔚山 川內烽燧臺 學術調査報告書』, 2004	시기념물 14
17	蔚山 爾吉	04	지표	·	울산대학교 도시 · 건축연구소,『서생 나사봉수대』, 2004	시기념물 14
18	濟州 兎山	04	지표	·	濟州文化藝術財團 文化財研究所,『兎山烽燧』, 2004.	·
19	固城 曲山	04	시굴	제2거 간봉(2)	慶南考古學研究所,『固城 曲山烽燧 試掘調査 報告書』, 2006.	도기념물 236
20	固城 天王岾	05	시굴	제2거 간봉(2)	慶南考古學研究所,『固城 天王岾烽燧 試掘調査 報告書』, 2007.	도기념물 221
21	咸安 巴山	05	발굴	제2거 간봉(2)	東亞細亞文化研究院,『咸安 巴山烽燧臺 文化遺蹟 發掘調査 報告書』, 2007.	도기념물 220. 복원
22	光陽 件臺山	05	시굴	제5거 간봉(1)	南道文化財研究院,『光陽市의 支石墓와 護國抗爭遺蹟』, 2005.	·
23	康津 垣浦	05~06	지표	제5거 직봉	전남대학교 박물관,『강진 원포봉수』, 2006.	·
24	瑞山 主山	06	발굴	제5거 간봉(2)	忠淸文化財研究院,『瑞山 主山烽燧』, 2007.	연대멸실
25	南海 雪屹山	06	지표	제2거 간봉	경남문화재연구원,『남해 설흘산봉수대 지표조사결과 보고』, 2006.	연대 복원
26	統營 唐浦鎭 閑背串	07	지표	제2거 간봉(3)	경남대학교 박물관,『統營 閑山島 望山別望烽燧臺 精密 地表調査報告書』, 2007.	·
27	馬山 城隍堂	08	지표	제2거 간봉(6)	慶南發展研究院,『烽火山烽燧臺 地表調査報告書』, 2008.	·
28	巨濟 知世浦	08	시굴	·	삼강문화재연구원,『巨濟 知世浦烽燧臺 試掘調査報告書』, 2010.	·
29	蔚珍 表山	08	시굴	·	대경문화재연구원,『울진 표산봉수대 문화유적 발굴조사 지도위원회 자료』, 2008.	·

II. 烽燧制의 運營과 變遷

1. 三國時代

봉수는 晝煙夜火로 邊境이나 海岸의 위급한 상황을 本邑·本營·本鎭뿐만 아니라 中央에 전하기 위한 목적으로 설치하였던 군사·통신 시설이었다. 봉수제는 고대 中國에서 유래하는데, 西周의 유왕이 애첩 포사의 웃는 모습을 보기 위해 여러 차례 거짓 봉화를 올리게 하였다가 결국 오랑캐가 침입하였을 때는 도와주는 제후가 없어 서주의 멸망과 주의 東遷이 이루어진 계기가 되었다는 故事가 있다.[1]

본격적인 봉수제의 시원은 後漢 초기부터인데, 光武帝 12年(36) 驃騎大將軍 杜茂가 오랑캐의 침입에 대비하여 亭候를 쌓고 烽燧를 수리하였다[2]는 기록을 통해서이다. 또한, 隋 煬帝 때 고구려의 군사들이 수의 변방에

---

1) 褒姒不好笑 幽王欲其笑萬方 故不笑 幽王爲烽燧大鼓 有寇至則擧燧火 諸侯悉至 至而無寇 褒姒乃大笑 幽王說之 爲數擧燧火 其後不信 諸侯益亦不至 (『史記』卷4, 周本紀 第4, 幽王 3年)
2) 『後漢書』卷 1下, 光武帝紀 12年 12月 辛卯

수시로 출몰하여 烽堠를 괴롭혔다[3)]는 기록을 통해 隋에서도 봉수제가 시행되고 있었음을 알 수 있다. 이후 다른 사례로는 唐 中宗 2年(686) 돌궐이 변경을 침범하니 흑치상지에 명하여 병사를 거느리고 막게 하였는데, 적의 무리가 크게 이르렀을 때 상지가 나무를 베어 營中에 불을 놓으니 烽燧와 같았다. 그때 동남쪽에서 홀연히 큰 바람이 일어나니 적이 구원병이 있어 서로 상응하는 줄 의심하고 밤을 틈타 퇴각한 사례도 있다.[4)] 한편, 중국의 봉수제가 제도적으로 확립된 것은 唐나라 부터이다. 이때 거화법과 봉수조직이 정비되어, 30리마다 烽候所를 설치하고 매 봉후소마다 師와 副 1인씩을 두었으며, 내침한 賊의 數에 따라 炬火數를 1~4炬로 차등을 두었다.[5)]

참고로 사진(II-1·2)은 唐대 西域으로 가는 길목의 陽關都護府에 설치되어 있는 漢代 敦煌의 陽關烽燧이다. 진흙으로 축조하였지만 지금도

사진II-1. 한대 돈황봉수

사진II-2. 한대 돈황봉수 거화재료

3)『三國史記』卷20, 高句麗本紀 8, 嬰陽王 23年 正月 壬午
4) 垂拱二年 突厥犯邊 命常之率兵拒之 — 賊衆大至 及日將暮 常之令伐木 營中燃火如烽燧 時東南忽有大風起 賊疑有救兵相應 遂退狽夜循 — (『舊唐書』卷 109, 列傳 第59, 黑齒常之)
5)『唐六典』卷5, 兵部

거의 허물어진 곳 없이 견고하게 남아 있다. 또한, 당시 쓰이던 거화재료가 化石化된 채 남아 있다.

한국 고대 삼국시대에도 봉수제는 唐의 영향[6]을 받아 원시적인 형태로 활용되었다. 삼국의 봉수제는 『三國史記』[7]에 전하는 地名·王號 및 安鼎福의 『東史綱目』(1778)[8] 등을 통해 단편적인 사실만을 확인할 수 있다. 현재 문헌기록에 遺址가 전하는 삼국시대의 봉수는 高句麗 安藏王과 漢氏美女의 설화가 전하는 高陽 高峰烽燧[9], 百濟 義慈王의 遊宴 설화가 전하는 論山 皇華臺烽燧[10], 新羅時代 築造로 전하는 江原道 東海 沿岸의 襄陽 水山·德山·草津山·陽野山烽燧[11] 및 杆城 戌山烽燧(사진 II-3)[12] 등 7기 가량이다.

삼국시대 이전 駕洛國에도 봉수제는 원시적인 형태로나마 활용되었다. 『三國遺事』에는 김수로왕이 인도 아유타국의 공주 허황옥의 도래 시

---

6) 李睟光曰 － (前略) － 唐書 以爲鎭戌烽候 率相去三十里 有一炬二炬三炬四炬者 每夜擧一炬 爲之平安 餘則隨寇多少爲差云 我國烽燧之法 蓋用唐制耳 (『增補文獻備考』卷123, 兵考15 烽燧1)

7) 鬼哭于烽山 (『三國史記』卷17, 高句麗本紀 第5, 烽上王 8年 秋9月)
   葬於烽山之原 號曰烽上王 (『三國史記』卷17, 高句麗本紀 第5, 烽上王 9年)
   帝下詔曰 高句麗小魁 － (中略) － 充斥邊垂 亟勞烽候 (『三國史記』卷20, 高句麗本紀 第8, 嬰陽王 23年 春正月)
   靺鞨寇北境 － (中略) － 王親帥精騎一百 出烽峴救之 (『三國史記』卷23, 百濟本紀 第1, 溫祚王 10年 10月)
   遺兵攻新羅烽山城 城主直宣率壯士二百人 出擊敗之 (『三國史記』卷24, 百濟本紀 第2, 古爾王 33年 秋8月)

8) 選入壯健者悉入軍 烽·戌·邏俱有屯營部伍 (『東史綱目』第3上, 甲申年)

9) 金富軾云 漢氏美女於高山頭燃烽火 迎高麗安藏王之處 故名高烽 (『世宗實錄』卷148, 地理志 京畿 高陽縣)

10) 皇華山 在市津 距今縣治西十里 山有大石平廣 俯臨江水 號皇華臺 世傳百濟義慈王 遊宴其上 (『新增東國輿地勝』卷18, 忠淸道 恩津縣 山川)

11) 以上烽燧 皆新羅時所設 今廢 (『輿地圖書』上, 江原道 襄陽府 烽燧)

12) 戌山烽燧 在郡北四十五里 南應正陽山烽 北應高城浦口山烽 新羅時所設 今廢 (『輿地圖書』上, 江原道 杆城郡 烽燧)

사진II-3. 고성 술산봉수   사진II-4. 망산도

신하 유천간 등을 시켜 望山島(사진II-4)[13]에서 망보고 있다가 횃불 신호로 맞이하였다[14]는 기록이 있다. 이를 통해 王妃의 도래를 알리기 위한 방편으로 초기에는 중국의 周와 마찬가지로 봉수 본래의 설치목적을 벗어나 사용되기도 하였다.

2. 高麗時代

고려의 봉수 기능을 알 수 있는 최초의 사료는 仁宗 元年(1123) 宋人 徐兢이 개경에 1개월간 머무르면서 집필한 『高麗圖經』이다. 여기에는 宋

---

13) 망산도는 한국 고대 봉수제의 始原이 되는 역사적 유래가 깊은 곳이다. 위치하는 곳은 경남 진해시 용원동 앞바다에 있는 작은 섬으로 한반도의 남동해안에 발달한 鎭海灣이다. 이 일대는 김해김씨 문중의 뿌리 찾기 노력의 일환으로 史家들의 연구와 구전을 바탕으로 1988년 경남기념물 제89호로 지정되었다.

14) 『三國遺事』卷第2, 記異第2, 駕洛國記

사신들이 배를 타고 고려의 黑山島에 이르렀을 때 밤이 되면 산마루에서 봉화불을 밝히고 여러 산들이 차례로 호응하여 王城(開京)까지 가는데, 그 일이 이 산(흑산도)에서 시작된다[15]는 내용이 있다. 이를 통해 봉수 성립 초기에는 외국 사신의 길 안내에 활용되기도 하였음을 알 수 있다.

　이와 관련하여 사진(II-5·6)은 중국 浙江省 寧波市 天后宮 소장의 서긍이 고려 개경으로 출발 전 송 徽宗을 배알하는 모습과 환송을 받는 모습

사진 II-5. 서긍의 송 휘종 배알모습　　사진 II-6. 서긍의 환송 모습

사진 II-7. 송대 중국항로 1(흑산도)　　사진 II-8. 송대 중국항로 2(흑산도)

---

15) 中朝人使舟至 遇夜於山巓 明火於烽燧 諸山次第相應 以迄王城 自此山始也 (『高麗圖經』 卷第35, 黑山)

을 보여 주는 모형이다. 이를통해 당시 개경에 도착하기까지의 항로과정을 이해하는데 도움이 된다. 사진(II-7·8)은 각각 黑山島 대봉산과 상라산에서 본 송대 중국 사신들이 배를 타고 왕래하던 항로이다.

毅宗 3年(1149) 8月 西北面兵馬使 曹晉若의 上奏로 夜火晝烟에 의한 1急에서 4急의 烽燧式을 정하고 매 소에 防正 2명과 白丁 20명[16]씩을 두고 平田 1結씩을 주어 생활기반을 마련함으로써 봉수제가 성립되었다.[17]

그러면 당시 고려의 수도 개성에는 위 의종대의 기록을 통해 전국 각지에서 올라온 봉수를 받을만한 시설이 있었는지가 의문이다. 그렇지 않다면 당시에는 아직 전국적인 봉수망을 갖추지 못한 채 지역단위로 운용되었을 가능성이 있다. 이외에도 원종 13년(1272)에는 三別抄가 合浦[馬山]에 침입하여 戰艦 20艘를 불사르고 蒙古 烽卒 4인을 잡아갔다[18]는 기록이 있다. 이를 통해 몽고는 고려의 봉수에 봉졸을 배치하여 番을 서는 등 봉수시설은 몽군에 의해서도 중요하게 활용되었다.

고려시대의 봉수 설치 및 입지조건과 관련하여 다음의 두 가지 사실이 주목된다. 첫째, 충렬왕 7년(1281) 10월 印侯를 昭勇大將軍 鎭邊萬戶로, 張舜龍을 宣武將軍 鎭邊摠管으로 삼고 합포·가덕·동래·울주·죽림·거제·각산·내례량 등 좁은 바다 어구와 탐라 등지에 경계를 구획하여 烽燧을 설치하고 배와 무기를 몰래 간직해 놓고 밤낮으로 감시하며 순찰하였다[19]는 기록이다. 이를 통해 고려시대에는 해로 연변봉수에 치중하

---

16) 이를 통해 방정1인이 백정 10인씩을 통솔하는 2番 체제였음을 알 수 있다.

17) 毅宗3年8月 - (中略) - 西北面兵馬使 曹晉若奏 定烽燧式 平時夜火晝烟各一 二急二 三急三 四急四 每所防正二 白丁二十人 各例給平田一結(『高麗史』卷81, 志35, 兵1, 毅宗 3年 8月)

18) 三別抄 又寇合浦 焚戰艦二十艘 執蒙古烽卒四人而去(『高麗史』卷27, 元宗 13年 11月 乙亥)

19) 印侯爲昭勇大將軍鎭邊萬戶 張舜龍爲宣武將軍鎭邊摠管 - (中略) - 合浦 加德 東萊 蔚州 竹林 巨濟 角山 內禮梁等 隘口及耽羅等處 分俵設烽燧 暗藏船兵 日夜看望巡綽(『東史綱目』第12上, 辛巳)

여 주로 해안지역에 봉수가 설치되었음을 알 수 있다. 그러므로 현재 경남 남해안 일대에 다수 분포하고 있는 초기 지지 기록의 연변봉수는 당시 고려 봉수의 일면을 보여준다.[20]

둘째, 우왕 3년(1377) 開城府에서 올린 상소에서는 봉수의 설치조건을 "山城과 가까운 곳을 편이에 따라 수리하여 烽燧를 서로 바라보며 전시에 서로 구원하게 하는 것이 좋겠습니다.[21]"라고 한 기록은 봉수의 축조 때 山城과 가까운 곳이 고려되었음을 보여준다.

고려가 정식으로 수도에 京烽燧를 갖춘 것은 忠定王 3年(1351) 부터이다. 이때에 비로소 開京의 松嶽山에 烽燧所를 설치하고[22] 松嶽烽燧에 장교 2명, 部烽燧에 장교 2명·군인 33명을 배치[23]하였다. 종전의 防正 2명과 白丁 20명으로 성립되었던 고려의 봉수제는 시설과 인원면에서 체제를 더욱 정비하게 되었다. 이는 조선 세종대에 마련된 5擧의 烽燧網과는 다른 고려의 수도였던 개경의 송악산으로 집결하는 봉수망이 성립되어 있었음을 알 수 있다.(사진II-9·10)

---

20) 조선전기 고려시대 연변봉수의 면모를 알 수 있는 지지의 기록은 『慶尙道地理志』(1425) 이다. 세종 6년(1424)에 戶曹가 慶尙監營에 道誌를 撰定하라는 명령을 내린지 1년만인 이듬해 12월에 大丘知郡事 琴柔, 仁同縣監 金鑌이 편찬하여 春秋館에 바친 慶尙道의 도지이다. 여기에는 慶州道, 安東道, 尙州道, 晉州道의 4道내 "烟臺烽火所在處及相准處并以施行事"에 모두 129기의 봉수가 각 道·府·牧·郡·縣별로 煙臺烽火 혹은 烽火 명으로 표기되어 있다. 비록, 발간시점은 조선전기이지만 여기에 기록되어 있는 129기의 봉수가 조선건국 후 갑작스럽게 초축되진 않았다고 여겨진다. 왜냐하면 고려시대부터 잔존하고 있었던 봉수를 어떠한 형태로든 유지시키면서 지지서에 표기하였기 때문이다. 따라서 『慶尙道地理志』에 표기되어 있는 129기 중 煙臺烽火 17기와 烽火 112기의 초축 시기는 고려시대이다.

김주홍, 「南海岸地域의 沿邊烽燧」, 『慶南硏究』創刊號, 경남발전연구원 역사문화센터, 2009, pp.182~183.

21) 辛禑3年 開城府狀曰 ─ (中略) ─ 山城相近之地 隨宜修葺 使之烽燧相望 攻戰相救可也 (『高麗史』卷82, 志36, 辛禑 3年)

22) 『高麗史』卷81, 志35, 兵1, 忠定王 3年 8月

23) 『高麗史』卷83, 志37, 兵3, 看守軍

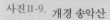
사진II-9. 개경 송악산   사진II-10. 고려왕궁 모형(고려박물관)

당시 고려는 고종 연간 이후 계속 왜구의 침입을 받아 왔다. 특히, 고려 말 충정왕 2년(1350) 2월부터 시작된 倭의 固城·竹林·巨濟 등에 대한 침입24)을 시작으로 여말선초 수십년간은 왜구의 침입이 극에 달했던 시기이다.25) 그중 경상 남해안의 왜구 침입으로 인해 피해가 컷던 사례로 공민왕 23년(1374) 4월 倭船 350척이 경상도 合浦에 침입하여 軍營과 兵船을 사르고 5천 여 명의 士卒을 죽인 일이 있다.26) 이후 우왕 대에도 경상 남해안 대부분의 지역은 왜구의 노략질을 받지 않은 곳이 거의 없을 지경이었다. 이중 우왕 2년(1376) 12월에는 倭가 合浦營을 불사르고 양주·울주와 의창·회원·함안·진해·고성·반성·동평·동래·기장 등의 현 사람들을 죽이고 재물을 불태웠다.27)

---

24) 倭寇 固城 竹林 巨濟 － (中略) － 倭寇之侵始此 (『高麗史』卷37, 世家37, 忠定王 2年 2月)
25) 고려 말 우왕 재위 14년간 왜구의 침입을 받은 회수는 무려 378회로서 최고를 기록하고 있다. 이중 제일 심했던 때는 우왕 3년(1377)의 54회로서 한 달 평균 4~5회의 入寇를 보이고 있다.
    孫弘烈, 「高麗末期의 倭寇」, 『史學志』第9輯, 檀國大學校 史學會, 1975.
26) 倭船三百五十艘倭 寇慶尙道合浦 燒軍營兵船 士卒死者 五千餘人 (『高麗史』卷44, 世家44, 恭愍王 23年 4月 壬子)

참고로 지도 II-1·2는 姜膺煥(1735~1795)이 동래부사로 재직할 때 영남의 연안 일대를 生明紬에 채색으로 그린 지도로 왜구의 방비와 전쟁에 참고할 목적으로 제작된 것이다. 동해안 寧海부터 河東에 이르기까지의 연안 전역과 해안 일대에 산재한 섬들이 상세하게 그려져 있다.

지도 II-1. 고려중요처도(경상도 연안)

지도 II-2. 고려중요처도(전라도 연안)

고려 말기에 倭寇는 海路를 통해 개경과 인접한 서해 연안의 德積島·永宗島(紫燕島)·三木島·龍遊島·長峰島·江華島·覃音島·喬桐島 등의 도서해안 지역을 유린하고 다녔다. 따라서 이들 지역에는 해로를 통한 왜구의 침입에 대처하기 위해 초기부터 杻串(杻串山)·白石山·城山(文鶴山)·大母城(大母城山·大母山)·鎭江山·網山·別立山·松岳(南山)·修井山·城山(華盖山·主山) 등 10기의 봉수가 설치되었다.[28]

그러므로 고려수도 개경과 인접하였던 경기지역의 봉수를 圖上에 표

---

27) 倭焚合浦營 屠燒梁蔚二州及義昌會原咸安鎭海固城班城東平東萊機張等縣 (『高麗史』卷 133, 列傳133, 辛禑 2年 12月)

사진 II-11. 개성 인근 도서 항공사진

시하면 개경 주변으로 다수의 沿邊烽燧가 조밀하게 분포하고 있다. 또한, 西海 및 南陽灣과 인접한 인천·시흥·안산·화성·평택 등의 해안을 따라 남-북으로 길게 분포하고 있다. 이를 통해 고려시대에는 왜구의 침입에 대한 방어목적으로 연변봉수의 설치에 치중하였다. 특히, 개경과 인접한 길목인 교동도·강화도·김포·파주 등의 해안을 따라서는 어느 지역보다도 많은 다수의 봉수가 설치되어 있다. 그런 만큼 해로를 통한 왜구의 침입으로 인한 피해가 극심하였으며 이에 대한 방어목적에서 축조되었던 연변봉수가 대부분이다.

---

28) 이외에, 조선중기 종래의 제단에서 봉수로 전용된 강화군 하점면 신봉리·장정리 경계의 河陰城山烽燧 및 후기에 설치된 강화군 서도면 소재 末島·乶音島烽燧와 교동면 교동도의 鎭望山烽燧 및 인천시 옹진군 북도면의 長峯島烽燧 등을 합치면 이 지역에는 모두 17기의 봉수가 소재한다.

왜구의 침입으로 인한 구체적인 피해사례로 공민왕 원년(1352) 3월 倭가 喬棟島 외에 甲山, 倉前 등에 침입하여 방화[29]한 것을 시작으로 동왕 22년(1373) 7월[30]까지 여러 차례의 침입을 겪으면서 함락된 일을 들 수 있다. 특히, 동왕 15년(1366) 5월에는 왜가 교동에 침입하여 주둔하면서 떠나지 않음으로 京城이 크게 진동하였다.[31] 동왕 22년(1373) 7월에는 왜가 교동을 함락하고 이를 근거지로 9월 海州를 침범하여 牧使 嚴益謙을 살해하기도 하였다.[32]

다음으로 江華島는 공민왕 14년(1365) 4월 倭가 강화 외에 교동·東西江에 침입[33]한 것을 시작으로 우왕 13년(1387) 까지 여러 차례의 침입과 약탈로 인해 피해가 극심하였다. 특히, 우왕 3년(1377) 5월 왜의 강화 침입 시는 봉화가 대낮에 계속 올랐고 개경은 계엄 중에 있었다.[34] 봉수제가 12세기 중엽 조진약의 상주로 1急에서 4急으로 제도화된 후 우왕 3년(1377) 5월 왜의 강화 침입을 알린 이 기록이 봉수 본래의 설치목적과 기능을 발휘한 최초이다. 이후 烽火가 倭의 침입을 알린 또 다른 사례는 우왕 14년(1388) 4월 왜적이 수도 개경과 가까운 인근의 椒島에 침입하였을 때 경성의 장정들은 모두 종군하고 오직 노약자만이 남아 있는 상태에서 밤마다 봉화가 여러 번 올랐다[35]는 기록에서 볼 수 있다.

한편, 왜의 침입을 방어하지 못한 책임자는 烽卒로 편입되어 유배되기도 하였다. 즉, 공민왕 22년(1373) 7월 江華 萬戶 河乙沚·漢陽 尹辛廉 등

---

29) 倭焚喬桐 甲山倉前 (『高麗史』卷38, 世家38, 恭愍王 元年 3月 庚申)
30) 倭陷喬桐 (『高麗史』卷44, 世家44, 恭愍王 22年 7月 甲寅)
31) 倭屠喬桐 留屯不去 京城大震 (『高麗史』卷41, 世家41, 恭愍王 15年 5月 乙巳)
32) 倭寇海州 殺牧使嚴益謙 命誅吏之不救者 (『高麗史』卷44, 世家44, 恭愍王 22年 9月 辛丑)
33) 倭寇喬桐江華 至于東西江 (『高麗史』卷41, 世家41, 恭愍王 14年 4月 己亥)
34) 倭復寇江華 烽火自江華晝舉不絶 京城戒嚴 (『高麗史』卷133, 列傳46, 辛禑 3年 5月)
35) 倭入椒島 時京城丁壯皆從軍 唯餘老弱 每夜烽火屢舉 (『高麗四』卷41, 世家41, 恭愍王 15年 5月 乙巳)

이 倭를 防禦하지 못하였으므로 王이 內府副令 李傑生을 體覆使로 파견하여 杖罰을 가하고 봉졸로 流配하였다.[36] 동년 10월 崔瑩이 楊光道 道巡問使 李成林이 倭를 防禦하지 못하였으므로 형장을 쳐서 봉졸로 流配하고 그의 都鎭撫 池深을 斬하기도 하였다.[37] 이외에 辛旽 제거 모의의 누설로 인해 思利城의 봉졸로 편배된 吳仁澤의 사례와 임견미·염흥방에 연루되어 李仁任의 동생인 仁敏이 봉졸로 편배[38]된 사례가 있다. 또한, 반란 가담자에 연루된 아들이 봉졸로 편배되기도 하였다.[39] 이와 관련하여 김난옥은 烽卒編配가 일반인이 아닌 지배계층에 부과된 형벌이었으며, 誅殺보다는 가볍고 杖流보다는 무거운 처벌로 보았다.[40]

이렇듯 12세기 중엽에 성립된 고려의 봉수는 14세기 말에 왜구의 극심한 침입을 겪으면서 그 효용을 발휘한 사실이 우왕대의 두 기록밖에 없다. 따라서 경기도 중·서부의 도서해안에 분포하고 있는 다수의 봉수는 대부분 고려 말 왜구의 침입에 대한 방어목적으로 설치되었음을 알 수 있다.

---

36) 江華萬戶河乙沚 漢陽尹辛廉 不能無倭 王遣 內府副令李傑生 爲體覆使 杖配烽卒 (『高麗史』卷44, 世家44, 恭愍王 22年 7月)

37) 崔瑩 以楊光道道巡問使 李成林 不能禦倭 杖配烽卒 斬其都鎭撫池深 (『高麗史』卷44, 世家44, 恭愍王 22年 10月)

38) 『高麗史』卷114, 列傳 吳仁澤
『高麗史』卷126, 列傳 李仁任

39) 『高麗史』卷131, 列傳 趙日新

40) 김난옥, 「고려후기 烽卒의 신분」, 『韓國史學報』제13호, 高麗史學會, 2002, p.175.

3. 朝鮮時代

1) 烽燧制의 確立

조선시대의 봉수제는 태조 3년(1394) 漢陽 천도 후 세종 5년(1423) 木
覓山烽燧가 설치됨으로서 중앙의 경봉수로 최종 집결하는 5거제의 노선
이 확립되었다. 아울러 북방 女眞族의 침입에 대비하여 세종 15년(1433)
부터 본격화된 鴨綠江 上流의 4郡 및 豆滿江 下流 남안의 6鎭 설치를 계기
로 다수의 煙臺가 설치되었다. 따라서 종래 경상 · 전라 남해안과 고려수
도 開京을 향해 서해 도서해안을 따라 집중적으로 설치되어 있었던 노선
의 置廢와 移設이 불가피하게 되었다. 이에 따라 조선시대 제1거에서 제5
거까지 전 노선의 봉수는 반드시 경기지역을 거쳐 京烽燧에 최종 전달되
도록 운용되었다.[41]

[표II-1] 대동여지도의 조선시대 한양 봉수망

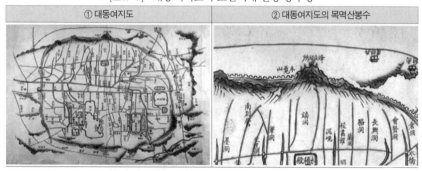

① 대동여지도	② 대동여지도의 목멱산봉수

---

[41] 조선시대 5거화제에 의한 1炬~5炬 및 直烽 · 間烽의 구분은 순조 8년(1808) 편찬의 『萬機
要覽』부터이며, 이후 『大東地志』(1864) 및 『增補文獻備考』(1908)에도 이 구분이 적용되
고 있다.

[표II-1]의 ①·②는 大東輿地圖의 목멱산봉수 현황을 잘 보여 주는 자료이다. 목멱산 정상에 5개소 적색의 불꽃 모습으로 거화모습을 표현 후 상부에 횡으로 烽台五所라 쓰여 있다. 이를 통해 당시 목멱산에는 전국 각지에서 5거로 매일 오는 봉수를 받기 위해 5개소의 봉수시설이 있었음을 알 수 있다.

이와 같은 조선의 봉수제는 고려의 봉수를 근간으로 세종초기에 5擧火制로 확립되었다. 처음에는 고려의 4거제를 계승하였으나, 2거제로 바뀌었다가 세종 즉위 원년(1419) 봉화의 수를 海上과 陸地의 적변에 따라 5거제로 구분하고 낮에는 연기로 대신하도록 하는 조선의 봉수제가 확정되었다.[42] 세종 5년(1423) 兵曹의 계에 따라 南山에 5소의 봉화대를 설치하여 각지에서 오는 봉수를 받도록 하였다.[43] 단종 대에는 세종 원년(1419)에 확정된 5거의 거화법이 봉졸들의 무지와 시각차에 의한 착오를 우려하여

---

42) 兵曹啓 前日各道烽火 今無事則一擧 有事則再擧 乞自今 倭賊在海中則再擧 近境則三擧 兵船與戰則四擧 下陸則五擧 如陸地賊變 在境外則再擧 近境則三擧 犯境則四擧 與戰則五擧 晝則代以烟氣 (『世宗實錄』卷4, 世宗 元年 5月 庚午)
43)『世宗實錄』卷19, 世宗 5年 2月 丁丑

봉화를 적변에 따라 일시에 한꺼번에 들도록 하는 개선책이 정해졌다.[44] 이후 『經國大典』(1485)에 종전 해상과 육지의 적변을 구분하던 5擧火法을 구분하지 않고 일원적으로 조정하였다.[45]

중국 唐代의 봉수제가 내침한 賊의 數에 따라 炬火數를 1~4거로 차등을 두었다면, 조선시대의 봉수제는 매일 평상시의 1거 외에 적침의 상황에 따라 2거에서 5거까지 구분하여 사용하였다. 그러므로 봉수제가 비록 성립 초기에는 중국의 제도를 받아 들여 사용되었을지라도, 조선시대에는 그 운영방식이 확연히 달랐다.

아울러 『新增東國輿地勝覽』(1530) 및 후기의 『東國輿地志』(1656)·『續大典』(1745)·『萬機要覽』(1808)·『大東地志』(1864)·『增補文獻備考』(1908) 등의 각종 문헌에 5거의 거화규정 및 목멱산봉수를 중심으로 하는 노선과 직봉·간봉의 수, 봉수군 인원, 근무사항 등이 규정되었다. 이로써 봉수제는 조선왕조 전 시기에 있어서 국가의 중요한 군사·통신시설로서 확립되어 국가적인 운영을 하였다.

이외에도 조선은 전 시기를 통해 봉수의 置廢와 移設 및 復設을 통해 국가의 안위를 도모하였다. 즉, 조선전기에는 세종 29년(1447) 태안군 智靈山에 봉화대의 축조[46], 문종 1년(1451) 진도현 花山烽火의 館 근처 이설[47], 단종 원년(1453) 평안도 의주 石階烟臺의 타 처 이설[48], 동왕 2년(1454) 남해현 望雲山·城峴 양 봉화의 혁파[49], 세조 6년(1460) 江界府 山

---

44) 『端宗實錄』卷12, 端宗 2年 11月 乙卯
45) 烽燧平時一炬 賊現形則二炬 近境則三炬 凡境則四炬 接戰則五炬 京則五員告 本曹外則伍長告鎭將 (『經國大典』卷4, 兵典 烽燧)
46) 『世宗實錄』卷116, 世宗 29年 4月 丙申
47) 『文宗實錄』卷7, 文宗 元年 4月 乙亥
48) 『端宗實錄』卷4, 端宗 元年 10月 丁酉
49) 『端宗實錄』卷10, 端宗 2年 正月 甲子

端과 乾背者介의 烟臺 철폐[50], 동왕 10년(1464) 경상도 창원부의 峯山과 양산군 鷄鳴山烽火의 이설[51], 연산군 8년(1502) 병조의 경상도 三千鎭에 봉화대 설치의 건의[52] 등이다.

조선후기에는 숙종 6년(1680) 남병사 邊國翰이 紅近濱 및 磨雲嶺으로의 봉수이설 건의[53], 동왕 38년(1712) 함경남도 병사 尹慤의 갑산부 봉수 이설 건의[54], 영조 33년(1757) 좌의정 金尙魯의 황해도 德月山에 봉수 신설 건의[55], 정조 17년(1793) 영변부사 閔台爀의 건의에 따른 영변부 藥山 東臺 봉화의 설치[56] 등이다.

(1) 烽燧의 分布

본 항에서는 조선시대의 봉수가 전 기간에 걸쳐 道別·路線別로 어떻게 분포하였고, 그 數는 얼마나 되는지 의문을 갖고 검토하고자 한다. 이에 대해서는 이미 先學들의 연구가 있다.[57] 그러나, 그 연구결과를 대비시켜 엄밀하게 검토하면『萬機要覽』(1808)의 643기를 제외하면 각 연구자

---

50)『世祖實錄』卷20, 世祖 6年 4月 丁未
51)『世祖實錄』卷32, 世祖10年 2月 戊戌
52)『燕山君日記』卷45, 燕山君 8年 7月 甲午
53)『肅宗實錄』卷9, 肅宗 6年 3月 丁巳
54)『肅宗實錄』卷52, 肅宗 38年 12月 丙子
55)『英祖實錄』卷89, 英祖 33年 5月 甲午
56)『正祖實錄』卷37, 正祖 17年 6月 丁亥
57) 각 연구자별 문헌에 전거하여 추정한 조선시대 봉수의 수는 다음과 같다.

文獻 ＼ 研究者	許善道	南都泳	朴世東	盧泰允
『世宗實錄 地理志』(1454)		549	549	607
『東國輿地勝覽』(1486)		738	731	666
『新增東國輿地勝覽』(1530)				720
『輿地圖書』(1760)		518		599
『萬機要覽』(1808)	643	643		643
『大東地志』(1864)		510	510	628
『增補文獻備考』(1908)	673	613		609

마다 같은 문헌임에도 수에 있어 차이가 있다.

봉수의 수에서 가장 많은 차이를 보이는 것은 許善道가 제시한『증보문헌비고』의 673기이다. 그러나, 논저의 주58)에서도 밝혔듯이 濟州道는 성종 17년(1486) 편찬된『동국여지승람』의 직봉(25기), 간봉(38기) 등 63기의 봉수를 합산한 결과이므로 원래는 610기가 된다. 南都泳은 조선 전·후기에 발간된 6종의 지지에서 각 도별·노선별로 봉수의 수를 산출 후여러 논저에 표로 제시한 바 있다.59) 朴世東은 논문에서 남도영의 표를인용하면서『여지도서』의 수치가 빠져 있고,『동국여지승람』경상도 봉수의 수에서 남도영이 제시한 141기와 달리 134기라 하여 총계에서 차이가있다.60)

[표II-2] 조선전·후기 각 도별 봉수 수

| 文獻 | 朝鮮前期 | | 朝鮮後期 | |
道	世宗實錄地理志(1454)	新增東國輿地勝覽(1530)	東國輿地志(1656)	大東地志(1864)
漢城府	3	3	3	3
開城府	3	4	4	3
京畿道	40	35	35	39
忠清道	51	41	39	44
慶尙道	134	142	53	134

許善道,「近世朝鮮前期의 烽燧」下,『韓國學論叢』8, 國民大學校 韓國學硏究所, 1986. p.98.의 표 및 주88.

南都泳,「朝鮮時代 軍事通信組織의 發達」,『韓國史論』9, 國史編纂委員會, 1986. p.95.의 표
_____,「馬政과 通信」,『韓國馬政史』, 한국마사회 마사박물관, 1997, pp. 554~555의 표1·2
朴世東,『朝鮮時代 烽燧制 硏究』, 嶺南大學校 碩士學位論文, 1987. p.31.의 표
盧泰允,『朝鮮時代 烽燧制 硏究』, 檀國大學校 碩士學位論文, 1991. pp.38~39.의 표IV·V
58) 許善道,「近世朝鮮前期의 烽燧」下,『韓國學論叢』8, 國民大學校 韓國學硏究所, 1986. p.98.의 주88.
59) 南都泳,「朝鮮時代 軍事通信組織의 發達」,『韓國史論』9, 國史編纂委員會, 1986, p.95.의 표
_____,「馬政과 通信」,『韓國馬政史』, 마사박물관, 1997. pp.554~555.의 표1·표2
60) 朴世東,『朝鮮時代 烽燧制 硏究』, 嶺南大學校 碩士學位論文, 1987. p.31.의 표

全羅道	29	51	48	43
(濟州道)	(21)	(23)	(25)	(26)
黃海道	37	40	37	45
江原道	45	48	42	11
平安道	104(烽火78·煙臺26)	134	144	37
咸吉(鏡)道	102(烽火41·煙臺61)	222	217	134(烽燧132·煙臺2)
總計	569(烽火482·煙臺87)	742	652	519(烽燧517·煙臺2)

끝으로, 盧泰允은 조선 전·후기 발간 7종의 지지에서 각 도별·노선 별로 봉수의 수를 산출하여 가장 자세하게 표로 제시하였다. 그러나,『세종실록』지리지의 전라도·평안도,『신증동국여지승람』의 함경도,『대동지지』의 평안도 부분에서 수치상의 차이가 있다. 특히,『대동지지』에 평안도의 봉수는 37기만 표기되어 있음에도 135기라 하여 98기의 차이가 있다. 또한, 조선시대 직봉·간봉의 봉수 구분이 조선후기『萬機要覽』 (1808)의 편찬시점임에도 모든 문헌에 일률적으로 적용하여 계량화 하였다.[61]

이에 따라 필자는 기존 논저의 수치를 대조하고 조선 전·후기 각 2종 씩의 지지류를 선별하여 도별로 봉수의 수를 재확인한 결과 앞의 [표Ⅱ-2] 와 같은 결과를 도출하였다. 표에서 한성부 봉수의 수는 경봉수인 목멱산 봉수와 무악봉수 2기(동봉·서봉) 등 3기임에도 지지마다 2기[62], 3기[63] 등 차이가 있다. 필자는 이를 일률적으로 3기로 하였다. 또한, 濟州道는 본래 1946년 道로 승격되기 전까지 全羅道에 속하여 濟州牧, 旌義縣, 大靜縣 등 1牧2縣의 3邑制로 편제되어 있었다. 그러므로 봉수의 수에 있어 모

61) 盧泰允,『朝鮮時代 烽燧制 研究』, 檀國大學校 碩士學位論文, 1991, pp.38~39.의 표Ⅳ·Ⅴ
62)『세종실록』지리지·『신증동국여지승람』·『동국여지도』
63)『大東地志』卷1, 京都 漢城府 烽燧에서 木覓山·毋岳東所·毋岳西所 등 3기의 봉수를 구분하였다.

두 전라도에 편입시켜야 하나, 현재의 행정구역을 고려하고 구분을 명확히 하고자 별도로 표시하였다.

(2) 道別 烽燧의 設置背景과 性格

이제 각 문헌별로 검출하여 계량화한 봉수의 수를 근거로 道別 설치배경과 성격을 살펴보고자 한다. 먼저 『世宗實錄』地理志(1454) 569기의 봉수는 성격상 烽火 482기, 煙臺 87기이다. 이중 가장 많은 봉수가 분포하는 지역은 慶尙道 134기이다. 다음은 平安道 104기, 咸吉道 102기이다. 평안·함경도의 봉수는 명칭에 있어 烽火와 煙臺로 구분되며, 평안도는 봉화가, 함길도는 연대가 많은 수를 차지하고 있다. 이외에 세종 때는 西北方面의 女眞族을 방어하기 위하여 鴨綠江의 上流에 태종 16년(1416) 설치한 여연 외에 자성(1433), 무창(1440), 우예(1443) 등의 4군을 설치하였다. 이 4군의 봉수는 여연의 봉화 4기와 자성의 연대 7기, 무창의 연대 11기, 우예의 연대 4기로서 봉화 4기, 연대 22기 등 모두 26기이다. 시대별로 여연의 봉화 4기를 제외한 자성·무창·우예의 연대 22기는 세종의 4군 개척과 관련되어 이 시기에 설치된 것이다. 함길도는 지역별로 함흥 8기, 길주 11기로서 이 두지역이 다수를 차지한다. 이외에 세종 때 東北方面의 女眞族에 대비하여 豆滿江의 下流 남안에 세종 16년(1434)부터 10여 년에 걸쳐 종성·온성·회령·경원·경흥·부령의 6진을 설치하였다. 이 6진의 봉수는 모두 煙臺로 지칭되며, 종성 8기, 온성의 연대 15기, 회령 13기, 경원 8기, 경흥 6기, 부령 5기로서 모두 55기이다. 시대적으로는 모두 세종의 6진 개척과 관련되어 이 시기에 설치된 것이다.

『新增東國輿地勝覽』(1530)에 기록된 조선의 봉수는 742기로서 전 시기를 통하여 가장 많은 봉수가 운영되고 있었다. 이중 가장 많이 분포하는 지역은 咸鏡道로서 222기이다. 지역별로 경성 33기, 길성 19기, 단천 16기, 갑산 15기 등 네 지역이 다수이다. 세종 때 東北方面의 女眞族에 대비하여 豆滿江의 下流 남안에 세종 16년(1434)부터 10여 년에 걸쳐 6진이 설치되었다. 이들 6진 지역에는 종성 12기, 온성 15기, 회령 19기, 경원 9기, 경흥 9기, 부령 9기 등 모두 73기가 설치되어 있었다. 시대적으로는 모두 세종의 6진 개척과 관련되어 이 시기에 설치된 것이다. 다음은 경상도 141기, 평안도 134기로서 특히, 평안도의 의주·강계는『세종실록』지리지에 각 6기씩 기록되어 있으나, 이 시기 의주 19기, 강계 17기로 가장 많은 증가비율을 보이고 있다.

조선후기인 효종 7년(1656) 편찬의『東國輿地志』에는 모두 652기가 기록되어 있다. 이중 가장 많은 봉수가 분포하는 지역은 咸鏡道 217기, 平安道 144기이다. 함경도는 지역별로 봉수의 수가 변동이 없으며, 평안도는 강계 16기, 정주 13기, 평양 8기, 벽동 7기의 순으로 다수 봉수가 설치되어 있었다.

『大東地志』(1864)에는 모두 519기가 기록되어 있다. 이중 가장 많은 봉수가 분포하였던 지역은 咸鏡道와 慶尙道의 134기이다. 함경도는 전시기 217기에 비하면 급격한 감소이나, 여전히 6진 지역에는 종성 9기, 온성 14기, 회령 14기, 경원 11기, 경흥 8기, 부령 5기 등 모두 61기의 봉수가 설치되어 있었다. 한편, 이 시기에는 평안도와 강원도 양 지역의 봉수가 효용가치의 상실에 따른 노선의 변동으로 인해 다수 철폐됨에 따라 급격히 감소되었다.

다음의 [표II-3]은 조선후기 각 노선별 봉수의 수를『萬機要覽』과『增補文獻備考』에서 검출하여 수치로 나타낸 것이다. 조선시대 5거화제의 봉수노선에서 최초 1~5炬 및 直烽·間烽의 구분에 따른 수치의 기록은『만기요람』(1808)의 편찬시점부터이다. 이후『대동지지』(1864)에서도 1~5炬외에 元烽[64]·權設[65]로 구분하였으나, 그 체계가 명확하지 않아 아래의 표 작성에서는 제외하였다.『증보문헌비고』(1908)는 봉수 구분 및 신호전달체계·소속 등이 가장 명확하여 봉수노선의 복원 시 가장 많이 활용되는 자료이다. 그러므로『대동지지』를 제외한 두 문헌자료에 의거하여 조선후기 각 노선별로 직봉 · 간봉의 구분 및 봉수의 수를 표로 작성하면 다음과 같다.

[표Ⅱ-3]을 보면 간봉이 123기로서 월등히 많은 제2거를 제외한 나머지 노선은 직봉이 2배에서 4배 정도 많은 것을 알 수 있다. 또 봉수의 수에 있어 가장 많은 봉수가 밀집된 노선은 제1거 노선이다. 반면, 가장 봉수가 적은 노선은 제5거 노선이다.

[표Ⅱ-3] 조선후기 각 노선별 봉수 수

文獻 \ 路線	第1炬			第2炬			第3炬			第4炬			第5炬			總 計		
	直烽	間烽	計	直烽	間烽	計	直烽	間烽	計	直烽	間烽	計	直烽	間烽	計	直烽	間烽	計
萬機要覽(1808)	120	60	180	40	123	163	78	22	100	71	35	106	60	34	94	369	274	643
增補文獻備考(1908)	122	59	181	44	110	154	79	22	101	70	21	91	61	34	95	376	246	622

⑶ 烽燧의 設置目的과 機能

조선전기에 봉수의 設置目的은 태종 6년(1406) 草賊이 나오는 요로 가운데 망을 볼 수 있는 높은 봉에 봉수를 설치하자는 동북면 도순문사의 상소[66]를 통해 초적에 대한 방어가 건의되기도 하였다. 이후 세조 10년(1464) 京畿忠淸全羅慶尙道 都巡察使 尹子雲의 진언에 "연대 · 봉화의 설치는 본래 후망을 통해서 변방의 일을 보고하기 위한 것"[67]이라 하였듯이

---

64) 元烽 : 直烽의 성격을 띤 봉수로『大東地志』卷4, 京畿道20邑 烽燧의 원봉은 다음의 35처(36처?)이다. (戠差山, 汗伊山, 芿邑峴, 禿峴, 彌老谷, 適骨山, 天臨山, 石城山, 巾之山, 毌岳 東所, 醢浦, 禿山, 大山, 都羅山, 松岳國師堂, 毌岳西所, 高峯, 兄弟峯, 德積山, 松岳 城隍堂, 開花山, 冷井山, 南山, 河陰山, 華盖山, 鎭江山, 大母山, 守安山, 白石山, 杻串, 城山, 正往山, 海雲山, 念佛山, 興天山, 槐台串)
65) 權設 : 중요지역의 진장에 설치하였던 봉수로『大東地志』卷4, 京畿道20邑 烽燧의 권설봉수는 다음의 7기이다. (建達山, 案山, 望山, 末島, 艮音島, 長峯島, 修井山)
66)『太宗實錄』卷11, 太宗 6年 3月 乙未
67)『世祖實錄』卷33, 世祖 10年 4月 庚戌

봉수의 설치목적은 오로지 지방의 변고를 중앙에 전달하는 下意上達의 기능에 있었다.

이러한 봉수설치의 중요성은 조선초기인 성종 19년(1488) 왕이 여러 도의 관찰사에게 내려보낸 馳書에 "봉수를 설치한 것은 변방의 경계를 알리기 위함"[68]이나 중종 17년(1522) 전교에 "봉수를 설립한 목적은 변방에서 일어나는 변을 알리기 위함" 등 하교를 통해 뚜렷이 확인된다. 이외에 "봉수는 국가의 중요한 일"(시강관 조지서의 진언)[69], "봉수의 설치는 변고를 알리기 위함"(이칙의 진언)[70], "우리 국가는 삼면으로 적을 받아, 변경의 경계를 봉수가 아니면 속히 전달할 수 없으며, 순장도 또한 야경을 주관"(대사헌 반우형·집의 김사원·장령 김언평과 김지의 진언)[71], "봉수는 예나 지금이나 중대한 일"(영사 정광필의 진언)[72], "봉수는 중요한 일로 진실로 군사의 작전에 관한 것"(정옥형의 진언)[73], "봉수는 변방의 급보를 전하는 것"(정원의 진언), "변경을 알리는 데는 봉화보다 더 빠른 것이 없기 때문에 법전에 매우 상세히 기재되어 있습니다."(비변사의 상소)[74] 등의 기록에서 보듯이 조선 전시기에 걸쳐 여러 신하들에 의해 봉수의 중요성이 누차 강조되었다.

한편, 봉수는 지방이나 변방의 변고를 중앙에 알리기 위한 목적외에, 봉수가 지나는 府·牧·郡·縣 인근의 백성들이 봉수를 바라보고 변방의 안위를 판단하는 警報機能도 갖추고 있었다. 또한, 조선시대 識者層이었던

---

68) 『成宗實錄』卷216, 成宗 19年 5月 己卯
69) 『成宗實錄』卷247, 成宗 21年 11月 甲申
70) 『成宗實錄』卷261, 成宗 23年 1月 辛丑
71) 『中宗實錄』卷1, 中宗 元年 9月 庚辰
72) 『中宗實錄』卷73, 中宗 27年 9月 庚午
73) 『中宗實錄』卷102, 中宗 39年 4月 丙戌
74) 『宣祖實錄』卷122, 宣祖 33年 2月 戊子

문인들에 의해 詩의 소재로 인용되어 文集으로 남아 있다. 이외에도 조선 말기 혹은 대한제국 시기 서양인들에 의해 남산의 봉수를 바라보고 느낀 경이로움과 기능에 대한 내용이 기록으로 남겨지기도 하였다.

이에 대해 살펴보면 우선 조선시대 문인들이 남긴 文集에 기록된 내용은 다음과 같다. 즉, 귀양 가 있는 자신의 처지를 봉화에 비유하거나(③a), 임진왜란 이후의 혼란기에 봉화로 평안함의 기원(③b), 知人의 변방 부임 동안 무고 여부를 목멱산봉수에 기대하거나(③c), 타 처에서의 고독함을 저녁 봉화에 의지(③d), 평안화 1거를 보고 느낀 감흥의 표현(③e), 변란이 없고 8도가 무사함을 알리는 봉화를 북두성에 비유(③g), 임금의 은총을 평안화 1거에 비유(③h) 등의 시구이다. 이에 반해 ③f는 澤堂 李植 (1584~1647)이 일찍 사별한 아들 老農의 생일에 쓴 추도시 10수 중 일부이다. 이식이 北道에 부임해 있는 동안 어린 아들이 해가 질 녘에 문에서 남산 목멱산봉수의 평안화 1거를 통해 제 아비의 무사여부를 확인하였는데, 몇 개월 동안 하루 저녁도 거른 적이 없었다고 한다. 어려서 일찍 사별한 아들에 대한 이식의 父情이 봉화에 비견되었음을 알 수 있다.

한편, 문집의 기록내용을 통해 봉수의 전달시간을 추정할 수 있다. 이는 ③a의 "저녁 봉화", ③b의 "밤마다 이궁 밖에서", ③c와 ③d의 "저녁 봉화", ③e의 "초저녁 무렵이면 보이는 봉화" 등의 詩句를 통해 各 道 極邊 初面의 沿邊烽燧에서 이른 새벽에 올린 봉화가 대개 12시간이면 당일 초저녁 무렵 최종 경봉수에 도달하였음을 알 수 있다.

③a 『虛白亭集』[75] 卷1, 詩 烽火
　　邊日西斜已夕烽　변경의 해가 서쪽으로 기울자 저녁 봉화 오르고
　　此時城闕動昏鍾　이때에 성궐에는 저녁 종이 울린다

---

75) 虛白亭 洪貴達(1438~1504)의 文集이다.

我身恨不如烽火　내 몸이 저 봉화보다 못한 것을 한하노니
飛到南山屋上峯　날아서 남산 옥상의 봉우리로 가는 것을

③b『鵝溪遺稾』[76] 卷1, 箕城錄

狂賊經年膽未寒　미친 왜적 해가 지나도 여태 날뛰니
幾時烽火報平安　어느 때나 봉화로 평안함을 알리련고
遙知夜夜離宮外　멀리서 알겠노라 밤마다 이궁 밖에서
騎省郎官立馬看　기성의 낭관이 말을 세우고 고대함을

③c『鵝溪遺稾』卷4, 雙門錄, 送南道柳兵使

(前略)
老父日日思君處　늙은이 날이면 날마다 그대를 생각하며
木覓山頭看石烽　목멱산 마루에 저녁 봉화 오르는가 바라보리

③d『東岳集』[77] 卷8, 萊山錄, 秋日夕 坐見城外南峯擧烽火而作

(前略)
鷹峯直接蠶頭嶺　응봉은 잠두령에 곧바로 접하고
日日歸心寄夕烽　날마다 저녁 봉화에 의지하여 돌아갈 마음뿐이네
(中略)
城南日夕平安火　성 남쪽에 매일 평안화
隔浦雲山是馬州　포구를 마주 대하여 운산이 대마도네

③e『澤堂集』[78] 卷1, 詩, 烽火行

日夕見烽火　초저녁 무렵이면 보이는 봉화
烽火通長安　봉홧불 장안으로 통하나니
長安西掖垣　장안의 서쪽 조정의 중추 기관

---

76) 鵝溪 李山海(1539~1609)의 文集으로 간행 년은 1595년이다. 문집은 著者가 壬辰倭亂 후 流配 중에 著作한 詩文을 1595年頃 自編하여 初刊된 箕城錄과 그 이후에 編次된 後集 등을 재편하여 光海君 年間에 木板으로 刊行한 重刊本이 있다.
77) 東岳 李安訥(1571~1637)의 文集으로 간행 년은 1640년이다
78) 澤堂 李植(1584~1647)의 文集으로 간행 년은 1674년이다.

前對終南山 마침내 南山을 눈앞에 대하다가
平安一炬近臣報 평안화 1거 시종신이 보고하면
禁鼓初聞煙樹間 궁궐의 초고 소리 내 낀 숲새에 들리도다
(後略)

③f 『澤堂集』卷2, 詩 農兒生日悼念 十首
五
自汝解襁褓 네가 강보에서 벗어난 뒤로
與我長相望 나하고는 늘상 떨어져 살았었지
三霜白谷內 늦가을엔 서쪽 변방 깊은 골짜기
一臘玄塞傍 한겨울엔 북쪽 변방 요새지에 있는 동안
飢寒汝躬悴 춥고 배고파 너의 몸 말라 가고
契闊汝神傷 멀리 아비 생각에 마음 무척 상하면서
南山候烽燧 남산의 봉수 유심히 살펴 보고
北郊愁虎狼 도성 북쪽 교외에서 호랑 걱정하였으리
生離尙難忍 살아서 이별도 견디기 어려운데
此別誰使將 死別의 이 슬픔 누가 받게 하였는고

③g 『青莊館全書』[79] 卷2, 暎吟
(前略)
北斗天然東闢護 북두성도 천연스레 태자궁을 보호하는데
八州無事四烽傳 팔도가 무사한지라 봉화가 사방 전해 주네
(後略)

③h 『月洲集』[80] 卷1, 詩, 烽火
一烽燃處萬峯應 하나의 봉수가 오르면 만 봉우리가 응하니
遠近邊情次第通 멀고 가까운 변방의 사정이 차례로 통하네
百年南北煙塵熄 백년 토록 남북의 연진이 쉬고 있으니

---

79) 조선후기 규장각 검서관을 지낸 李德懋(1741~1793)의 시문집이다.
80) 月洲 蘇斗山(1627~1693)의 文集으로 간행 년은 1866년이다.

長報無虞達聖聰　오래도록 임금의 은총 전하는데 걱정이 없음을 알리네

　다음으로 조선말기 혹은 대한제국기 서양인들에 의한 남산의 봉수에 대한 기록내용이다.[81] 내용은 다음과 같이 남산봉수에 대한 경이로움과 용도 외에 구체적인 거화시간(③i), 남산봉수의 운영(③j), 남산봉수의 개략적인 구조·형태와 거화재료의 비치여부(③k), 남산봉수에 상시 봉수군의 상주를 위한 건물지와 5기의 연조운영 및 봉수신호전달체계의 결점에 대한 지적(③j) 등이다.

③i Percival Lowel, 『Choson, The Land of the Morning Calm』, 1884.
　남산의 봉화
　황혼 무렵 어쩌다 서울 거리로 나선 사람이 있다면 그의 시선은 필경 우뚝 솟은 남산에 멎게 되리라. 황혼녘이면 거무스레하고 크고 힘차며 신비스러운 산 몸뚱이가 남녘 하늘을 배경으로 두드러지게 나타난다. −(中略)− 봉화는 꼭 위험을 경고하기 위해서만이 아니라 평상시 조선 전역을 통해 만사가 안전하고 평화롭다는 신호로써도 사용된다. 봉화는 각 지방에서 올라오는 전갈들을 장안에 알리기 위해 약 15분 가량 타오르다가 다시 밤의 어둠 속으로 사라져간다. −(下略)−

③j Horace N. Allen, 『Things Korean』, 1908.
　봉화
　궁전을 마주보며 서울 남쪽에 자리잡고 있는 울창하고 항상 푸른 산에서 봉화를 올린 후 폐문식을 갖는다. 이와 같은 것은 나라의 형편을 알아보기 위해 국경으로부터 서울에 이르기까지 있는 산봉우리의 편리한 곳에 배치된다. 이들은 건너편 산에서 올리는 불길을 보고서 봉화를 올린다. 서울의 남산에까지 배치된 봉화수들이 가까운 산에서 올라오는 봉화를 보면 서울과 궁전이 한 눈에 보이는 작은 봉화대에서 필요한 수의 봉화를 올린다. 이에따라 턱 수

---

81) 본문에서 소개하는 서양인들의 남산봉수 기록내용은 서울특별시, 『남산봉수대 사료조사 결과』, 2009.에서 필요한 내용을 발췌하였다.

염이 난 늙은 관리 4명이 궁전에 들어가 임금 앞에서 주위가 모두 평화스럽다 든지 그렇지 않다든지 하는 내용의 전갈을 올린다. 보고를 마친 후에도 동이 틀 때까지 왕명을 신속히 전달할 수 있도록 밤새워 정사가 진행되며 이렇게 하여 백성을 위한 정부의 일이 시작된다.

③k George N. Curzon, 『Problems of the Far East』
봉화

남산의 정상에는 4개의 봉화대가 있다. 이것은 온돌로 지은 원통형의 구조물 인데 안에는 땔감들이 높이 쌓여 있어서 밤마다 불을 지피고 수도 서울에 평화와 안녕, 혹은 그 반대의 메시지를 전한다. —(中略)— 저녁 무렵 이런 것에 익숙치 않은 외국인은 신기한 신호에서 눈을 뗄 줄 모르고 각 봉우리마다 피어오르는 불꽃을 쳐다 보게 된다.

③l Arnold H. Savage-Landor, 『Choson, The Land of Morning Calm』, 1884.
남산

서울의 남쪽을 향하여 도시의 성 안에 남산이라고 불리는 높은 언덕이 원추 모양으로 솟아있다. 여러 가지 이유로 사람들은 이 언덕에 관해 흥미를 느끼지 않을 수 없다. 첫째, 그것은 마치 그림 같다. 둘째, 남산처럼 도시 한 가운데에 산이 솟아 있는 경우는 드문 일이다. 셋째, 이 특별한 언덕의 정상에서 왕국의 일상사가 늘 감시되고 있다.

봉화

(前略)— 남산 꼭대기에 감시인이 살고있는 보잘 것 없는 오두막집이 자리하고 있다. 이 앞에는 다섯 개의 돌무더기가 세워져 있는데 그 위로 횃불의 수단을 통해 신호가 조선 왕국의 한쪽 끝단에서부터 다른 끝단까지 전달된다. 말하자면 고요한 아침의 나라의 안전이 이 다섯더미의 돌에 달려 있어 어두워진 두 밤의 적막 속에서 타오르는 돌 위의 불들을 지켜보는 것은 아름답고 기묘한 모습이었다. —(中略)— 불을 이용해서 신호하는 방법의 큰 결점은 신호가 오직 밤에만 명확하게 전달될 수 있다는 것이다. 필요할 경우 낮 시간에는 연기를 이용해서 신호를 전달했는데 불을 이용한 만큼 정확하지는 않았다. 젖은 짚단 더미들을 태워 흰 연기를 날려 보내면 이것은 나라가 위험에 처해 있다는 경보가 된다. 그러나 연기 신호의 해독은 거의 한 가지 의미 밖에는 전할 수가 없다. 왜냐하면 봉화대가 아주 멀리 서로 떨어져 있지 않는

한 연기를 내뿜고 있는 횃불이 하나인지 아니면 그 이상인지 분간하기가 아주 불가능하기 때문이다. ―(下略)―

(4) 烽燧의 設置條件

조선전기 봉수의 設置條件은 태종 6년(1406) 동북면 도순문사의 상소에 草賊이 나오는 요로 가운데 망을 볼 수 있는 높은 봉에 봉수를 설치하자[82]는 내용을 통해 도적이 주로 출몰하는 지점에 봉수의 위치가 건의되기도 하였다. 국가의 중요 군사 통신시설 이었던 봉수의 위치가 단순히 도적의 출몰 지점에 설치되었는지는 의문이다.

세종 14년(1432)에는 당시 국가의 환난이 북방에 있음을 강조하여 방비책으로 烟臺를 설치하고 小火砲 외에 信砲를 구비하도록 하였다.[83] 이때 연대 설치의 간격을 煙火가 서로 바라보이는 것 외에 信砲소리의 서로들을 수 있는 거리로 하였다.[84] 이를 통해 당시에는 視覺과 聽覺의 가시권내에서 서로 대응할 수 있는 곳을 봉수의 설치조건으로 하였다.

문종 대에는 왕이

> 우리나라는 산천이 험조하니 만약 높은 산이 아니면 멀리 바라볼 수 없겠다. 그러나 꼬불꼬불하고 멀어서 적당하지 못한 곳과 작은 산으로도 적당한 곳이 간혹있으니 찾아보는 것이 어떻겠는가[85]

의 하교를 통해 구체적인 봉화의 위치선정 지시가 내려졌다. 반면, 세조 10년(1464)에는 京畿忠淸全羅慶尙道 都巡察使 尹子雲(1416~1478)의

---

82) 『太宗實錄』卷11, 太宗 6年 3月 乙未
83) 『世宗實錄』卷55, 世宗 14年 2月 己亥
84) 『世宗實錄』卷56, 世宗 14年 6月 癸巳 및 卷116, 世宗 29年 4月 丙申
85) 『文宗實錄』卷12, 文宗 2年 2月 癸酉

연대·봉화의 설치는 본래 후망을 통해서 변방의 일을 보고하기 위한 것인데, 지금 여러 도의 연대를 설치한 곳이 낮고 작아서 봉홧불을 서로 바라볼 수가 없으니, 청컨대 여러 도의 도절제사로하여금 연대를 순찰 조사하게 하여서 아뢰도록 하소서[86]

의 진언을 통해 조선 초에 경기도를 포함한 3남 지역에 설치된 연대는 대체로 그 위치가 낮아 제 기능을 하지 못했음이 확인된다.

연산군 대에는 동지사 安琛이 固城縣의 각 포구에 산이 높아서 두루 바라볼 수 있는 곳에 봉수를 쌓아서 포구로부터 主鎭에 알리고 주진에서 兵營과 水營에 알리면 구원할 수 있다 하여 봉수의 설치를 건의하였다.[87] 따라서 이때 봉수 설치의 주된 요건은 해안과 인접하여 4방이 두루 조망되고 산이 높은 곳이 고려되고 있었다. 또한, 당시 안침의 건의를 통해 제시된 봉수는 중앙으로 연결되는 것이 아닌 해당 주진에서 자체적으로 운영되었던 것으로 여겨진다. 이에 따라 賊情의 관찰에는 용이하였을지라도 봉수군의 역은 상당히 고역이었을 것으로여겨진다.

조선후기인 영조 33년(1757)에는 좌의정 金尙魯가 황해수사 崔鎭海의 장계를 통해 本營 陸路의 봉수는 앞뒤로 서로 응하지 못하는 경우가 많음으로 城 안의 德月山 가장 높은 곳에 봉수를 설치하자는 건의가 있었다.[88] 이를 통해 봉수의 입지로 해발고도가 높은 산정이 고려되고 있었다. 이어 동왕 46년(1770) 兵曹參議 申一淸의 상소를 통해

봉화의 신호가 통하느냐 막히느냐는 전적으로 돈대의 원근에 매여 있으므로 편의에 따라 추가로 봉대를 설치하여 중간에 후망이 단절되는 일이 없도록 하소서[89]

---

86) 『世祖實錄』卷33, 世祖 10年 4月 庚戌
87) 『燕山君日記』卷46, 燕山君 8年 10月 庚戌
88) 『英祖實錄』卷89, 英祖 33年 5月 甲午
89) 『英祖實錄』卷114, 英祖 46年 5月 辛未

라고 한 것을 보면 거리가 너무 멀어 신호전달이 곤란한 곳에 추가로 봉대를 설치하자는 건의에 따라 間烽의 增設이 있었던 것으로 여겨진다.

2) 烽燧組織

(1) 京烽燧

조선시대의 봉수는 京烽燧인 木覓山烽燧와 지방의 해안 및 변경지역에 설치되어 煙臺라고도 한 沿邊烽燧, 그리고 육지내륙의 內地烽燧로 구분되었다. 아울러 조선후기에는 군사적으로 중요한 곳에 설치되어 지역방위의 임무를 띤 權設烽燧[90]가 신설되기도 하였다.

조선의 봉수제는 국초부터 5炬의 擧火制로 확립되어 조선 전시기를 통해 국가적으로 운영되었다. 그런만큼 전국에서 오는 봉수를 받기 위하여 木覓山에 5所의 봉수가 설치되었다. 『世宗實錄』地理志[91] 5所의 봉수는 다음과 같다.

> **在都城南山之頂小祀 有烽火五處**
> 第一所 准咸吉江原道來楊州峩差山烽火
> 第二所 准慶尙道來廣州穿川山烽火
> 第三所 准平安黃海道陸路來母嶽東烽火
> 第四所 准平安黃海道海路來母嶽西峯烽火
> 第五所 准全羅忠淸道海路來陽川開化烽火

경봉수는 兵曹의 관장 하에 실무는 武備司가 담당하였다.[92] 아울러 경

---

90) 『大東地志』卷4, 京畿道20邑 烽燧
91) 『世宗實錄』卷148, 地理志 京都 漢城府 木覓祠
92) 武備司 掌軍籍 馬籍 ― 火砲 烽燧 改火 ― 等事 (『經國大典』卷1, 吏典 兵曹)

봉수인 木覓山에는 매 소마다 봉수군 4인, 오원 2인 등 총 30인을 배치하였다. 이에 병조는 사람을 지정하여 봉수를 망보게 하다가 다음날 새벽에 承政院을 통해 왕에게 보고하였다. 만약 變故가 있으면 야간이라도 즉시 보고하게 하였다.[93]

그 뒤 목멱산의 烽燧將이었던 忠順衛軍이 혁파된 후에는 禁軍 중에서 녹봉이 후한 자로 하여금 輪番守直케 하였다. 다음 목멱과 무악 두 산의 봉군 30戶에는 매 호마다 각각 保 3명씩을 지급하여 모두 120명을 24番으로 나누었다. 아울러 매 번 5명이 6일마다 교대 입번케 하였다.[94]

(2) 內地·沿邊烽燧

지방은 각 道의 觀察使 밑에 守令이 鎭將을 겸직하여 각 府·牧·郡·縣별로 봉수의 伍長과 烽燧軍을 지휘·감독토록 조직되었다. 沿邊烽燧에는 매 소에 봉수군 10인, 오장 2인 등 총 60인, 內地烽燧에는 매 소에 봉수군 6인, 오장 2인 등 총 40인을 배치하여 상·하 2번으로 근무하게 하였다.[95]

아울러 내지·연변봉수의 보고체계는 監考가 유사시에는 즉시, 무사시에는 매 10일에 1회 소관 鎭將에게 보고하였다.[96] 수령은 감고의 보고를 받으면 유사시에는 즉시 관찰사와 병조에 보고하고, 무사 시에는 관찰사에게 수시로 보고하였다. 아울러 매 계절 끝 달(3·6·9·12월)에 병조에 보고하였다.[97] 이러한 근무의 양호 여부는 수령의 근무 성적과 직접 관련되어 승진은 물론 파직 또는 논죄하였다. 이에 대한 사례로 正祖 10년

---

93) 『經國大典』卷4, 兵典 烽燧
94) 『大典通編』卷4, 兵典 烽燧
95) 『經國大典』卷4, 兵典 烽燧
96) 『世宗實錄』卷115, 世宗 29年 3月 丙寅
97) 『世宗實錄』卷115, 世宗 29年 3月 丙寅

(1786) 헌납 金光岳의 상소로 봉수의 법은 매우 중함에도 봉수를 신중히 하지 않은 忠淸水師 李延弼을 파직하기도 하였다.[98]

영조 때에 공포된『續大典』에는 부지런하고 재간 있는 品官 각 4인을 특별히 정하고 監考에 서임하여 2번으로 교대하면서 밤낮으로 봉수 올리는 것을 점검토록 하였다.[99]

3) 烽燧軍의 運用

(1) 烽燧軍

봉수군은 항상 봉수에 상주하며 후망과 다음 봉수로의 전보와 같은 실질적인 임무를 수행하였다. 봉수군을 지칭하는 용어로는 烽卒[100]·烽軍[101]·烽火干[102]·烽火軍[103]·看望軍[104]·看望人[105]·堠望人[106]·海望人[107]·烟臺軍[108]·水直軍[109]·烽燧軍[110] 등이 있다. 이중 해망인·연대군·수직군의 용어는 연변봉수군을 지칭하는 용어이다.

98)『正祖實錄』卷22, 正祖 10年 8月 庚午
99)『續大典』卷4, 兵典 烽燧
100)『太宗實錄』卷12, 太宗 6年 12月 更子,『世宗實錄』卷76, 世宗 19年 2月 己卯,『續大典』卷4, 兵典 烽燧
101)『增補文獻備考』卷122, 兵考15, 烽燧 肅宗 3年
102)『世宗實錄』卷4, 世宗 元年 5月 庚午
103)『世祖實錄』卷5, 世祖 2年 11月 庚辰 및『世宗實錄』卷114, 世宗 28年 10月 更子
104)『世宗實錄』卷114, 世宗 28年 10月 更子
105)『世宗實錄』卷115, 世宗 29年 3月 丙寅
106)『世宗實錄』卷4, 世宗 2年 6月 丁卯
107)『世宗實錄』卷115, 世宗 29年 3月 丙寅
108)『中宗實錄』卷21, 中宗 9年 10月 壬寅 및『燕山君日記』卷48, 燕山君 9年 正月 庚辰
109)『世宗實錄』卷120, 世宗 30年 4月 乙亥
110)『經國大典』卷4, 兵典 烽燧 및 卷2, 戶典 給保 및『續大典』卷4, 兵典 給保

조선시대 봉수군의 身分은,

烽火干은 봉화를 드는 자이니, 國俗에 身良役賤인 자를 혹은 干 혹은 尺이라 칭
한다.[111]

의 기록을 통해 신분은 양인이나 賤人의 役에 종사하였던 중간 계층이었
다. 이들 봉수를 담당하였던 계층은 고려 후기에 죄지은 자를 烽卒로 편배
하면서 천시되어[112] 조선시대 신양역천의 계층이 되었던 것으로 보인다.

『大典通編』(1785)에는 봉수군 외에 오장을 봉수 근처에 거주하는 사람
으로 임명토록 규정[113]함으로서 조선후기에 신분은 법제상 良人으로 인
정받게 되었다. 따라서 烽燧·烟臺 所在의 烽軍은 타 역의 종사를 금지하
고 오로지 堠望에만 전념[114]토록 하였다. 그러나, 勤務與件은 매우 단순
하고 힘든 고역이자 천역이었다. 즉, 세조 2년(1456) 藍浦 烽火軍 李德明
이 나이 65세가 되었어도 현감에 의해 免放되지 못하자 僧 學修에게 의탁
하여 머리를 깎고 중이 되어 봉화군 漢永과 더불어 도망하여 군역을 피한
사실이 있었다.[115] 성종 대에는 재위 25년간의 긴 치세기간동안 특별한
전란이 없이 평화가 지속되었다. 이에 따라 봉수가 그 효용을 발휘하지 못
하고 이완되어 이에 대해 여러 차례 논의되기도 하였다. 그러나, 타 역에
비해 그 신역이 헐하다 하여 사람들이 앞을 다투어 들어가려고까지 하였
다.[116] 또한, 봉수군은 당시 모든 役에서 면제되는 등의 특혜로 본연의 임

---

111) 烽火干擧烽火者 國俗以身良役賤者 或稱干或稱尺 (『世宗實錄』卷4, 世宗 元年 5月 庚午)
112) 『高麗史』卷44, 世家44, 恭愍王 22年 7·10月
113) 軍及伍長 並以烽燧近處 居人差定 (『大典通編』卷4, 兵典 烽燧)
114) 烽燧烟臺所在 烽軍等 毋定他役 專爲堠望 (『大典通編』卷4, 兵典 烽燧)
115) 忠淸道觀察使 李重 啓 藍浦烽火軍 李德明 托僧學修 削髮爲僧 與烽火軍漢永 俱逃避役
    (『世祖實錄』卷5, 世祖 2年 11月 庚辰)
    이와 같은 폐단을 시정코자 『經國大典』(1485)에는 軍士로서 나이 만 60세인 자나 篤疾
    發病者에 한하여 군역이 면제되도록 규정되어 있다. (『經國大典』卷4, 兵典 免役)

무만 하도록 하였다.

그러나, 이는 일시적인 현상이었듯 연산군 9년(1503) 司宰監 僉正 柳繼宗의 진언에

신은 근지에 평안도 위원군에 원으로 갔다가 국경을 지키는 일을 눈으로 직접 보았는데, 봉화대 군인들은 그 일이 매우 괴로워 다른 군인들보다 갑절이나 되기 때문에, 무예를 가진 사람은 모두 甲士나 騎兵에 들어가고, 그 가운데서 약하고 빈곤한 사람만이 모두 봉화대 군인에 소속되므로 혹시 적변이 있으면 적에게 대응하지 못하여 왕왕 포로가 되는 사람이 있습니다.[117]

라고 하여 봉수군은 기피의 대상으로 고역이 심했음을 알 수 있다. 이외에 북방 煙臺의 봉수군들은 적을 교란하고 봉수를 방어하기 위해 연대에 허수아비를 만들어 위장하기도 하였다. 이는 조선전기의 문인인 金世弼이 연대의 허수아비[蒭偶]를 읊은 다음의 詩를 통해 알 수 있다.

『十淸集』[118] 卷1, 五言絶句, 詠煙臺蒭偶
投鞭百萬士   백만의 군사에게 채찍질 하여도
猶怯八公山   오히려 팔공산을 두려워 하는구나
詭敵兵家事   적을 속이는 것은 병가의 일이라
束蒭非等閑   꼴을 베어 묶어 허수아비 만드느라 한가할 날 없고나

조선후기인 숙종 46년(1720)에는 세자가 대신과 備局의 여러 재신들을 引接한 자리에서 영의정 金昌集이 外方의 봉수군은 본래 고역이기 때문에 이미 復戶를 주었고, 또 세 사람의 保人을 정하였는데, 근래에 閑丁을 얻기 어려우며, 경기 고을은 더욱 심하여 군정의 결원을 뽑아 메울 수가 없

---

116) 『成宗實錄』卷55, 成宗 6年 5月 乙亥
117) 『燕山君日記』卷48, 燕山君 9年 正月 庚辰
118) 十淸軒 金世弼(1473~1533)의 文集으로 간행 년은 1748년이다.

다고 하였다.[119] 또, 영조 22년(1746) 병조에서 봉수군을 선왕조의 受敎에 따라 氷役에 종사하지 않도록 계청하니 윤허하여 일체의 모든 잡역에서 면제하여 본연의 임무만 하도록 하는 조치를 취하기도 하였다.[120]

이외에 각 봉수에는 烽燧別將이 1인씩 있었다. 이들은 봉수군을 지휘 · 감독 및 봉수에 기거하면서 후망과 신호를 위한 炬火 · 轉報 및 봉수의 자체 방어를 관장하는 하급 장교였다. 또한, 조선후기 慶尙右兵營의 사례를 통해 봉수별장은 兵使의 부임 시 현신하며 뵐 때 擧案[121]을 바치기도 하였다. 즉, 병사가 부임 시에 고을의 경계에서는 아전 한 명이 나아가 公狀[122]을 드리고 五里程[123]에서는 三公兄이 함께 나아가 공장을 드린다. 봉수를 지나갈 때에는 깃발을 올리고 포를 쏘되, 담당 관리가 말 앞에서 신고 후, 장비를 점검할 수 있도록 擧案을 바치는 것외에 別將이 현신하여 뵐 때도 거안을 바쳤다.[124]

(2) 烽燧 軍額

조선전기 봉수군 인원을 알 수 있는 자료는 『世宗實錄』과 『經國大典』 · 『續大典』 · 『大典通編』 등의 법전 기록이다. 우선 경봉수인 木覓山에는 세종 28년(1446) 봉수군 20명이 上下兩番으로 나누어 매 소에 2명씩 입

---

119) 『肅宗實錄』 卷65, 肅宗 46年 4月 辛丑
120) 『英祖實錄』 卷64, 英祖 22年 12月 壬戌
   이 규정은 조선전기인 명종 11년(1556)에 왕의 지시로 확정된 바 있으며, 그후 『受敎輯錄』(1698) · 『續大典』(1745) · 『大典通編』(1785)의 兵典 烽燧에 명문으로 규정되었다.
121) 관리가 공적인 모임에서 임금이나 상관에게 명함이나 문서를 올리던 일, 또는 그 명함이나 문서를 말함
122) 수령이나 察訪이 관찰사나 兵使 · 水使를 공식적으로 만날 때 내던 관직명을 적은 문서를 말한다.
123) 지방 관아에서 서울 쪽으로 5리 되는 곳에 설치하였던 이정표. 주로 정자를 세웠기에 五里亭이라고도 한다. 관리의 迎送 등이 주로 이곳에서 이루어졌다.

직하였다.[125] 『經國大典』의 반포 후에는 매 소마다 봉수군 4인, 오원 2인 등 총 30인을 배치하였다.[126] 조선후기 목멱산의 봉수장이었던 忠順衛軍이 혁파된 후에는 禁軍 중에서 녹봉이 후한 자로 하여금 輪番守直케 하였다. 다음 목멱과 무악 양 산의 봉군 30戶에는 매 호마다 각각 保 3명씩을 지급하여 모두 120명을 24番으로 나누었다. 아울러 매 번 5명이 6일마다 교대 입번케 하였다.[127]

지방은 각 道의 觀察使 밑에 守令이 鎭將을 겸직하여 각 府·牧·郡·縣에 소재하는 봉수의 伍長과 烽燧軍을 지휘·감독토록 조직되었다. 우선 沿邊烽燧는 세종 19년(1437) 의정부의 장계로 각 도의 極邊初面으로 봉화가 있는 곳은 煙臺를 높이 쌓고 근처에 사는 백성 10여인을 모아서 烽卒로 정하여, 매번에 3인이 모두 병기를 가지고 항상 그 위에서 주야로 정찰하여 5일만에 교대하도록 하는 등 봉화의 신설과 봉졸의 선정 및 근무

---

124) 到界私通 ─ 地境公狀一吏進呈 五里程公狀備三公兄進呈事 ─ 烽燧過去處 懸旗應砲爲乎矣 監掌 官馬前告課爲㫆 什物摘奸次擧案進呈 別將現謁 擧案亦爲進呈事 ─.(『營總(乾)』到界私通)(慶北大嶺南文化研究院, 『脫草譯註 營總』, 2007.)
위의 『營總』은 2책으로 구성된 필사본인데, 2책은 각각 乾·坤으로 구분되어 있다. 고려대학교 도서관에 소장(도서번호 B8A401, B8A402)되어 있는 것을 2007년 경북대학교 영남문화연구원에서 譯註하여 발간하였다. 『營總(乾)』은 조선후기 경상도 右兵營의 행정실무에 대한 책임을 맡은 이들이 1년 동안 해야 할 일들과 지침을 월별로 제시해놓은 업무 지침서이다. 그리고 병영이 각종 문서를 생산해야하는 처지이기 때문에 생산하는 각종 문서에 대한 規式을 자세하게 사례별로 제시해 놓았다. 『營總(坤)』은 우병영 관할의 한 지역인 金山郡의 사례책이다. 이중 『營總(乾)』이 만들어진 시기는 순조 4년(1804) 이후이다.
우인수, 「營總 해제」, 『營總(乾)』到界私通 (慶北大嶺南文化研究院, 『脫草譯註 營總』, 2007, pp.7~9.)
125) 議政府啓 ─ 京城 南山烽火五所看望軍 在前十五名 今加五名 分爲上下番 每一所定二名入直 五員 依警守上直例 烽火在處 輪次晝夜入直 ─ 從之 (『世宗實錄』卷114, 世宗 28年 10月 庚子)
126) 『經國大典』卷4, 兵典 烽燧
127) 『大典通編』卷4, 兵典 烽燧

조건을 정하였다.[128] 『經國大典』의 반포 후에는 매 소에 봉수군 10인, 오장 2인 등 총 60인을 배치하여 上下兩番으로 근무하게 하였다.[129]

다음 內地烽燧는 연변봉수보다 인원이 적어 세종 28년(1146) 매 소에 봉화군 6명, 감고 2명을 정하고 2번으로 나누어 밤낮으로 항시 있으면서 망보게 하였다. 아울러 경성 南山烽火 5소의 看望軍은 전에는 15명 이었는데 지금은 5명을 더하고 上下番으로 나누어 매 1소마다 2명은 입직하고 5명은 警守上直하는 예에 의거하여 봉화가 있는 곳에 서로 번갈아 밤낮으로 입직하도록 하였다.[130] 봉수군 인원은 그 후 『經國大典』(1485)과 『續大典』(1745) 및 『大典通編』(1785)의 반포를 통해 국가의 법으로 정해지게 되었다.[131]

그러면 조선전기와 달리 조선후기 내지봉수의 봉수군 인원은 어떠하였을까. 『輿地圖書』(1760)와 『湖西邑誌』(1871) 忠淸道의 봉수를 통해 구체적으로 알아보고자 한다. 조선후기에 충청도는 봉수마다 別將 1인, 監官 5인, 烽燧軍 25명, 烽軍保 75명으로 모두 106명이 소속되는 것이 보통이었다. 이중 별장은 봉수에 대한 관리 · 감독자로 실제 근무자는 아니었다. 따라서 매 番마다 감관 1인, 봉수군 5명, 烽軍保 15명으로 구성되어 있었다. 이들 중 봉군보는 봉수에서 실제 번을 서지 않는 대신 봉수군에 대한 경제적인 보조를 하였다. 따라서 烽燧軍 1명마다 3명씩의 保가 딸려 있었다. 그러므로 봉수마다 매 번 상시 근무자는 감관 1인과 봉수군 5명 이었다.

---

128) 『世宗實錄』卷76, 世宗 19年 2月 己卯
129) 『經國大典』卷4, 兵典 烽燧
130) 京城 南山烽火五所看望軍 在前十五名 今加五名 分爲上下番 每一所定二名 入直五員 依警守上直例 烽火在處 輪次晝夜入直 (『世宗實錄』卷114, 世宗 28年 10月 庚子)
131) 木覓山 每所軍四人 伍員二人 沿邊 則每所 軍十人 伍長二人 內地 則每所 軍六人 伍長二人 (『經國大典』卷4, 兵典 烽燧 및 『續大典』卷4, 兵典 烽燧)
반면, 『大典通編』兵典 烽燧에는 목멱산 경봉수의 伍員이 伍長으로 바뀌었을 뿐 내용은 동일하다.

한편,『湖西邑誌』第4冊,「文義邑誌」軍額에는

烽燧軍 軍一百名內 五長二十名 軍八十名 別將一人 監官五人領之 每五日 監官一
人及伍長一名軍四名 同爲立番

이라 하여 文義縣 소속 所伊山烽燧軍 100명 내에 오장 20명과 군 80명인
데 별장 1인과 감관 5인이 봉수군을 거느리고 매 5일씩 감관 1인과 오장 1
명, 군 4명이 함께 番을 선다고 하였다.
　이후 발간된『沃川邑誌』(1895)의 「沃川郡邑事例」烽燧에서는

月伊峰烽燧 前應永同朴達羅山烽燧 後應環山烽燧
環山烽燧 前應月伊峰烽燧 後應鷄足山烽燧
別將各一人 監官各五人 烽軍各一百名 每五名 並監軍一人 限五日替番 而烽火間
○相左自兵營間多査實之事

라 하여 비교적 상세한 운영사실을 전한다. 이에 의하면, 옥천군 소속 월
이봉 · 환산봉수마다 別將 각1인, 監官 각5인, 봉군 각 100명이 있는데 봉
군 매 5명당 감관 1인과 함께 5일마다 교대하여 번을 서고 봉화간에 서로
맞지 아니함으로 兵營에서 사실을 조사하는 일이 많았다는 사실이다.
　다음『嶺南邑誌』(1895)를 통해 慶尙道의 봉수군 인원을 알아보면 조선
후기에는 봉수마다 監官 5인, 烽卒 20명, 烽軍保 75명으로 모두 100명이
소속되는 것이 보통이었다. 그러나, 실제 봉수의 근무자가 어떻게 구성되
어 있었는지의 정확한 기준은 모호하였다. 따라서 인원이 상이한 경우도
더러 있다. 이 가운데 실제 근무 책임자는 別將이었으며, 監官과 伍長 등
의 구분이 있었다.
　『嶺南邑誌』의 「聞慶邑誌」軍額에서 문경현의 경우 봉수군 50명, 보 150
명이라 하였고, 같은 책의 「聞慶府事例冊」軍額에서는

禪巖站烽燧 別張二人 烽軍二十五名 烽保七十五名
炭項站烽燧 別張二人 烽軍二十五名 烽保七十五名

이라 하여, 탄항봉수와 선암봉수에는 똑같이 別將 2인과 烽軍 25명, 烽軍保 75명씩이 소속되어 있었다. 이에 의하면 烽軍 한사람에게 3명씩의 保가 딸려 있었음을 알 수 있다.

봉수에 근무하는 烽軍은 다른 곳의 예로 보아 알 수 있다. 『慶尙道邑誌』第17册의「鎭海縣邑誌」烽燧의 加乙浦烽燧에 대한 설명에서

烽軍五名 五日式 守直遞番

이라 하고, 『輿地圖書』補遺의「泗川縣邑誌」와 『慶尙道邑誌』19册의「泗川縣邑誌」에서는 鞍岾山烽燧에 대한 설명에서

別將一人 伍長一名 軍人三名

이라고 기록하였다. 한편, 『慶尙道邑誌』第9册의「仁同府邑誌」烽燧의 朴執山烽燧와 件岱山烽燧에는 두 곳에 각각 別將 1인, 伍長 20명, 軍人 80명이 있다고 하여 伍長 1명에 보가 4명씩 배정되어 있었다. 또, 金山의 高城山烽燧와 所山烽燧에는 각기 別將 1인이 있으며 軍人 5명씩이 守直하고 있음을 기록하였다. 그런가 하면 함안 巴山烽燧의 경우에는 別將 1인·監官 1인·望漢 1명·烽軍 100명이라 하였다. 鎭海縣의 加乙浦烽燧에는 烽軍 5명이 5일씩 번갈아 守直한다고 하였던 것과 泗川縣 鞍岾山烽燧의 경우에는 차이가 있을 수 있다. 가장 확실한 구분은 淸河縣 桃李峴烽燧의 사례인데 別將 1인이 있고, 烽軍 100명이 5일씩 돌아가며 수직한다고 하였다.

한편, 『嶺南邑誌』第32册, 「固城府邑誌」烽臺에는 소속 彌勒山·曲山·天王山·牛山·佐耳山 등 5봉수에

各有別將一人 烽直一人 每朔間十日 日記擧行

이라 하여 각 봉수마다 별장 1인, 봉직 1인이 있고 매 초하루 10일 간격으로 日記를 거행한다고 하였다. 여기서의 일기란 조선후기 봉수를 관장하는 각 도의 府·郡·縣에서 관할 상부기관에 晴明日記·風變日記·陰晴日記 명으로 시행한 것을 말한다. 이에 대해서는 곧이어 4절에서 자세히 살펴 볼 것이다. 또, 같은 책의「豊基郡事例册」兵房掌에서는

望前山烽臺 別將一人 伍長二十名 軍人八十名 每番五名式 合二十番 間五日守番 而遞番時 情錢三錢式下番軍處 該色例捧是遣 一年四等 各二兩式 收捧於別張處 以爲本廳進支事

라 하여 비교적 상세한 운영사실을 전한다. 이에 의하면, 봉수마다 別將이 1~2인이 있어 책임자이며, 그 아래에 監考, 혹은 監官, 또는 伍長이 있으며, 이들을 烽軍이라 칭하기도 하였다. 그 아래에 軍人, 혹은 烽保라 불리는 사람이 있었다. 軍役 배정은 고을의 형편에 따라 달랐다.

근무는 이들 전체가 5명을 기준으로 번을 이루었다. 위의 풍기 望前山烽燧는 伍長 1명과 군인 4명을 합하여 5명씩이 番을 이루므로 20番이 되지만, 문경 炭項烽燧는 봉군 1명에 보인 3명이 番을 이루므로 4명씩 25개의 番을 이루었다. 그러므로 別將 2인은 5일씩 교대하여야 5인씩이 守直하게 되며, 근무한 사람들은 매달 10일에 근무 사항을 기록한 바가 고을에 보고되어야 하였다.[132]

다음은『湖南邑誌』(1872)를 통해 조선후기 全羅道의 봉수군 인원을 알아보고자 한다. 전라도는 앞의 충청도·경상도와 달리 봉수에서 番을 서

---

132) 이상은 아래의 본문 내용을 주로 참고하여 인용하였다.
　　　忠北大學校 中原文化硏究所,『聞慶 炭項烽燧』, 2002, pp.26~28.

는 근무자의 구성이 매우 모호하며, 인원이 상이한 경우가 다수이다. 이 가운데 실제 근무 책임자는 別將이었으며, 伍長과 烽燧軍, 烽臺直 등의 구분이 있었다. 또한, 봉수군에 대한 경제적인 지원이 매우 미약하여 烽燧軍 한사람에게 2명씩의 保가 딸려 있었다.

『湖南邑誌』의「羅州牧輿地勝覽」烽燧에서 羣山烽燧의 경우 別將 4인, 軍 75명인데 매 초하루 별장 1인, 군 5명이 돌아가며 수직한다고 하였고, 같은 책의 軍額에서는

烽燧別張四人 烽燧軍二十五名 烽軍保五十名

이라 하여, 군산봉수에는 별장 4인과 봉수군 25명, 봉군보 50명이 소속되어 있었다. 이에 의하면 烽燧軍 한사람에게 2명씩의 保가 딸려 있었음을 알 수 있다.

봉수에 근무하는 烽軍과 烽軍保의 구성은 다른 곳의 예로 보아 알 수 있다.『湖南邑誌』9冊의「寶城郡誌」軍兵에는 正興山烽燧에 대한 설명에서

烽燧別張二 伍長五 烽燧軍十八 保三十六

이라 하여, 정흥산봉수에는 별장 2, 오장 5, 봉수군 18, (봉군)보 36명이 소속되어 있었다. 이에 의하면 군산봉수와 마찬가지로 烽燧軍 한사람에게 2명씩의 保가 딸려 있었음을 알 수 있다.

같은 책「咸平縣邑誌」軍兵의 海際山烽燧와 瓮山烽燧에는 두 곳에 각각 別將 7명, 烽軍 75명, 烽臺直 1명이 배정되어 있었다. 이외에도 『湖南邑誌』10冊의「珍島府邑誌」軍兵에는 尖察山烽燧와 女貴山烽燧외에 沙仇味烟臺, 屈浦烟臺, 上堂串烟臺 다섯 곳에

烽燧別張四名 烽燧軍十八名 保三十六名 烟臺軍二十三名

이라고 기록하였다. 이에 의하면, 봉수마다 別將이 있어 책임자이며, 그 아래에 伍長과 烽燧軍, 烟臺軍, 烽臺直, 烽保라 불리는 사람이 있었다. 아울러 軍役 배정은 고을의 형편에 따라 달랐다, 즉 烽軍 1명에 2명씩의 保가 딸려 있을 정도로 조선후기 전라도 봉수의 운용은 타 도에 비해 매우 열악하였다. 아울러 근무한 사람들은 『湖南邑誌』의 「羅州牧輿地勝覽」烽燧의 羣山烽燧 사례를 통해 매달 10일에 근무 사항을 기록한 바가 고을에 보고되어야 했다.

끝으로 『各司謄錄』의 平安道 소속 烽燧・煙臺軍에게 조정에서 내린 紙衣와 襦衣[133]의 支給 내용을 통해 조선후기 각 봉수・연대에서 番을 섰던 봉수군 인원을 알 수 있다. [표 II-4]는 평안도 내 府・牧・郡・鎮・堡 별로 구분하여 6府・1牧・4郡과 이에 속한 17鎮・12堡의 烽燧・煙臺將과 봉졸 및 봉군・연대군의 지의 및 유의 지급 상황을 표로 작성한 것이다.[134] 이외에도 원문에는 防守將・卒, 把守將・卒, 軍庫直, 巡邏將・軍, 城門直, 巡更直, 譏察, 瞭望軍, 撥軍 등에게도 지의와 유의를 지급하였으나, 표의 검토대상에서는 제외하였다.

특이하게 烽燧名稱에서 平安道 舊楸坡鎮・舊從浦鎮・舊外叱在鎮 등 3鎮에 속한 4기의 봉수는 소재를 "○○○家北"이라 하여 人家를 기준으로 한 명칭으로 표기하였다. 그러면 왜 이들 몇몇 鎮 관할의 봉수 명칭을 인가를 기준으로 표기하였을까 하는 의문이 든다. 이는 다음과 같이 두 가지로 해석된다. 즉, 당시 봉수의 소재를 표기할 만한 특정 山名이나 地名이 없었던 데서 해당 鎮 소재 人家를 기준으로 표기하였던 것으로 여겨진다. 다음은 3진 4기 봉수의 인명은 해당 봉수를 관리하고 운용하였던 烽燧將

---

133) 겨울에 입는 옷
134) 표의 전거는 國史編纂委員會,『各司謄錄』40 平安道篇 12.이며 成册의 원명은 "平安道內 江邊各邑鎮烽把將卒襦紙衣頒給數爻成册"이다.

혹은 烽燧軍으로 여겨진다.

[표 II-4]를 보면 厚昌郡과 慈城郡 전체 및 江界府 高山里鎭의 28봉수에는 봉수장 1인과 봉졸(군) 4명 총 5명이 한 조가 되어 番을 섰다. 그러나, 江界府 이하 대부분의 봉수는 봉수장 1인과 봉졸(군) 5명 총 6명이 한 조가 되어 번을 섰다. 또한, 소수지만 예외적으로 朔州府 麟山鎭 소속의 岐里坡·迂里巖 2煙臺는 연대장 1인과 연대군 3인 등 총 4인의 적은 인원으로 번을 섰다. 반면, 朔州府 彌串舊鎭 소속의 辰串煙臺는 연대장 1인과 연대군 7인 등 총 8인의 많은 인원으로 번을 섰던 유일한 예이다.

이들 烽燧·煙臺將에게는 반드시 지의가 1領씩 지급되었으나, 예외로 慈城郡 소속 熙牙·江界三江·林土 등 6봉수에는 유의가 1령씩 지급되었다. 따라서 지의가 유의보다는 상급자에게 지급되는 옷이었다. 이외 각 봉수마다 번을 섰던 봉졸(군)에게는 인원에 맞게 전원 동일한 옷이 지급되거나, 지의와 유의를 1 : 2, 1 : 3, 2 : 3의 비율로 지급되었다. 이외에 수량부족이나 다른 원인에 기인한 듯 碧潼郡 鎭·堡 소속의 봉수는 인원에 비해 적은 유의 1령만을 지급받는 등 차별이 있었다.

[표 II-4] 『각사등록』의 평안도 봉수·연대 지의 및 유의 지급표

府·牧·郡·鎭·堡名	烽燧名	將(人)		卒·軍(名)			府·郡·鎭·堡名	烽燧名	將(人)		卒(名)		
		人員	紙衣	人員	紙衣	襦衣			人員	紙衣	人員	紙衣	襦衣
厚昌郡	雲洞	1	1	4	4		楚山府	蛤池	1	1	5	2	3
	德田	1	1	4	4			北山	1	1	5	1	3
	金昌	1	1	4	4		山羊會鎭	古烟臺	1	1	5	2	3
	東乭峯	1	1	4	4		阿耳鎭	東烟臺	1	1	5		5
	富興	1	1	4	4		碧潼郡	金昌	1	1	5		1
	葛田	1	1	4	4		碧團鎭	胡照里洞	1	1	5		1
	楸洞	1	1	4	4		楸仇俳堡	楸羅	1	1	5		1
	上撞項	1	1	4	4		小吉號里堡	小峴	1	1	5		5
	梨坪	1	1	4	4		大坡兒堡	頭音只	1	1	5		1
	下立岩	1	1	4	4		小坡兒堡	松林	1	1	5		5
	古閭延	1	1	4	4		廣坪堡	東烟臺	1	1	5		5

慈城郡	中德	1	1		4	4
	胡芮	1	1		4	4
	早粟	1	1		4	4
	蘆洞	1	1		4	4
	朴達仇俳	1	1		4	4
	束沙	1	1		4	4
	松巖	1	1		4	4
	百山	1	1		4	4
	熙牙	1	1		4	4
	江界三江	1		1	4	4
	林土	1		1	4	4
	諸弊	1		1	4	4
	龍巖	1		1	4	4
	文岳	1		1	4	4
江界府	虛實里	1	1	5	2	3
舊楸坡鎭	安興道家北	1	1	5	2	3
	金干屹家北	1	1	5	2	3
舊從浦鎭	安明守家北	1	1	5	2	3
	梨古介	1	1	5	2	3
	松峯	1	1	5	2	3
舊外叱在鎭	五里坡	1	1	5	2	3
	金城民家北	1	1	5	2	3
	餘屯	1	1	5	2	3
滿浦鎭	車家大	1	1	5	2	3
	宰臣洞	1	1	5	2	3
伐登鎭	朱土洞	1	1	5	2	3
高山里鎭	分土洞	1	1	4	2	2
	許麟堡	1	1	4	2	2
	馬寶里	1	1	4	2	2
渭原郡	合長仇俳	1	1	5	2	3
	南坡	1	1	5	2	3
五老梁鎭	林里	1	1	5	2	3
	奉天臺	1	1	5	2	3
直洞堡	新烟臺	1	1	5	1	3
乜軒洞堡	洞遷臺	1	1	5	1	3
昌城府	-	-	-	-	-	-
甲巖堡	一峯山	1	1	5	1	3
雲頭里堡	雲頭里山	1	1	5	2	3
廟洞堡	船頭洞	1	1	5	2	3
於汀灘堡	於汀灘	1	1	5	2	3
昌州鎭	徐哥洞	1	1	5	2	3
大吉號里堡	古林城	1	1	5	2	3
朔州府	延平	1	1	5	2	3
	件田洞	1	1	5	2	3
	五里洞	1	1	5	1	3
	古城里	1	1	5	2	3
仇寧鎭	權狄巖	1	1	5	3	3
	田往仇俳	1	1	5	2	3
淸城鎭	亭子山	1	1	5	2	3
水口鎭	金洞串	1	1	5		5
麟山鎭	葛山	1	1	5		5
	岐里坡煙臺	1	1	3	1	2
	迁里巖煙臺	1	1	3	1	2
龍川府	龍骨山	1	1	5		5
薪島鎭	-	-	-	-	-	-
彌串舊鎭	辰串煙臺	1	1	7		7
鐵山府	甑峯山	1	1	5	5	
	熊骨山	1	1	5	5	
宣川府	鶴峴	1	1	5		5
	圓山	1	1	5	5	
	西望日	1	1	5	5	
郭山郡	通景山	1	1	5	5	
	所山	1	1	5	5	
定州牧	仇寧山	1	1	5	5	
	馬山	1	1	5	5	
	七岳山	1	1	5	5	
合計		86	80(6)	394	219	161

(3) 烽燧軍 褒賞

봉수군의 역은 내지봉수에 비해 연변봉수가 상대적으로 근무여건이

고역이었다. 그러므로 이의 襃賞과 관련하여 주로 冬衣·紙衣[135]·裌衣[136] 등의 의복을 하사였음이 성종대와 연산군대 및 정조대의 기록을 통해 확인된다. 관련기록을 확인하면 成宗 3年(1472) 왕이 영안북도 절도사 魚有沼, 남도절도사 李經, 평안도 절도사 辛鑄 등에게 유시를 통해 貂裘 1領, 貂耳掩 1事를 내리고 이어 煙臺軍이 서리와 눈을 무릅쓰고 고생하고 있을 것을 생각하여 毛衣 30, 防衣 200, 翻巨知 3, 甘套 10, 耳掩 27事를 직접 나누어 주도록 하였다.[137] 동왕 5년(1474) 冬衣 129領을 永安北道에, 50領을 永安南道에 보내어 봉수와 척후 등의 군인에게 분급[138]하였다. 이어 동왕 23년(1492)에는 木棉이 생산되지 않는 永安道의 煙臺軍이 여름 베옷을 입고 凍傷을 참고 밤을 지키니 濟用監의 포물로 裌衣를 만들어서 내려주자는 우승지 曺偉의 건의로 납의를 연대에 척후하는 사람에게 나누어 주기도 하였다.[139]

연산군 1년(1495)에는 봉수군 위무책으로 변경의 연대 후망인에게 裌衣를 하사였는데, 평안도에 350령, 영안북도에 500령, 남도에 62령이었다.[140]

正祖 12年(1788)에는 우의정 蔡濟恭의 건의로 서북 변방의 戍卒과 烽燧軍에게 조정에서 지급하는 襦衣와 紙衣를 내려보낼 때 간사한 폐단이 많으므로 이를 道伯이 친히 점검하게 하였다.[141]

이외에 軍功을 남긴 봉수군에게도 포상을 하였다. 즉, 선조 16년(1583)

---

135) 솜 대신 종이를 두어서 만든 겨울 옷. 주로 서북쪽 국경에서 수자리 살던 군사가 입었음
136) 의복의 겉에 입는 덧옷
137) 『成宗實錄』卷25, 成宗 3年 12月 戊寅
138) 『成宗實錄』卷44, 成宗 5年 6月 辛丑
139) 『成宗實錄』卷269, 成宗 23年 9月 壬辰
140) 『燕山君日記』卷10, 燕山君 元年 11月 癸未
141) 『正祖實錄』卷26, 正祖 12年 9月 丁亥

8월 오랑캐의 침입으로 慶源이 함락될 때에 鍾城의 봉수군 韓揚은 적의 화살이 몸에 박혔음에도 적중으로 돌격하여 부친을 구해 돌아온 사실이 있다. 이에 대한 포상으로 한양에게 무명저고리 2령, 갑주 1령, 활과 長片 箭 및 環刀를 하사하였다.[142]

(4) 烽燧軍의 處罰

한편, 근무를 태만히 한 봉수군에 대한 處罰은 국초에 봉수망을 확정하면서 근무기강을 바로잡는 차원에서 엄정하게 시행되었다. 즉, 세종 5년(1423)과 8년(1426)에 경계근무를 태만히 한 泰日 烽火干 黃連과 검모포 천호 조공영 및 군산 부만호 조마 등을 처벌[143]하였으며, 죄를 지은 자를 杖刑에 처하고 烽卒로 유배하였다.[144]

세종 28년(1446)에는 봉수군이 點考에 빠질시 初犯은 笞刑 50대, 再犯은 杖刑 80대, 三犯은 杖刑 100대를 집행하고, 이를 능히 고찰하지 못한 관리는 初犯은 笞刑 50대, 再犯은 1등을 가하여 杖刑 100대에 관직을 파면시켰다. 그리고 사적으로 대체시켰을 경우 대체한 자는 杖刑 60대에 名籍을 회수하여 充軍시키고, 자신은 杖刑 80대에 그 전대로 충군케 하였다. 아울러 사변이 없을 시는 명령을 어긴 것으로서 論罪하게 하고, 사변 시 근무를 소홀히 하여 성을 함락시키고 군사를 손실시킨 자는 斬刑에 처하고, 적병이 경내에 침입하여 인민을 침략하게 한 자는 장형 100대를 집행하고 邊遠充軍 시키도록 하였다.[145]

이 규정에 의거 성종 6년(1475)에는 적이 이산·창주·벽단 등의 鎭을

---

142) 『宣祖實錄』卷17, 宣祖 16年 8月 甲寅
143) 『世宗實錄』卷19, 世宗 5年 正月 庚戌 및 卷32, 世宗 8年 4月 丁卯
144) 杖慈州人曹守一百 配巨濟縣烽卒 ― 慈州戶長 金良義于機長縣爲烽卒 (『太宗實錄』卷12, 太宗 6年 12月 庚子)
145) 『世宗實錄』卷114, 世宗 28年 10月 庚子

침략하여 사람과 가축을 죽이고 사로잡았는데 서쪽 변방에서 황해도를 거쳐 畿甸에 이르기까지 소재한 곳의 봉수에서 하나도 사변을 보고한 봉수가 없었으므로 근무를 태만히 한 봉수군을 국문하도록 하였다.[146] 또, 명종 1년(1546) 왜노와의 접전 시 매번 平報의 불을 든 一路의 봉수군을 처벌하였다.[147]

그후 조선후기인 仁祖代에는 의주 白馬山과 葛山에서 봉화 5柄을 잘못 올린 자를 참수[148]하는 등 기강을 바로 잡고자 하였다. 동년에는 정주의 봉수군 金介叱이 봉화를 잘못 올린데 대해 도원수 이홍주가 군율대로 처단하는 대신 決杖하여 벌을 보일 것을 청하였다.[149] 인조 5년(1627)에는 하교를 통해 봉수를 제대로 살피지 않은 양서의 감사·병사를 추고하도록 하교하였다.[150] 孝宗代에는 병조의 진언에 북로의 봉화가 여러 달 동안 오르지 않은 것을 근심하여 경기·강원·함경 감사 및 남·북병사에게 특별 경계하도록 신칙하고, 수령과 봉졸로서 태만하거나 소홀히 한 자는 사목에 의해 죄를 주게 하였다.[151] 현종 1년(1660)에는 근무를 태만히 한 남소의 부장을 의금부에 하옥[152]시켰다.

구체적인 처벌규정은 肅宗 24年(1698) 李翊·尹趾完 등이 왕명을 받아 『大典後續錄』이후에 각 도 및 관청에 내려진 수교·조례 등을 모아 편찬한 6권2책의 『受敎輯錄』에 상세하게 규정[153]되어 있다. 『수교집록』의 중종 27년(1532)과 명종 11년(1556) 및 인조 5년(1627)의 처벌내용을 정리하

---

146) 『成宗實錄』卷52, 成宗 6年 2月 乙未
147) 『明宗實錄』卷4, 明宗 元年 9月 己卯
148) 『仁祖實錄』卷6, 仁祖 2年 5月 丁丑
149) 『仁祖實錄』卷7, 仁祖 2年 11月 己未
150) 『仁祖實錄』卷16, 仁祖 5年 6月 壬寅
151) 『孝宗實錄』卷2, 孝宗 元年 9月 戊午
152) 『顯宗實錄』卷3, 顯宗 元年 7月 戊寅
153) 『受敎輯錄』卷4, 兵典 烽燧

면 다음과 같다.

中宗 27年(1532)

- 적이 출현하였을 때 거화하지 않은 봉수군은 杖80, 수령 · 진장은 杖70

  (賊現形 不擧烽燧杖八十 守令鎭將杖七十)

- 적이 국경에 이르렀을 시 거화하지 않은 봉수군은 杖100에 邊遠 充軍하며, 수령 · 진장은 杖100에 파직시키고 임용하지 않는다.

  (賊近境 不擧者杖一百 發邊遠充軍 守令鎭將杖一百 罷職不叙)

- 접전 시 거화하지 않은 자는 참하고, 수령 · 진장은 참한다.

  (接戰 不擧者斬 守令鎭將斬[嘉靖壬辰承傳])

明宗 11年(1556)

- 만일 사변 시 봉화를 단절한 곳의 수령은 杖80, 감고는 杖100, 색리 · 봉군은 杖100에 처하고 極邊 充軍한다. 아울러 관직을 거두어 決杖함으로 속죄하게 한다.

  (萬一有事變 絶火處 守令決杖八十 監考杖一百 色吏烽軍杖一百 極邊充軍 並除收贖決杖)

- 적이 이르렀는데 보고하지 않은 봉졸은 군법에 의거 참하고 후에 계문한다.

  (賊到處不報火烽卒 依軍法 處斬後啓聞[嘉靖丙辰承傳])

仁祖 5年(1627)

- 摘奸時 闕點과 거화하지 않은 봉화군 · 오장은 각 杖100, 감고 · 색리 杖90, 수령 · 진장은 杖80에 처한다.

  (摘奸時闕點及不擧烽火軍伍長 各杖一百 監考色吏杖九十 守令鎭將杖八十[天啓丁卯承傳])

이에 따라 숙종 29년(1703) 端川 烽臺軍이 궐직하여 봉화를 끊었다 하여 곤장을 치고 극변충군 함으로서 엄하게 단속하였다.[154] 영조 5년(1729)에는 허위보고를 한 목멱산, 안현의 봉수장과 봉수군을 치죄하라고 명하였다.[155] 영조 8년에는 左右捕將을 重推하고 從事官은 汰去하라고

---

154) 『肅宗實錄』卷38, 肅宗 29年 5月 壬戌
155) 『英祖實錄』卷22, 英祖 5年 6月 己丑

명하였는데, 남산 아래에서 횃불을 든 사람을 즉시 체포하지 못한 때문이다. 그리고 봉수대의 장졸을 엄히 형신한 다음 충군시켰는데, 잘 살펴 임무를 수행하지 못하였기 때문이었다.[156] 무릇 위의 처벌내용으로 보아 『수교집록』에 근거하고 있음을 알 수 있다.

한편, 영조 21년(1745)에 반포된 『속대전』의 처벌규정[157]은 대개 위와 같다. 그러나 처벌규정이 한층 엄하여져, 아래의 내용과 같으며 특히 거짓으로 봉화를 올린자(僞擧烽火者)에 대한 처벌규정이 새로 보인다.

- 혹 봉홧불을 끊은 곳의 수령은 杖80, 감고는 杖100, 색리·봉군은 杖100에 처하고 극변에 충군한다. 아울러 관직을 거두어 決杖함으로 속죄하게 한다. 적이 이르렀는데 보고하지 않은 봉졸은 법에 의거 참하고 후에 계문한다.
  (或有絶火處守令 決杖八十 監考杖一百 色吏烽軍杖一百 極邊充軍 並除收贖決杖 賊到處不報火烽卒 依法 處斬後啓聞)
- 거짓으로 봉화를 올린 자는 논할 것도 없고 연대와 타 처도 아울러 같은 법률을 적용한다.
  (僞擧烽火者勿論 烟臺與他處 並用一律)
- 사변이 없을시 闕點한 자는 군관·감고·봉군을 막론하고 각기 그 중함에 따라 곤장형에 처한다.
  (無事時闕點者勿論 軍官監考烽軍 各別從重 決棍)

이외에 『대전통편』(1785)에는 『속대전』에 규정된 거짓으로 봉화를 올린 자(擧僞烽者)에 대한 처벌규정 외에, 조선후기 들어 봉화가 억울함의 호소수단으로 이용되는 폐단을 막고자 근처에서 放火한 자에 대해 斬함으로서 엄하게 단속하고자 하였다.[158]

또한, 봉수군뿐만 아니라 이에 대한 관리·감독권을 가지고 있던 책임

---

156) 『英祖實錄』卷32, 英祖 8年 9月 己丑
157) 『續大典』卷4, 兵典 烽燧
158) 擧僞烽者 不待時斬 近處放火者 待時斬 (『續大典』卷4, 兵典 烽燧)

자도 처벌뿐만 아니라 파직되기도 하였다. 즉, 정조 10년(1786) 봉화를 피우지 않은 원인을 보고하지 않은 節度使 具世勣을 처벌하였다.[159] 또한, 동년 봉수를 신중히 하지 않은 충청수사 李延弼을 파직하기도 하였다.[160] 동왕 21년(1797)에는 강화부 유수 李義弼의 장계에

> 이달 7일 본부의 남산봉대에서 봉화를 올리지 않았는데 조사해 보니 烽直이 술에 취하여 실수했다 하여 본인이 제대로 단속하고 경계하지 못한 잘못이니 황공하여 처벌을 기다립니다.

하여 비변사가 해당 유수를 파직하도록 계청하자 그대로 따르기도 하였다.[161]

(5) 벼락을 맞은 烽燧와 烽燧軍

한편, 봉수군은 신분상 良人이나 賤人의 役으로서 항상 산정에 상주하면서 봉수를 관리하거나 거화를 통해 대응봉수에 응하여야 했다. 그러므로 드문 사례이나 간혹 實錄에 벼락을 맞아 烟臺·庫舍가 훼손되거나 불타고 烽燧軍과 봉화대의 庫直이 벼락에 맞아 죽는 등 인적·물적 피해를 입는 경우도 있었다.

이와 관련된 실록의 조선전기 기록은 明宗 11年(1556) 전라도 남원의 봉수군 金世堅이 벼락에 맞아 죽었다.[162] 동왕 14년(1559)에는 전라도 장흥에 비와 우박이 내리고 검은 구름이 사방에 가득했는데 億佛山烽燧 烟臺가 벼락에 부서지고 그 밑 地臺의 큰 돌이 뽑혀 간곳이 없었다.[163] 조선

---

159) 『正祖實錄』卷10, 正祖 10年 8月 壬戌
160) 『正祖實錄』卷22, 正祖 10年 8月 庚午
161) 『正祖實錄』卷46, 正祖 21年 6月 丁丑
162) 『明宗實錄』卷21, 明宗 11年 9月 戊辰
163) 『明宗實錄』卷25, 明宗 14年 2月 丁巳

후기에는 肅宗 39年(1713) 충청도 해미현 봉화대의 庫直이 벼락에 맞아 죽고 庫舍 한 칸이 불탔다.[164]

이상 실록의 기록을 통해 봉수에는 항상 番을 서는 봉수군이 상주하고 있었으며, 간혹 벼락에 맞아 죽기도 하는 등 苦役이었음을 알 수 있다.

4) 烽燧制의 弊端

조선은 국초인 세종 연간에 봉수망을 새로 확정하고 내지봉수와 연변 봉수의 구체적인 시설기준을 마련하는 등 그 유지에 관심이 컸다. 그러나 世宗 28年(1446) 우찬성 金宗瑞에게 이른 "봉화는 사변에 대응하기 위한 것인데, 전일에 봉화를 두 번이나 들었는데도 마침내 사변은 없었으며, 또 어쩌다가 변경이 있었는데도 봉화는 보고하지 않으니, 이는 봉화가 사변에 이익이 없는 것이므로 행하지 않는 것이 나을 것이다. 만약 폐지할 수가 없다면 이같이 느릿느릿 해서는 안 될 것이다."[165]를 통해 국초에도 이미 봉수제는 제대로 기능을 발휘하지 못하였음이 짐작된다. 이후 계속된 전란사태에 그 폐단이 노출되면서 역대 왕들의 근심하는 바가 되었다.

특히, 국가의 기틀이 잡히고 오랜 평화상태가 지속된 성종 대에는 "봉수군의 신역이 헐하다 하여 사람들이 앞을 다투어 들어가므로 혹 먼 곳에서 사는 사람으로 充丁하여, 황혼을 이용하여 후망할 뿐이고 낮과 밤으로는 다시 사람이 없으니 참으로 적당하지 못하다."[166]하여 개탄의 대상이 되었다. 따라서 성종 20년(1489) 吏曹判書 成俊이 진언을 통해 "兩界는 연

164) 『肅宗實錄』卷54, 肅宗 39年 10月 癸卯
165) 『世宗實錄』卷111, 世宗 28年 正月 甲午
166) 『成宗實錄』卷55, 成宗 6年 5月 乙亥

대의 병사가 밤낮으로 항상 지키면서 신중하게 후망하는데, 남쪽 지방은 그렇지 아니하여 낮에는 지키지 아니하고 밤에만 봉화를 들 뿐이니, 적선이 오는 것을 어찌 알겠습니까?"[167]하여 事變의 위험이 있는 兩界의 연대와 그렇지 않은 남쪽의 봉수가 비교됨을 알 수 있다. 이 외에도 같은 왕 때에 누차 대신들의 진언을 통해 봉수의 폐단이 지적되었고,[168] 성종 25년 전교에 "봉수를 설치한 것은 변을 알리게 하려는 것이다. 그러나, 근래에 事變을 봉수로 인하여 아는 것이 없으니 -(中略)-"[169] 등을 통해 봉수의 중요성은 인식하고 있었으나 실제 그 효용이 없는 것을 안타깝게 여기고 있었음을 알 수 있다.

연산군 1년(1495)에는 성준이 팔도의 연대를 살펴보고 진언한 내용에 북방은 대강 완비되었지만, 남방은 아주 허술하다고 보고한 사실[170]에서 사변의 위험이 적었던 남방에서 봉수제가 제 기능을 다하지 못한 사실을 알 수 있다. 중종 7년(1501) 전교에는 "요사이 변방 경보가 자주 오는데, 남산봉수는 번번이 평안함을 보고 하니, 병조로 하여금 다시 더 엄하게 살피도록 하라."[171]와 중종 14년(1519) 정원에 내린 전교에 "봉화가 자주 끊어지는데 이는 큰일이니, 병조가 더 단속하여 살피도록 하고 또한 외방에도 유시를 내려야 한다."[172] 및 17년 전교에 "봉수를 설립한 목적은 변방에서 일어나는 변을 알리기 위함인데, 근래 남쪽 변방에 사변이 있는데도 일찍이 봉수로 알리는 일이 없었으니, 병조는 자세히 살펴서 추고하라."[173]

---

167) 『成宗實錄』卷235, 成宗 20年 12月 乙酉
168) 『成宗實錄』卷247, 成宗 21年 11月 甲申, 『成宗實錄』卷261, 成宗 23年 正月 辛丑
169) 『成宗實錄』卷293, 成宗 25年 8月 己卯
170) 『燕山君日記』卷8, 燕山君 元年 8月 乙亥
171) 『中宗實錄』卷16, 中宗 7年 7月 辛巳
172) 『中宗實錄』卷36, 中宗 14年 8月 癸酉
173) 『中宗實錄』卷45, 中宗 17年 7月 丙寅

와 중종 27년(1532) "적이 변경을 침입해 와도 4炬와 5炬를 드는 자는 전혀 없고 으레 평시에 쓰는 1炬를 들고 있으니, 이것은 수령들이 게을러서 잘 단속하지 않았기 때문이다. −(中略)− 군사가 정돈되지 않음이 지금보다 더 심한 적이 없었으니, 함께 의논하여 아뢰라."[174] 등을 통해 조선의 봉수제는 연산군 대에 일시 폐지된 것을 중종 대에 다시 복구시켜 제기능을 하도록 하였음에도 실제 그 효용이 전무했던 사실을 알 수 있다.

당시 봉수의 도달과 관련하여 중종 27년(1532) 영사 鄭光弼의 진언에 "봉수는 예나 지금이나 중대한 일인데, 시행되지 않은 지가 오래되었습니다. 국초 때에 봉수가 경계를 늦출까 염려하여 남몰래 변방으로 하여금 시험 삼아 봉화를 들게 하자 5~6일 만에 서울에 이르렀는데, 지금은 한 달이 지나도 통하지 않을 것이 틀림없습니다."[175]와 중종 39년(1544) 丁玉亨의 진언에 "봉수는 중요한 일로 진실로 군사의 작전에 관한 것인데, 요사이 사방을 후망하지 않고 거화만 하니 허위가 심합니다."[176]와 "동년 주연야화의 기능을 가진 봉수의 법이 특히 엄중하게 되어 있는데도 요사이는 여러 가지 일이 해이되었습니다. 이는 하루 사이에 그렇게 된 것이 아니니, 추문하는 것은 또한 어려울 듯합니다."[177]라는 기사를 통해 당시 대신들도 봉수제가 제 기능과 역할을 못하고 있음에 고심하고 있었음을 알 수 있다.

명종 대에는 1년(1546) 정원의 진언에 "봉수는 변방의 급보를 전하는 것입니다. 이번에 왜노와 접전을 하였는데도 매번 平安報의 불을 들었으니, 서울에서 방답진에 이르는 一路의 봉수인을 차례로 추고함이 어떠하겠습니까?"[178]하니 아뢴 대로 하라고 전교하여 실제 교전이 발생했음에

174) 『中宗實錄』卷73, 中宗 27年 9月 乙丑
175) 『中宗實錄』卷73, 中宗 27年 9月 庚午
176) 『中宗實錄』卷102, 中宗 39年 4月 丙戌
177) 『中宗實錄』卷102, 中宗 39年 4月 戊子
178) 『明宗實錄』卷4, 明宗 元年 9月 己卯

도 허위로 보고한 1로의 봉수군을 처벌하기에 이르렀다. 명종 19년(1564) 전교에는 "이달 17일에 적선이 영남에 출현하여 서로 전투를 하기에까지 이르렀으니, 봉수는 당연히 변란을 알렸어야 하는데 오히려 평안하다는 불을 들었다. 해이함이 여기에까지 이르렀으니, 자세히 조사하여 추치할 일을 병조에 말하라." [179]하였다.

선조 27년(1594)에는 왕이 전교에 "우리나라의 봉수는 평소에도 이미 허술하였는데 변이 일어난 처음에는 완전히 끊어졌고 근일에는 더욱 심하다." [180]하여 임진왜란의 발발 시에도 전혀 효용을 발휘하지 못한 봉수의 폐단을 한탄하였다. 한편, 숙종 대에 봉수는 본래의 목적이 변질되어 억울함의 호소수단으로 이용되기도 하였다. 즉, 숙종 27년(1701) 靑山縣의 騎兵保人 徐日立·崔余尙이 억울함을 호소하고자 봉화를 들었다가 체포되어 효시를 면하고 絶島에 유배되었는데, 이를 계기로 "제도를 정하여 무릇 간사한 백성들이 원통함을 호소하는 방법으로 거짓 봉화를 들어 인심을 소동하게 하는 경우는 연대나 다른 곳을 막론하고 한결같이 모두 효시하여 군율을 엄하게 하라." [181] 하였다. 아울러 봉수는 경비를 보고하는 것인데, 북로의 봉화가 끊어진 것이 이미 수십 년이 되었음을 근심하기도 하였다. [182]

따라서 조선후기의 문인인 金昌翕은 당시 봉수의 虛設化와 봉수군의 고역을 탄식하여 다음과 같이 詩로 읊기도 하였다.

『三淵集』[183]卷13, 詩, 烽燧歎

---

179)『明宗實錄』卷30, 明宗 19年 5月 己未
180)『宣祖實錄』卷47, 宣祖 27年 正月 己丑
181)『肅宗實錄』卷35, 肅宗 27年 3月 乙未 및 3月 癸丑
182)『肅宗實錄』卷35, 肅宗 27年 3月 壬寅
183) 三淵 金昌翕(1653~1722)의 文集으로 간행 년은 영조 8년(1732)이다.

國有萬務未暇惟	나라에 수많은 일 쉴 겨를 없는데,
患至而防用燧烽	근심에 이르면 봉수를 쓴다네
(中略)	
遙遙傳光二千里	멀리서 전해지는 빛 이천리에 달하니
一月幾達木覓峰	한 달에 몇 번이나 목멱봉에 이르는가
我從其底秣馬多	나는 그 밑을 따라 말을 자주 먹였고
問事往往升龍嵸	일을 물으니 왕왕 높은 곳을 오르네
尋常一炬報平安	평소에는 횃불로 평안함을 알리고
其餘應變惟所逢	나머지는 만나는 데로 변괴에 응하네
二現三近四越江	두 개면 나타나고 세 개면 가까워지고 네 개면 강을 넘은 것이네
五炬乃知寇乘墉	다섯 개면 도적떼들이 성벽 오름을 안다네
(中略)	
朱明時節凜欲裘	주의 명나라 시절에는 추우면 갑옷 입으려 했는데
哀爾何以過嚴冬	어떻게 엄동을 견딜런지 슬플 뿐이네
黃狗皮服雖土産	황구 가죽옷이 비록 토산품이나
貧者猶未辦蒙茸	가난한자 오히려 마련해 입지도 못하네
高岡風裂雪屓囊	높은 산의 찢기는 바람, 눈에 힘들여 성내니
苦酷何異受矢鋒	괴로움이 칼끝을 받아냄과 무엇이 다르겠나
負羽從軍尙快意	화살 지고서 종군하는 것이 장쾌한 뜻이지만
候火職事眞難供	봉횃불 맡는 일은 참으로 어렵다네
邊州百弊此爲甚	변방의 모든 폐단 이것이 심하니
誰復毛擧徹九重	누가 거듭 잘못 들춰내 구중을 뚫으리오
(中略)	
胡人採蔘出入慣	오랑캐들 산삼 캐러 버릇처럼 드나드니
氈裹而來易藏蹤	양탄자를 싸고 와서는 쉬이 자취를 감추네
峰峰候望失項背	봉우리마다 망 보다 목과 배를 잃으니
火未擧時胡已攻	봉횃불 오르기도 전에 오랑캐 이미 공격하네
(中略)	
不如盡驅山上卒	모두 다 산 위의 병졸이 되어
散置屯田事春農	둔전에 흩어두고 봄 농사지음만 못하리

위의 詩를 통해 변방의 봉수가 경봉수인 목멱산봉수에 이른 적이 드물

고, 봉수군이 엄동에 제대로 입지도 못하고 番을 서는 등 고역이었음을 알 수 있다. 심지어는 오랑캐들에 의해 목숨을 잃기도 하는데다 공격당하는 일도 있었음을 알 수 있다.

正祖 4年(1780) 동래부사 李文源의 상소에는 군정의 부족을 호소하면서 파발군이 봉화군을 겸하는 경우도 있음을 아뢰고 있다.[184] 또한, 봉수를 억울함의 호소수단으로 활용하는 것을 방지하고자 숙종 대에 엄한 형벌을 내렸는데도 끊이지 않았다. 정조 7년(1783) 沃川人 鄭潤煥이 목멱산 봉수 근처에서 방화 시, 병조에서 잡아다가 심문하니 그의 조부 鄭時雄이 무신년에 군공이 있었는데도 상문할 길이 없으므로 이렇게 방화하는 일을 하게 되었다고 공청하므로 형조에 돌리어 조율하게 하였다.[185] 정조 9년(1785)에는 병조에서 關東·北道·京畿 3도의 매월 초와 월말의 烽燧牒에 허위보고하는 봉화의 폐단을 고치도록 하였다.[186]

봉수제가 이처럼 본래의 기능을 발휘하지 못했던 원인은 여러 가지가 있는데 첫째, 봉수는 대체로 산이 높은 곳에 위치하여 아침저녁으로 안개가 끼고 어두우면 通望이 곤란하였다.[187] 북방은 4군6진을 포함한 압록강부터 두만강 연변까지, 남방은 긴 해안선 및 섬과 내륙에 걸쳐 넓게 산재되어 있어 인적·물적 보급과 시설유지가 용이하지 않았다는 점이다. 둘째, 대응봉수간의 거리가 보통 20~30里,[188] 멀게는 70里[189]로 너무 멀어, 비록 間烽을 설치하고 徒步로 알리도록 했음에도 안개와 울창한 숲 등으로 봉수가 가리어져 보이지 않는 등[190] 자연과 지형조건의 한계로 인해

---

184) 『正祖實錄』卷10, 正祖 4年 8月 戊申
185) 『正祖實錄』卷16, 正祖 7年 12月 壬戌
186) 『正祖實錄』卷20, 正祖 9年 5月 庚申
187) 『文宗實錄』卷12, 文宗 2年 2月 癸酉
188) 『英祖實錄』卷114, 英祖 46年 閏5月 辛未
189) 『增補文獻備考』卷123, 兵考15, 烽燧1

제대로 기능을 수행할 수 없는 경우가 많았다는 점이다. 셋째, 기상상태의 악화로 인해 연기나 불로 前後에 응할 수 없는 경우에는 즉시 다음 봉수에 달려가서 그 사실을 알리도록 되어 있었으나,[191] 사실상 왕복이 어려웠다는 점이다. 넷째, 봉수군의 처우가 나쁜데다 그 임무가 고되어 番을 제대로 서지 않거나 瞭望하는 것을 힘쓰지 않고 심지어는 봉수를 비워두는 무사 안일한 근무태도에 있었다. 평상시에는 각 도의 極邊初面에 위치한 봉수가 이른 시간 거화를 하여 당일 황혼 무렵 京烽燧에 도착하면 중앙의 兵曹에 보고되었기에, 대체로 봉수가 통과하는 시간이 정해져 있었다. 따라서 봉수군은 봉수에서 종일 堠望하지 않고 일정한 시간에만 망을 보는 폐단이 있었다.[192] 또한, 앞의 봉수가 보이지 않음에도 평시처럼 1거를 올리기도 하였다.[193] 더욱이 성종 이후부터는 평화가 오래 지속되어 봉수군이 無事安逸을 일삼고 후망을 소홀히 함으로써 갑자기 적이 침입했을 때 임무를 다할 수 없었다.

이렇듯 역대 왕 및 대신들의 관심과 기대에도 불구하고 봉수는 실제 그 효용을 발휘한 사실이 거의 전무한데다 계속된 폐단으로 燕山君 10年(1504) 폐지[194]되었다. 中宗 1年(1506) 일시 복구되기도 하였으나,[195] 宣祖 30年(1597) 봉수제를 보완하는 擺撥制[196]가 등장하게 되었다. 아울러 봉수는 조선조 말엽 전신전화의 설치로 인해 더 이상의 존재가치를 상실하고 高宗 31年(1894) 八路烽燧의 폐지와 다음해 각처 봉대와 봉수군을

---

190) 『文宗實錄』卷12, 文宗 2年 2月 癸酉 및 『世祖實錄』卷14, 世祖 4年 10月 甲戌
191) 『世宗實錄』卷114, 世宗 28年 10月 庚子 및 『經國大典』卷4, 兵典 烽燧
192) 『成宗實錄』卷235, 成宗 20年 12月 乙酉 및 『中宗實錄』卷102, 中宗 39年 4月 丙戌
193) 『中宗實錄』卷73, 中宗 27年 9月 乙丑
194) 『燕山君日記』卷56, 燕山君 10年 11月 丁亥
195) 『中宗實錄』卷1, 中宗 元年 9月 庚辰 및 同王 元年 10月 己巳
196) 『萬機要覽』軍政編1, 驛遞 撥站. 『大東地志』卷28, 撥站 및 程里考 撥站. 『增補文獻備考』卷126, 兵18, 撥站 등

폐지함으로써 모든 봉수가 최종 폐지되기에 이르렀다.[197]

4. 烽燧制 運營의 實態

본 절에서는 조선후기 각 도 부·군·현에서 봉수를 어떻게 운용하였을까. 그리고 관할 상부 기관에 前月 근무한 바가 매 초하루 10日 간격으로 보고되어야 했는데 그 내용은 어떤 것이었을까 라는 사실을 검토하고자 한다.[198] 그동안 이에 대해서는 구체적인 자료가 없이 자세한 실상은 알 수 없었다. 그러므로 필자가 최근 발굴하여 검토한 고문서에 나타난 각 도별 봉수제 운용의 구체적 사례를 통해 그 실태를 살펴보고자 한다.

조선후기 각 道마다 봉수의 운용과 보고는 첩정을 통해 日記 형식으로 거행되었다. 이들 일기는 晴明日記·風變日記·陰晴日記 등의 이름으로 前月의 일기 상황과 봉수 伍長의 성명을 한지에 적어 익월 초에 觀察使·都巡察使·都事·大都護府·三軍府 등에 보고한 내용이다. 앞에서 검토한 『嶺南邑誌』第32册「固城府邑誌」烽臺의 "各有別將一人 烽直一人 每朔 間十日 日記擧行"의 日記가 바로 본 절에서 소개하려는 내용이다.

이들 일기는 규장각, 한국학중앙연구원 등에 소량 수장되어 있으며, LH 토지주택박물관에 20여점이 소장되어 있다. 아울러 조선시대 봉수별장의 후손 등 몇몇 개인이 소장하고 있던 것이 최근 우연한 기회에 발굴된 바 있다.

---

197) 『高宗實錄』卷32, 32年 5月 (命各處烽臺烽燧軍廢止 軍部奏請也)
198) 지금까지 봉수의 제도사적인 면에서는 많은 소개가 이루어졌으나, 古文書를 통해 본 봉수제 운영의 실태는 본 논고가 최초이다.

현재까지 발굴된 자료는 도별로 咸鏡道·黃海道·忠淸道·慶尙道·全羅道 등지이며 수량은 그리 많은 편은 아니다. 이들 자료는 해당 지역 봉수를 감독하던 烽燧別將·縣令·縣監·郡守·府使 등이 매월 초 韓紙에 楷書 혹은 草書와 吏讀文으로 써서 지난달의 봉수 거화 시 매일의 기상상태를 관할 상부기관에 올린 牒呈이다. 이중에는 표지만 남아 있어 내용을 알 수 없는 경우도 있다. 대개의 경우는 첩정 상부에 횡으로 작게 일자를 표기 후 기상상태에 따라 횡선으로 晴·雲暗 혹은 晴一炬北風吹 외에도 대응봉수와 각 당번 오장 3인의 성명을 해서체와 이두로 써 놓았다. 보통 일기에는 한 달 6番 기준 각 번마다 대응 봉수와 3인의 伍長 이름을 포함하여 총 18인의 오장 성명이 기록되어 있다. 또한, 당시의 봉수를 관리하고 봉수군을 감독하였던 烽燧別將 任命狀이 일부 남아 있어 조선후기 특정지역 봉수의 기상과 운용체계를 알 수 있다.

도별로 분류한 각 항별로 고문서를 통해 조선후기 봉수제의 운용상황을 살펴 보면 다음과 같다.

1) 咸鏡道

함경도는 조선시대 봉수제가 운용되던 당시 慶興 西水羅 牛巖에서 초기하여 최종 蛾嵯山烽燧에 응하였던 제1거 직봉과 3개소 간봉노선의 봉수가 초기하거나 지나는 곳이었다.

함경도의 봉수 운용관련

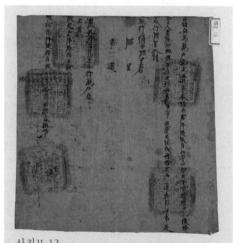

사진II-12. 무산진 양처봉수 청명일기

고문서는 (茂)山鎭兵馬萬戶 秦 아무개가 純祖 4年(1804) 정월 11일에 관할하는 두 봉수의 입번인원을 道事에게 해서체와 이두로 보고한 晴明日記(사진Ⅱ-12)이다.[199] 수신자와 첩보 연월일 및 보고자가 적혀 있으며 官印이 5개 찍혀 있다. 大岩烽燧와 琥珀德烽燧 말미에 작게 初六日부터 初十日까지 각 봉수마다 총 5日의 날짜표기 및 횡선을 그은 후 縱으로 크게 "皆晴明 烟氣相乖"이라 표기하였다.

〈원문〉
(茂)山鎭兵馬萬戶爲上道事本鎭兩處烽燧今月初六日以初十日至皆晴明 日記後錄
-(缺落)-
留日入番烽杷栊將座及次知兵房軍官色吏并錄成冊修正上 道爲臥乎事是 -(缺落)-
合行牒呈伏請
-(缺落)- 驗施行須至牒呈者

右牒呈
　事道

嘉慶九年正月十一日行萬戶秦 (手決)
　上道
俊大岩烽燧排日秩
初六日 初七日 初八日 初九日 初十日 (小字)

---

199) 豊山柳氏 河回마을 和敬堂(北村宅) 소장 문서로 현 소장처는 한국국학진흥원이다. 일기의 大巖烽燧는 『輿地圖書』에 咸鏡道 茂山府에 속하여 부의 북쪽 50리에 있다. 남으로 西峴烽에 응하고, 북으로 琥珀德烽에 알린다고 하였다. 『增補文獻備考』에는 豊山堡에 속한다고 하였으며 제 1거 간봉(2)노선의 봉수로서 여기에 속한 봉수는 茂山에서 온다고 하였다. 다음 琥珀德烽燧는 『여지도서』에 咸鏡道 茂山府에 속하여 부의 북쪽 80리에 있다. 남으로 大巖烽에 응하고, 북으로 會寧 境雲城烽에 알린다고 하였다. 『증보문헌비고』에는 세주에 豊山堡에 속한다 하였으며 제 1거 간봉(2)노선의 봉수로서 여기에 속한 봉수는 茂山에서 온다고 하였다. 모두 會寧 雲頭峰에 집결하였다.

琥珀德烽燧排日秩
初六日 初七日 初八日 初九日 初十日 (小字)
皆晴明 烟氣相乖
際

2) 黃海道

　황해도는 조선시대 봉수제가 운용되던 당시 義州 古靜州에서 초기하
여 최종 毋嶽西烽에 응하였던 제4거 직봉과 3개소 간봉 노선의 봉수가 초
기하거나 지나는 곳이었다.

　황해도의 봉수 운용관련 고문서는 다음과 같이 네 건이다. 시기적으로는
哲宗 28년(1891) 정월과 4월이며 風變日記 · 陰晴日記 명으로 (都)觀察使에
게 府使 · 縣監 · 縣令이 지난달의 봉수운용 상황을 보고하는 내용이다.

　차례대로 살펴보면 1) 延安兼任新溪縣令 趙 아무개가 哲宗 28年(1891)
정월 초1일 관찰사에게 해서체와 이두로 보고한 五烽燧 風變日記([표 II-5]
의 ① · ②)이다.[200] 총 2매로 이루어져 있는데 앞면은 연안겸임신계현령
이 첩보하는 일로서 지난 12월 초하루 내 본 부의 5봉수 풍변일기를 책으
로 꾸며 올리는 일이며, 첩정하는 것을 살펴 시행하여 달라는 내용이다.
수신자와 첩보 연월일 및 보고자가 쓰여 있으며 官印이 3개 찍혀 있다. 후
면 역시 앞면과 같은 내용이다. 좌측 상부에 橫으로 작게 12월 한 달 30일
을 초1일~초10일, 11일~30일 등으로 구분하여 기록하였다. 또한, 해당 일
별로 기상 상태에 따라 횡선을 그은 후 縱으로 크게 "晴一炬西風吹", "晴
一炬北風吹, 雲暗東風吹" 등으로 기록하였다.

---

200) 당시 연안도호부에는 走之串 · 定山 · 看月山 · 白石山 · 角山 등 5기의 烽燧가 있었다.

〈원문1〉
延安兼任新溪縣令爲牒報事 去十二月朔內本府五燧燧風變
日記成册修正上事爲臥乎事是良旀合行牒呈伏請
照險施行須至牒呈者

右 牒 呈
觀 察 使

光緖十七年正月初一日行縣令趙 (着銜)[201]
牒報

〈원문2〉
延安兼任新溪縣令牒報事 去十二月朔內本府五烽燧風(變日)
記呈後開報爲臥乎事是良旀含行牒呈伏請
照驗施行須至牒呈者

右 牒 呈
觀 察 使

光緖十七年正月初一日 行縣令趙 (着銜)
牒報

平山聲串烽燧果本府五烽燧良中次傳火炬數白川鳳在山相準
十二月 初一日
　　　 初二日
　　　 初三日
　　　 初四日
　　　 初五日　　 晴一炬西風吹

---

201) 着銜에서 銜이란 상급기관에 보고나 아뢰는 글에서 자신의 署押(싸인)을 매우 작게 기
　　 재하는 것을 말한다. 착함이란 '함을 두다. 함을 기재하다'의 의미이다.

初六日
初七日
初八日
初九日
初十日
十一日
十二日
十三日
十四日
十五日　　　晴一炬北風吹
十六日
十七日
十八日
十九日
二十日
二十一日　　雲暗東風吹
二十二日
二十三日
二十四日　　晴一炬北風吹
二十五日
二十六日
二十七日
二十八日
二十九日
三十日

2) 豊川都護府使 韓 아무개가 哲宗 28年(1891) 정월 초1일 지난달 초하
루 본부 망덕봉 요망장졸의 성명을 책으로 만들어 해서체로 보고한 豊川
都護府使書目([표 II -5의 ③])이다. 서목만 남아 있으며 망덕봉 요망장졸의
성명이 들어 있는 본문 내용은 알 수 없다. 수신자는 알 수 없으나 관찰사
에게 보고한 내용으로 여겨진다. 첩보 연월일 및 보고자가 적혀 있고 官印

은 찍혀 있지 않다.

〈원문〉
豊川都護府使書目
去月朔本府望德峰瞭望將卒姓名成冊一件修正事

光緒十七年正月初一日行府使韓 (着銜)

3) 長連縣監 李 아무개가 哲宗 28年(1891) 정월 초1일 관찰사에게 보고한 陰晴日記([표II-5의 ④])이다.[202] 장연현감이 첩보하는 일로서 본 현의 지난 달 초하루 음청일기를 책으로 꾸며 올리는 일이며, 첩정하는 것을 살펴 시행하여 달라는 내용이다. 봉수 기상상황을 알 수 있는 본문 내용은 알 수 없다. 수신자와 첩보 연월일 및 보고자가 해서체로 쓰여져 있으며 官印이 3개 찍혀 있다.

〈원문〉
長連縣監爲牒報事 本縣去月朔陰晴日記成冊修正上
使爲臥乎事是良尒合行牒呈伏請
照驗施行須至牒呈者

右牒呈
觀察使

光緒十七年正月初一日行縣監李 (着銜)
　　牒呈

<hr/>

202) 당시 장연현에는 현의 북쪽에 소재하며 남으로 安岳 積山, 북으로 平安道 三和 新寧江에 응하였던 今音卜只烽燧가 있었다. 『輿地圖書』에는 현의 북쪽 10리 縣內坊에 있다 하였으며 烽軍 25명, 保 75명, 烽臺監官 3인이 배치되어 있었다. 『增補文獻備考』에는 今卜只 명칭으로 黃海水使 소관의 봉수로 소개하고 있다.

4) 兎山兼任谷山都護府使 沈 아무개가 哲宗 28年(1891) 4월 초1일 도 관찰사에게 동년 본 현의 지난 달 봉수 기상상황을 보고한 陰晴日記([표 II-5의 ⑤])이다. 토산겸임곡산도호부사가 첩보하는 일로서 본 현의 지난 달 초하루 음청일기를 책으로 꾸며 수정하여 올리는 일이며, 첩정하는 것을 살펴 시행하여 달라는 내용이다. 봉수 기상상황을 알 수 있는 본문내용은 알 수 없다. 수신자와 첩보 연월일 및 보고자를 기록하고 官印 3개가 찍혀 있다.

[표II-5] 황해도의 봉수운용 관련 고문서

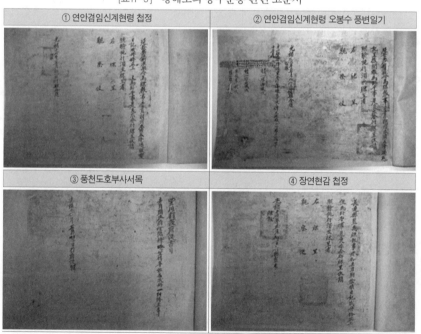

① 연안겸임신계현령 첩정	② 연안겸임신계현령 오봉수 풍변일기
③ 풍천도호부사서목	④ 장연현감 첩정

〈원문〉
兎山兼任谷山都護府使爲牒報事 本縣去月朔陰晴
册修正上 使爲臥乎事是良尒合行牒呈伏請
照險施行須至牒呈者

右 牒 呈
都觀察使

光緒十七年四月初一日行府使沈 (着銜)
　　牒呈

3) 忠淸道

충청도는 조선시대 부산 鷹峰에서 초기하는 제2거 직봉과, 거제 加羅
山에서 초기하는 제2거 간봉(2), 남해 錦山에서 초기하는 제2거 간봉(9),
여수 突山島에서 초기하는 제5거 직봉, 옥구 花山에서 초기하는 제5거 간
봉(2) 등 제2거와 제5거의 직봉 및 간봉노선이 지나는 곳이었다.

　　충청도의 봉수 운용관련 고문서는 다음과 같이 세 건이다. 차례대로
살펴보면 1) 籃浦縣監 吳 아무개가 哲宗 1年(1850) 3월 16일 관찰사 겸 수

군절도사에게 보고한 藍浦縣監書目이다.([표Ⅱ-기의 ①) 지난달(2월) 초하루 봉대 입직 監卒의 성명을 책으로 묶어 수정하여 보고한 내용이다.[203] 가로·세로 25×16cm의 한지에 해서로 쓴 부분이 남포현감의 보고서이고, 초서부분은 그에 대한 관찰사 겸 수군절도사의 접수확인 결재내용이다. 서목에는 수신자와 보고 연월일 및 보고자가 쓰여져 있으며 官印이 1개 찍혀 있다.

〈원문 해서부분〉
行藍浦縣監書目
今月朔本縣烽臺入直監卒姓名成册修(결락 : 報事가 있을 것으로 추정)
道光三十年 三月十六日 行縣監吳 (着銜)

〈원문 초서부분〉
成册捧上向事
庚戌三月 廿日在□(?)
兼使　(署押)[204]

2) 水軍節度使가 哲宗 3年(1852) 4월 鹿島烽燧[205] 別將 朴永孫에 내린 임명장이다.([表Ⅱ-6]) 해서체로 쓰여진 임명장은 녹도봉수 별장을 임명하는 것은 가볍지 않으므로 살펴 임명하는 일을 즉시 조험해서 시행하며 박

---

203) 남포현에는 18세기 중엽에 신설되어 남으로 비인현 漆枝山烽燧, 북으로 보령현 阻侵山烽燧에 응하였던 玉眉峯烽燧가 있었다. 따라서 당시 남포현감 오 아무개가 수군절도사에게 보고한 서목에는 옥미봉봉수 입직 감졸의 성명이 기록되어 있었을 것으로 여겨진다.
204) 署押은 관직사의 서명으로 공무상에서 주로 사용하는 공적 手決이다. 자신의 이름자를 변형한 着名과는 구분되는 것으로, 착명은 개인적인 업무에서 사용하는 것이 일반적이다.
205) 충남 보령시 오천면 녹도리의 해발 90m인 봉산 정상에 있다. 초축 시기는 17세기 후반이며 조선후기에 단기간 운영되었다. 당시 忠淸水營城에서 운영하였던 權設烽燧 5기 중 1기이다. 대응봉수는 서쪽의 外烟島에서 보내는 신호를 받아 동쪽의 元山島에 응하였다. 현재 煙臺와 주위 타원형의 防護壁이 잘 남아 있다.

영손을 이에 준해서 임명한다는 내용이다.

[표II-6] 녹도봉수별장 박영손 임명장

水軍節度使爲
差定事鹿島烽燧
別將差定不輕察任
向事合下仰
照驗施行須至帖者
　右下 朴永孫準此
　壬子四月 日
　　差定

3) 丹陽郡守 崔 아무개가 高宗 23年(1886) 10월 16일 도순찰사에게 보고한 丹陽郡守書目이다.([표II-7]의 ②) 본 군(단양군)의 다음 달 첫 보름(1일~15일) 까지 번을 서는 봉군의 명단을 보고한 내용이다.[206] 한지에 해서로 쓴 부분이 단양군수의 보고서이고, 초서부분은 그에 대한 도순찰사의 고종 23년(1886) 10월 26일의 접수확인 결재내용이다. 서목에는 수신자와 보고 연월일 및 보고자가 쓰여 있으며 官印이 1개 찍혀 있다.

〈원문 해서부분〉
丹陽郡守書目
本郡烽燧先望狀
光緖十二年十月十六日行郡守崔 (着銜)

〈원문 초서부분〉
到付
丙戌十月二十五日在營

---

206) 조선시대 단양군에는 순흥 竹嶺山烽燧에서 보내는 신호를 받아 청풍 吾峴烽燧에 응하였던 제2거 直烽의 所伊山烽燧가 있었다. 따라서 단양군수 최 아무개가 도순찰사에게 보고한 서목에는 소이산봉수 봉군의 성명이 기록되어 있었던 것으로 여겨진다.

都巡察使　(署押)

[표II-7] 충청도의 봉수운용 관련 고문서

① 남포현감서목	② 단양군수서목

4) 慶尙道

경상도는 조선시대 봉수제가 운용되던 당시 부산 鷹峰에서 초기하는 제2거 直烽과 경남 남해안 일원의 해안 요충지에서 초기하는 間烽 5개 노선 및 각자 거화를 통해 本邑·本鎭에만 응하였던 間烽 5개 노선의 봉수가 소재하던 곳이었다.

경상도의 봉수 운용관련 고문서는 수량이 타 도에 비해 많은 편이다. 주로 安東大都護府府 소속 開目山·堂北山·藥山烽燧와 義城縣 馬山烽燧 및 彦陽縣 夫老山烽燧 관련 내용이다. 시기적으로는 純祖 32年(1832)과 33년 및 高宗 15年(1878)으로 조선후기인 19세기 초반과 후반의 전반적인 내지봉수 운용상황을 알 수 있는 자료이다.

시기별로 당시 봉수가 속하였던 府·縣별로 운용상황을 살펴보면 다음과 같다.

1) 安東大都護府使 金 아무개가 純祖 32年(1832) 정월 초1일 관찰사 겸 순찰사에게 보고한 安東大都護府使書目이다.([표II-8]의 ①) 안동부의 지

난달 초하루 각 산의 봉수를 첨부하여 양쪽에 보고하는 내용이다. 가로·
세로 42×59.7cm의 한지에 쓴 해서 부분이 안동대도호부사의 보고서이
고, 초서부분은 그에 대한 관찰사 겸 순찰사의 접수확인 결재내용이다. 수
신자와 보고 연월일 및 보고자가 쓰여 있으며 官印이 1개 찍혀 있다.

〈원문 해서부분〉
安東大都護府使書目
本府去月朔各山烽燧粘移兩報事
道光十二年正月初一日行府使金 (着銜)

〈원문 초서부분〉
粘移次到付
壬辰正月初九日在營
兼巡使 또는 兼使 (署押)

2) 安東大都護府使 金 아무개가 순조 32년(1832) 12월 23일 관찰사겸
순찰사에게 보고한 安東大都護府使書目이다.([표II-8]의 ②) 안동부의 공
해·성지·봉대·군기를 모두 다 완비하고 수선하였으므로 현재로서는
논할 바가 없음을 보고하는 문서이다.[207] 가로·세로 40×44.5cm의 한지
에 쓴 해서 부분이 안동대도호부사의 보고서이고, 초서부분은 그에 대한
접수확인 결재내용이다. 서목에는 수신자와 보고 연월일 및 보고자가 쓰
여 있으며 官印이 1개 찍혀 있다.

---

207) 조선시대 安東府에는 南山(一名 峯枝山), 申石山, 藥山, 素山, 堂北山, 開目山, 甘谷山 등
　　 7기의 봉수가 있었으며, 素山烽燧는 폐지된 상태였다.(『慶尙道邑誌』第3册,「安東府邑
　　 誌」烽燧)

[표II-8] 경상도 안동대도호부의 봉수운용 관련 고문서

① 안동대도호부사서목1	② 안동대도호부사서목2

〈원문 해서부분〉
安東大都護府使書目
本府公廨城池烽臺軍器俱爲完備修繕姑無可論次知監色姓名成册修正
使事
道光十二年十二月二十三日行府使金 (着銜)

〈원문 초서부분〉
到付
壬辰十二月二十七日在營
兼巡使 또는 兼使　(署押)
都(都事 手決)

3) 開目山烽燧[208] 別將 權 아무개가 임진년(순조 32, 1832) 3·6·7·
8·12월 초하루 지난달의 기상과 각 番별로 대응봉수 오장의 성명을 기록
하여 安東大都護府에 보고한 陰晴日記 6건이다. 각 월별로 晴·雲暗·晴
明 등의 표기를 통해 일기 현황 및 각 번별 대응봉수의 오장명이 상세하게
표기되어 있다.

---

208) 경북 안동시 서후면 광평리에 소재하며 峰枝山烽燧에서 보내는 신호를 받아 祿轉山烽
燧에 응하였던 제2거 直烽의 內地烽燧이다.

본 항에서는 음청일기 6건에 대하여 각 건별로 검토를 통해 조선후기인 19세기 초반 경상도 안동대도호부 소속 개목산봉수의 운용상황을 검토하고자 한다.

(1) 開目山烽燧 壬辰 3月 陰晴日記([표 II -9]의 ①)

지난 달 2월 초1일부터 시작해서 그믐에 이르기까지 음청을 매일 기록하고 수정하여 첩보하는 일을 할 수 있도록 조험하여 시행하는 것이 합당함으로 모름지기 첩정한다는 내용이다. 문서 상부에 橫으로 작게 2월 한 달 30일을 초1일~10일, 1일~10일, 1일~10일의 10일 단위로 구분하여 해서체로 기록하였는데 2월 시작 첫 일에만 初자를 붙였다. 해당 일별로 기상상태를 雲暗 · 晴으로 표기 후 횡선으로 기록하였다. 각 번마다 본산 봉수와 대응봉수 2名의 오장 성명이 기록되어 있는데, 개목산봉수를 중심으로 5번에서 10번까지 6番의 대응봉수와 각 당번 오장 총 18명의 성명이 縱으로 기록되어 있다. 2월 한 달 30일을 5일 단위로 구분하지 않고 기상상태에 따라 일자별로 불규칙하다. 官印은 찍혀 있지 않다.

〈원문〉
開目山烽燧別將爲牒報事 自去月初一日爲始 至晦日陰晴日記修正牒報爲乎事爲
之爲
照驗施行須至牒呈者

右 牒 呈
　　　　壬辰三月初一日 別張 權 (着銜)
大都護府

初一日 晴
二日 雲暗 峯枝山初五番伍長田子得傳通于本山伍長姜岳只傳通于泉前山伍長洪太慶
三日
四日 晴

五日

六日

七日 雲暗 峯枝山六番伍長權命准傳通于本山伍長田岳只傳通于彔前山伍長崔太三處

八日

九日

十日

一日

二日

三日

四日 雲暗 峯枝山七番伍長權寬得傳通于本山伍長權孟乭傳通于彔前山伍長崔昌俊處

五日

六日 雲暗 峯枝山八番伍長梁日孫傳通于本山伍長嚴孫伊傳通于彔前山伍長金岳只處

七日

八日 晴

九日

十日

一日 雲暗 峯枝山九番伍長權白伊傳通于本山伍長高玉春傳通于彔前山伍長洪太慶處

二日

三日 晴

四日

五日

六日 雲暗 峯枝山十番伍長權達孫傳通于本山伍長金大彔傳通于彔前山伍長李快卿處

七日

八日

九日 晴

十日 雲暗

(2) 開目山烽燧 壬辰 6月 陰晴日記([표 II-9]의 ②)

문서 상부에 橫으로 지난 5월 한 달 29일을 초1일~10일, 1일~10일, 1일
~9일의 10일 단위로 구분하여 해서체로 기록하였다. 5월 시작 첫 일에만
初자를 붙였다. 해당 일별로 기상상태를 雲暗·晴으로 구분하여 횡선으

로 기록하였다. 각 번마다 본산 봉수의 오장과 대응봉수 2名의 오장 성명
이 기록되어 있는데, 개목산봉수를 중심으로 3번에서 8번까지 6番의 대응
봉수와 각 당번 오장 총 18명의 성명이 <u>縱으로</u> 기록되어 있다. 5월 한 달
29일을 기상상태에 따라 불규칙하게 기록하였다. 官印은 찍혀 있지 않다.

〈원문〉
—(缺落)—
照驗施行須至牒呈者

右 牒 呈
　　　　壬辰六月初一日 別張 權 (着銜)
大都護府

初一日
二日
三日 雲暗 峯枝山初三番伍長田子得傳通于本山伍長金福己傳通于彔前山伍長李
　　　　成用處
四日
五日
六日
七日
八日 晴
九日
十日 雲暗 峯枝山四番伍長鄭元根傳通于本山伍長尹忠國傳通于彔前山伍長崔大
　　　　用處
一日
二日 晴
三日
四日 雲暗 峯枝山五番伍長金達根傳通于本山伍長姜岳只傳通于彔前山伍長洪太
　　　　慶處
五日
六日

七日

八日

九日 雲暗　峯枝山六番伍長權命淮傳通于本山伍長田岳只傳通于㲷前山伍長崔太
　　　　　三處

十日

一日 晴

二日 雲暗　峯枝山七番伍長權寬得傳通于本山伍長權孟乞傳通于㲷前山伍長崔昌
　　　　　俊處

三日 晴

四日

五日

六日 雲暗　峯枝山八番伍長梁日孫傳通于本山伍長嚴孫伊傳通于㲷前山伍長金岳
　　　　　只處

七日

八日

九日 晴

(3) 開目山烽燧 壬辰 7月 陰晴日記([표 11-9]의 ③)

　문서 상부에 橫으로 지난 6월 한 달 29일을 초1일~10일, 1일~10일, 1일
~9일의 10일 단위로 구분하여 해서체로 기록하였다. 6월 시작 첫 일에만
初자를 붙였다. 해당 일별로 기상상태를 횡선으로 표기하였는데, 맑은 날
이 없었던 듯 모두 "雲暗"으로만 표기되어 있다. 각 번마다 본산 봉수의
오장과 대응봉수 2名의 오장 성명이 기록되어 있는데, 개목산봉수를 중심
으로 9번에서 14번까지 6番의 대응봉수와 각 당번 오장 총 18명의 성명이
縱으로 기록되어 있다. 6월 한 달 29일을 5내지 6일 단위로 구분하여 놓았
다. 官印은 찍혀 있지 않다.

〈원문〉
－(缺落)－
照驗施行須至牒呈者

右 牒 呈

　　　　壬辰七月初一日 別將 權 (着銜)

大都護府

初一日

二日

三日 雲暗 峯枝山初九番伍長權白伊傳通于本山伍長高玉春傳通于 前山伍長洪
　　　太慶處

四日

五日

六日

七日

八日 雲暗 峯枝山十番伍長○○根傳通于本山伍長金大 傳通于 前山伍長李快
　　　卿處

九日

十日

一日

二日 雲暗 峯枝山十一番伍長○末不傳通于本山伍長權宜玉傳通于 前山伍長林
　　　就先處

三日

四日

五日

六日

七日

八日 雲暗 峯枝山十二番伍長金有尙傳通于本山伍長權尙云傳通于 前山伍長崔
　　　岳只處

九日

十日

一日

二日

三日 雲暗 峯枝山十三番伍長金應尙傳通于本山伍長林宗伊傳通于 前山伍長權
　　　岳只處

四日

五日

六日

七日 雲暗　峯枝山十四番伍長鄭學八傳通于本山伍長權貴興傳通于 前山伍長李
　　　 岳只處

八日

九日

⑷ 開目山烽燧 壬辰 8月 陰晴日記([표 II-9]의 ④)

　지난 달 7월 초1일부터 시작해서 그믐날에 이르기까지 음청을 매일 기
록하고 수정하여 첩보하는 일을 할 수 있도록 조험하여 시행하는 것이 합
당함으로 모름지기 첩정한다는 내용이다. 문서 상부에 橫으로 작게 7월
한 달 30일을 초1일~10일, 1일~10일, 1일~10일의 10일 단위로 구분하여
해서체로 기록하였는데 7월 시작 첫 일에만 初字를 붙였다. 해당 일별로
기상상태를 雲暗·晴으로 구분하여 횡선으로 기록하였다. 각 번마다 본
산 봉수의 오장과 대응봉수 2名의 오장 성명이 기록되어 있는데, 개목산
봉수를 중심으로 15번에서 20번까지 6番의 대응봉수와 각 당번 오장 총
18명의 성명이 縱으로 기록되어 있다. 7월 한 달 30일을 기상상태에 따라
불규칙하게 기록하였다. 官印은 찍혀 있지 않다.

〈원문〉

開目山烽燧別將爲牒報事自去月初一日爲始至晦日陰晴日記修正牒報爲臥事爲之
爲 照驗施行須至牒呈者

右 牒 呈

　　　　壬辰八月初一日 別將 權 (着銜)
大都護府

初一日

二日

三日 雲暗 峯枝山十五番伍長辛驗孫傳通于本山伍長黃民玉傳通于泉前山伍長金
岳只處

四日

五日

六日

七日 雲暗 峯枝山十六番伍長權丸泉傳通于本山伍長朴白面傳通于泉前山伍長李
彦大處

八日

九日

十日

一日

二日 雲暗 峯枝山十七番伍長權九萬傳通于本山伍長金興大傳通于泉前山伍長洪
岳只處

三日

四日

五日

六日 雲暗 峯枝山十八番伍長金尙公傳通于本山伍長金哲凡傳通于泉前山伍長李
先得處

七日

八日 晴

九日

十日

一日 雲暗 峯枝山十九番伍長李太文傳通于本山伍長金應泉傳通于泉前山伍長沈
岳只處

二日

三日

四日

五日 晴

六日

七日

八日

九日 雲暗　峯枝山二十番伍長朴枲只傳通于本山伍長金性甲傳通于枲前山伍長洪
　　　　連孫處
十日

(5) 開目山烽燧 壬辰 12月 陰晴日記([표 11-9]의 ⑤)

지난 달 11월 초1일부터 시작해서 그믐에 이르기까지 음청을 매일 기
록하고 수정하여 첩보하는 일을 할 수 있도록 조험하여 시행하는 것이 합
당함으로 모름지기 첩정한다는 내용이다. 문서 상부에 橫으로 작게 11월
한 달 30일을 초1일~10일, 1일~10일, 1일~10일의 10일 단위로 구분하여
해서체로 기록하였는데 11월 시작 첫 일에만 初자를 붙였다. 해당 일별로
기상상태를 雲暗·晴으로 구분하여 횡선으로 기록하였다. 각 번마다 본
산 봉수의 오장과 대응봉수 2名의 오장 명칭이 기록되어 있으며, 개목산
봉수를 중심으로 5번에서 10번까지 6番의 대응봉수와 각 당번 오장 총 18
명의 이름이 縱으로 기록되어 있다. 각 번마다 본산 봉수의 오장과 대응봉
수 2名의 오장 성명이 기록되어 있는데, 11월 한 달 30일을 5일 단위로 구
분하지 않고 일자별로 불규칙하다. 官印은 찍혀 있지 않다.

〈원문〉
開目山烽燧別將爲牒報事自去月初一日爲始至晦日陰晴日記修正牒報爲臥事爲之
爲 照驗施行須至牒呈者

右 牒 呈
　　　　壬辰十二月初一日 別將 權 (着銜)
大都護府

初一日
二日
三日 雲暗　峯枝山初五番伍長金達根傳通于本山伍長姜岳只傳通于枲前山伍長洪

太慶處

四日

五日

六日

七日

八日 雲暗 峯枝山六番伍長權命准傳通于本山伍長田岳只傳通于泉前山伍長崔太
三處

九日

十日

一日

二日

三日 晴

四日

五日 雲暗 峯枝山七番伍長權寬得傳通于本山伍長權孟乞傳通于泉前山伍長崔昌
俊處

六日

七日 晴

八日

九日 雲暗 峯枝山八番伍長梁日孫傳通于本山伍長嚴孫伊傳通于泉前山伍長金岳
只處

十日

一日

二日

三日

四日 晴

五日

六日 雲暗 峯枝山九番伍長權白伊傳通于本山伍長高玉春傳通于泉前山伍長洪太
慶處

七日

八日

九日 晴

十日 雲暗 峯枝山十番伍長權達孫傳通于本山伍長金大泉傳通于泉前山伍長李快
得處

⑹ 開目山烽燧 陰晴日記([표11-9]의 ⑥)

　지난 달(?) 초하루부터 시작해서 그믐에 이르기까지 음청을 매일 기록
하고 수정하여 첩보하는 일을 할 수 있도록 조험하여 시행하는 것이 합당
함으로 모름지기 첩정한다는 내용이다. 작성 연월일 및 작성자가 표기되
어 있지 않다. 문서 상부에 橫으로 작게 한 달 28일(이하 결락)을 초1일~
초10일, 11일~28일(?)까지 해서체로 기록하였다. 해당 일별로 기상상태를
雲暗·晴明으로 구분하여 횡선으로 기록하였다. 맑은 날이 드물었던 듯
대부분 "雲暗"으로 표기되어 있다.
　각 번마다 본산 봉수의 오장과 대응봉수 2名의 오장 성명이 기록되어
있는데, 개목산봉수를 중심으로 17번에서 2번까지 6番의 대응봉수와 각 당
번 오장 총 18명의 이름이 縱으로 기록되어 있다. 그러나 일부 녹전산봉수
오장은 지질 결락으로 성명 확인이 곤란하다. 그럼에도 본 日記를 통해 당
시 안동대도호부 소속의 봉수는 20番이 기준이었음을 뚜렷이 알 수 있다.

〈원문〉
開目山烽燧別將爲牒報事自去月初一日爲始至晦日于陰晴日記修(正)
牒報爲乎事爲之爲行下伏請仰照驗施行須至牒呈者

右 牒 呈
大都護府

初一日 雲暗　峯枝山十七番伍長權九萬來通于本山伍長金興大傳通于彔前山伍長
　　　　　　洪岳只
初二日
初三日
初四日
初五日 雲暗　峯枝山十八番伍長金公尙來通于本山伍長金哲凡傳通于彔前山伍長
　　　　　　李先得
初六日

初七日

初八日

初九日 晴明 峯枝山十九番伍長李太文來通于本山伍長金應泉傳通于泉前山伍長
　　　　　沈岳只

初十日 雲暗

十一日

十二日

十三日

十四日

十五日 雲暗 峯枝山二十番伍長朴泉只來通于本山伍長金性甲傳通于泉前山伍長
　　　　　洪連孖處

十六日

十七日

十八日

十九日

二十日 雲暗 峯枝山初一番伍長金島俊來通于本山伍長權忠國傳通于泉前山伍長
　　　　　崔興○

二十一日

二十二日 晴明

二十三日

二十四日

二十五日 雲暗 峯枝山初二番伍長崔得只來通于本山伍長鄭命孖傳通于泉前山伍
　　　　　長(이하 결락)

二十六日

二十七日

二十八日

(이하 결락)

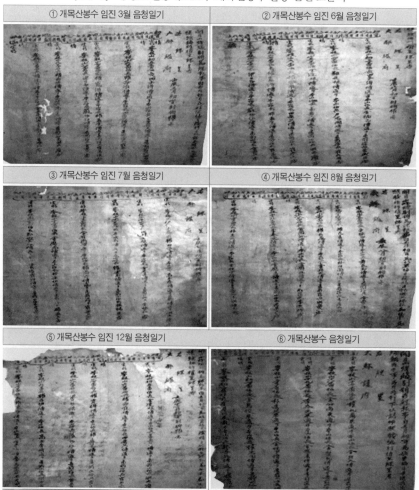

① 개목산봉수 임진 3월 음청일기	② 개목산봉수 임진 6월 음청일기
③ 개목산봉수 임진 7월 음청일기	④ 개목산봉수 임진 8월 음청일기
⑤ 개목산봉수 임진 12월 음청일기	⑥ 개목산봉수 음청일기

　지금까지 검토한 순조 32년(1832) 경상도 안동대도호부 소속 개목산봉수의 음청일기 6건을 정리하면 [표II-10]과 같다. 이를 통해 대체로 한 번 정해진 番은 그대로 유지되었다. 그러나 壬辰 3月 개목산봉수의 前烽인 峯枝山烽燧 5番 伍長 田子得은 壬辰 6月부터는 무슨 사유에 의해서인지 3番에 편입되어 있는 차이가 있다.

[표II-10] 개목산봉수 음청일기

烽燧名	路線	性格	別將	所屬	年月	番	對應烽燧 및 伍長名		
							峯枝山	開目山	彔前山
開目山	第2炬 直烽	內地	權	安東大都護府	壬辰3月	5	田子得	姜岳只	洪太慶
						6	權命准	田岳只	崔太三
						7	權寬得	權孟乬	崔昌俊
						8	梁日孫	嚴孫伊	金岳只
						9	權白伊	高玉春	洪太慶
						10	權達孫	金大泉	李快卿
			權		壬辰6月	3	田子得	金福己	李成用
						4	鄭元根	尹忠國	崔大用
						5	金達根	姜岳只	洪太慶
						6	權命准	田岳只	崔太三
						7	權寬得	權孟乬	崔昌俊
						8	梁日孫	嚴孫伊	金岳只
						9	權白伊	高玉春	洪太慶
						10	○○根	金大泉	李快卿
			權		壬辰7月	11	○末不	權宜玉	林就先
						12	金有尙	權尙云	崔岳只
						13	金應尙	林宗伊	權岳只
						14	鄭學八	權貴興	李岳只
			權		壬辰8月	15	辛驗孫	黃民玉	金岳只
						16	權丸泉	朴白面	李彦大
						17	權九萬	金興大	洪岳只
						18	金尙公	金興大	李先得
						19	李太文	金應泉	沈岳只
						20	朴彔只	金性甲	洪連孫
			權		壬辰12月	5	金達根	姜岳只	洪太慶
						6	權命准	田岳只	崔太三
						7	權寬得	權孟乬	崔昌俊
						8	梁日孫	嚴孫伊	金岳只
						9	權白伊	高玉春	洪太慶
						10	權達孫	金大泉	李快卿
			權		未詳	17	權九萬	金興大	洪岳只
						18	金尙公	金興大	李先得
						19	李太文	金應泉	沈岳只
						20	朴彔只	金性甲	洪連孫
						1	金畠俊	權忠國	崔興○
						2	崔得只	鄭命孫	○○○

4) 堂北山烽燧[209] 別將 朴과 權 아무개가 각각 壬辰年(순조 32, 1832) 4月과 癸巳年(순조 33, 1833) 5·9月 초1일에 지난달의 기상과 대응봉수 오장의 이름을 기록하여 安東大都護府에 보고한 陰晴日記 3건이다. 각 월별로 晴·雲暗 등의 표기를 통해 일기 현황 및 각 番別 대응봉수의 오장 성명이 상세하게 표기되어 있다.

본 항에서는 음청일기 3건에 대하여 각 건별로 검토를 통해 조선후기인 19세기 초반 경상도 안동대도호부 소속 당북산봉수의 운용상황을 검토하고자 한다.

(1) 堂北山烽燧 壬辰 4月 陰晴日記([표II-11]의 ①)

堂北山烽燧 別將 朴 아무개가 지난 달 3월 초하루부터의 기상과 각 번 오장의 성명을 기록하고 수정하여 첩보하는 일을 할 수 있도록 조험하여 시행하는 것이 합당함으로 모름지기 첩정한다는 내용이다. 수신자와 발신 연월일 및 작성자가 표기되어 있다. 문서 상부에 橫으로 한 달 29일(?)을 초1일~초10일, 11일~29일(?)까지 흘림체로 기록하였다. 해당 일별로 기상 상태를 雲暗·晴 등으로 표기하였으며 기상상태가 다르면 사이마다 횡선을 끊어 구분하였다. 맑은 날이 드물었던 듯 대부분 雲暗으로 표기되어 있다. 각 번마다 당북산봉수와 전후 대응봉수인 龍占山과 沙影山烽燧의 오장 성명이 기록되어 있는데, 당북산봉수를 중심으로 3번에서 8번까지 6番의 대응봉수와 각 당번 오장 총 18명의 성명이 縱으로 기록되어 있다.

〈원문〉

堂北山烽燧別將爲牒報事本山自去月朔雲暗晴性來受援番伍長姓名ㅇ錄修上合行

---

[209] 봉화 龍岾山烽燧에서 보내는 신호를 받아 沙郞堂烽燧에 응하였던 제2거 直烽路線의 內地烽燧이다.

牒呈伏請 照驗施行須至牒呈者

右 牒 呈
　　　　　壬辰四月初一日 別將 朴 (着銜)
大都護府

初一日 雲暗

初二日

初三日 晴　龍占山初三番伍長宋○○來傳于本山是去乙本山伍長權快孫卽傳于
　　　　　沙影山初三番伍長崔松福

初四日 雲暗

初五日

初六日

初七日

初八日 雲暗 龍占山初四番伍長琴岳只來傳于本山是去乙本山伍長朴龍奉卽傳于
　　　　　沙影山伍長李孫伊處爲乎事

初九日

初十日

十一日

十二日

十三日 雲暗 龍占山初五番伍長崔龍九來傳于本山是去乙本山伍長金卜日卽傳于
　　　　　沙影山初五番伍長 安完大處爲乎事

十四日

十五日

十六日

十七日

十八日 雲暗 龍占山初六番伍長裵岳只來傳于本山是去乙本山伍長禹再成卽傳于
　　　　　沙影山初六番伍長朴命大處爲乎事

十九日

二十日

二十一日 晴

二十二日

二十三日 雲暗　龍占山初七番伍長崔岳只來傳于本山是去乙本山伍長金千卜卽傳
　　　　　　于沙影山初七番伍長琴龍業處爲乎事
二十四日
二十五日
二十六日
二十七日
二十八日 雲暗　龍占山初八番伍長權三伊來傳于本山是去乙本山伍長嚴鶴○卽傳
　　　　　　于沙影山初八番伍長權萬大處爲乎事
二十九日

(2) 堂北山烽燧 癸巳 5月 陰晴日記([표 II-11]의 ②)

堂北山 烽燧別將 權 아무개가 지난 달 4월 초하루부터의 기상과 각 번 오장의 성명을 첩보하는 첩정이다. 수신자와 발신 연월일 및 작성자가 표기되어 있다. 문서 상부에 橫으로 한 달 29일(?)을 흘림체로 기록하였다. 기상상태를 모두 雲暗으로만 표기하였으며 5일 간격으로 횡선을 끊어 구분하였다. 각 번마다 당북산봉수와 전후 대응봉수인 龍占山과 沙影山烽燧의 오장 성명이 기록되어 있는데, 당북산봉수를 중심으로 7번에서 12번까지 6번의 대응봉수와 각 당번 오장 총 18명의 성명이 縱으로 기록되어 있다.

〈원문〉
―(缺落)―
驗施行須至牒呈者

(右) 牒 呈
　　　　癸巳五月初一日 別將 權 (着衙)
(大)都護府

初一日
初二日

初三日　雲暗　龍占山初七番伍長崔岳只來傳于本山是去乙本山伍長金千卜卽傳于
　　　　　沙影山初七番伍長琴龍業處爲乎事

初四日

初五日

初六日

初七日

初八日　雲暗　龍占山初八番伍長權三伊來傳于本山是去乙本山伍長嚴鶴只卽傳于
　　　　　沙影山初八番伍長權萬大處爲乎事

初九日

初十日

十一日

十二日

十三日　雲暗　龍占山初九番伍長金月三來傳于本山是去乙本山伍長金學允卽傳于
　　　　　沙影山初九番伍長金月性處爲乎事

十四日

十五日

十六日

十七日

十八日　雲暗　龍占山初十番伍長張岳只來傳于本山是去乙本山伍長張性云卽傳于
　　　　　沙影山初十番伍長金得興處爲乎事

十九日

二十日

二十一日

二十二日

二十三日　雲暗　龍占山十一番伍長李興孫來傳于本山是去乙本山伍長權英守卽傳
　　　　　于沙影山十一番伍長石江牙之處爲乎事

二十四日

二十五日

二十六日

二十七日

二十八日　雲暗　龍占山十二番伍長朴太山來傳于本山是去乙本山伍長金充元卽傳
　　　　　于沙影山十二番伍長朴世汗處爲乎事

二十九日

(3) 堂北山烽燧 癸巳 9月 陰晴日記([표 II-11]의 ③)

堂北山 烽燧別將 權 아무개가 지난 달 8월 초하루부터 기상과 각 번 오
장의 성명을 기록하고 수정하여 첩보하는 일을 할 수 있도록 조험하여 시
행하는 것이 합당하므로 모름지기 첩정한다는 내용이다. 수신자와 발신
연월일 및 작성자가 표기되어 있다. 문서 상부에 橫으로 한 달 27일(?)을
초1일~초10일, 11일~27일(?)까지 해서체로 기록하였다. 기상상태를 雲
暗・晴 등으로 표기하였으며 5일 간격으로 횡선을 끊어 구분하였다. 각
번마다 당북산봉수와 전후 대응봉수인 龍占山과 沙影山烽燧의 오장 명칭
이 기록되어 있는데, 당북산봉수를 중심으로 11번에서 16번까지 6番의 대
응봉수와 각 당번 오장 총 18명의 성명이 縱으로 기록되어 있다. 일기는
좌측이 결락됨에 따라 끝일이 27일 까지만 쓰여 있다.

〈원문〉

乃城堂北山烽燧別將爲牒報事 本山自去月朔 雲暗晴〇來受援番伍長姓名後錄修
上爲乎事 是良〇合行牒呈 伏請 照驗施行須至牒呈者

右 牒 呈
　　　　　　　癸巳九月初一日 別將 權 (着銜)
大都護府使

初一日
初二日
初三日 雲暗 龍占山十一番伍長李興孫來傳于本山是去乙本山伍長柳英守卽傳于
　　　　　　　沙影山十一番伍長石江牙之處爲乎事
初四日
初五日
初六日

初七日

初八日 雲暗 龍占山十二番伍長朴太山來傳于本山是去乙本山伍長金充元卽傳于
　　　沙影山十二番伍長朴世汗處爲乎事

初九日

初十日

十一日

十二日

十三日 雲暗 龍占山十三番伍長徐岳只來傳于本山是去乙本山伍長○元福卽傳于
　　　沙影山十三番伍長權鶴只處爲乎事

十四日

十五日 晴

十六日

十七日

十八日 雲暗 龍占山十四番伍長崔斗七來傳于本山是去乙本山伍長金達孫卽傳于
　　　沙影山十四番伍長金石伊處爲乎事

十九日

二十日

二十一日

二十二日

二十三日 雲暗 龍占山十五番伍長崔官孫來傳于本山是去乙本山伍長○龍彬卽傳
　　　于沙影山十五番伍長金元伊處爲乎事

二十四日

二十五日

二十六日

二十七日 雲暗 龍占山十六番伍長○岳只來傳于本山是去乙本山伍長○○○卽傳
　　　于沙影山十六番伍長南三伊處爲乎事

[표II-11] 경상도 안동대도호부 당북산봉수 및 약산봉수 운용 관련 고문서

① 당북산봉수 임진 4월 음청일기	② 당북산봉수 계사 5월 음청일기
③ 당북산봉수 계사 9월 음청일기	④ 약산봉수 계사 9월 음청일기

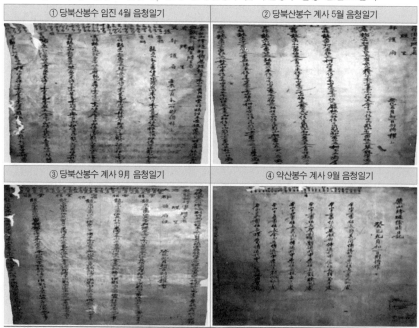

지금까지 검토한 순조 32년(1832)과 33년 경상도 안동대도호부 소속 당북산봉수의 음청일기 3건을 정리하면 [표II-12]와 같다. 따라서 壬辰4月 과 癸巳5月 7番과 8番 대응봉수 오장 명칭을 통해 대체로 한 번 정해진 番 은 그대로 유지되었음을 알 수 있다.

[표II-12] 당북산봉수 음청일기

烽燧名	路線	性格	別將	所屬	年月	番	對應烽燧 및 伍長名		
							龍占山	堂北山	沙影山
			朴		壬辰4月	3	宋○○	權快孫	崔松福
						4	琴岳只	朴龍奉	李孫伊
						5	崔龍九	金卜日	安完大
						6	裵岳只	禹再成	朴命大
						7	崔岳只	金千卜	琴龍業
						8	權三伊	嚴鶴只	權萬大

堂北山	第2炬 直烽	内地	權	安東大都護府	癸巳5月	7	崔岳只	金千卜	琴龍業
						8	權三伊	嚴鶴只	權萬大
						9	金月三	金學允	金月性
						10	張岳只	張性云	金興得
						11	李興孫	權英守	石江牙只
						12	朴太山	金充元	朴世汗
			權		癸巳9月	11	李興孫	權英守	石江牙只
						12	朴太山	金充元	朴世汗
						13	徐岳只	○元福	權鶴只
						14	崔斗七	金達孫	金石伊
						15	崔官孫	○龍彬	金元伊
						16	○岳只	○○○	南三伊

5) 藥山烽燧[210] 別將 權 아무개가 癸巳年(순조 33, 1833) 9월 초1일에 지난 달 8월의 기상과 대응봉수 오장의 성명을 기록하여 보고한 陰晴日記이다.([표Ⅱ-11]의 ④) "藥山烽燧 陰晴日記"명으로 수신자는 표기되어 있지 않으며 발신 연월일 및 작성자가 표기되어 있다. 문서 상부에 橫으로 8월 한 달 29일을 초1일~9일, 초10일~9일, 20일~9일 등 10일 단위로 구분하여 해서체로 기록하였다. 기상상태는 초15일 부분에 晴만 표기되어 있으며 5일 간격으로 횡선을 끊어 구분하였다. 아울러 11번에서 16번까지 약산봉수와 신호를 전달하는 신석산봉수 오장 등 총 12명의 성명이 縱으로 기록되어 있다.

〈원문〉

藥山烽燧 陰晴日記

    癸巳九月初一日 別將 權 (着銜)

---

210) 경북 안동시 임하면 오대리의 해발 552.8m인 藥山 정상에 있다. 청송 神法山烽燧에서 보내는 신호를 받아 안동 新石山烽燧에 응하였던 제2거 間烽(1)의 内地烽燧이다.

八月 初一日
　　二日
　　三日 本山十一番伍長鄭䕅同傳通於申石山伍長姜大孫處
　　四日
　　五日
　　六日
　　七日
　　八日 本山十二番伍長裵銀興傳通於申石山伍長趙萬才處
　　九日
　初十日
　　一日
　　二日
　　三日 本山十三番伍長崔加里傳通於申石山伍長劉驗凡處
　　四日
　　五日 晴
　　六日
　　七日
　　八日 本山十四番伍長吳元孫傳通於申石山伍長林孟三處
　　九日
　二十日
　　一日
　　二日
　　三日 本山十五番伍長金玉泉傳通於申石山伍長劉伯伊處
　　四日
　　五日
　　六日
　　七日
　　八日 本山十六番伍長權石萬傳通於申石山伍長孫周業處
　　九日

　　이상으로 순조 33년(1833) 경상도 안동대도호부 소속 약산봉수의 음청
일기를 정리하면 [표 II-13]과 같다.

烽燧名	路線	性格	別將	所屬	年月	番	對應烽燧 및 伍長名		
							神法山	藥山	申石山
藥山	第2炬 間烽(1)	內地	朴	安東大都護府	癸巳9月	11	?	鄭甁同	姜大孫
						12	?	裵銀興	趙萬才
						13	?	崔加里	劉驗凡
						14	?	吳元孫	林孟三
						15	?	金玉泉	劉伯伊
						16	?	權石萬	孫周業

6) 의성 馬山烽燧[211) 別將 申 아무개와 監官 李·金아무개가 8월과 11
월의 기상과 대응봉수 오장의 이름을 기록하여 보고한 陰晴日記 2건이다.
제목이 모두 "馬山日記 甘谷山傳通"명으로 표기되어 있다. 각 건별로 검
토하면 다음과 같다.

(1) 馬山日記 甘谷山傳通 1([표II-14]의 ①)

수신자와 발신 연월일이 표기되어 있지 않다. 문서 상부에 橫으로 8월
한 달 29일을 5일 단위로 횡선을 통해 구분하고 있다. 기상상태는 11~15
일까지의 晴만 알 수 있고 나머지는 기록하지 않아 알 수 없다. 아울러 마
산봉수를 중심으로 11번에서 16번까지 6番의 대응봉수와 각 당번 오장 총
12명의 성명이 縱으로 기록되어 있다.

문서 좌측에는 종으로 봉수의 관리·감독자인 監官 李와 別將 申 아무
개의 性 및 着銜이 있다.

〈원문〉

八月 初一日

---

211) 경북 의성군 단촌면 관덕리의 해발 243.9m인 烽火山 정상에 있다. 의성 鷄卵岾烽燧에서
보내는 신호를 받아 안동 甘谷山烽燧에 응하였던 제2거 直烽路線의 內地烽燧이다.

初二日
初三日 十一番伍長金〇元甘谷山傳通本山伍長崔八十逢枝山來通
初四日
初五日
初六日
初七日
初八日 十二番伍長李〇〇甘谷山傳通本山伍長李用云逢枝山來通
初九日
初十日
十一日
十二日
十三日 晴 十三番伍長張連玉甘谷山傳通本山伍長鄭五孫逢枝山來通
十四日
十五日
十六日
十七日
十八日 十四番伍長金占先甘谷山傳通本山伍長李九元逢枝山來通
十九日
二十日
二十一日
二十二日
二十三日 十五番伍長朴日大甘谷山傳通本山伍長金今石逢枝山來通
二十四日
二十五日
二十六日
二十七日
二十八日 十六番伍長金有華甘谷山傳通本山伍長權虎得逢枝山來通
二十九日

監官 李 (着銜)
別將 申 (着銜)

⑵ 馬山日記 甘谷山傳通 2([표II-14]의 ②)

수신자와 발신 연월일이 표기되어 있지 않다. 문서 상부에 橫으로 11월 한 달 30일을 5일 단위로 횡선을 통해 구분하고 있다. 기상상태는 초1~초5일, 11~15일, 26~30일 까지의 晴만 알 수 있고 나머지는 기록되어 있지 않아 알 수 없다. 아울러 마산봉수를 중심으로 17번에서 2번까지 6番의 대응봉수와 각 당번 오장 총 12명의 이름이 縱으로 기록되어 있다. 따라서 본 日記를 통해 앞의 개목산봉수와 마찬가지로 당시 안동대도호부 소속의 봉수는 20番이 기준이었음을 뚜렷이 알 수 있다.

문서 좌측에는 종으로 봉수의 관리·감독자인 監官 金과 別將 申 아무개의 性 및 着銜이 있다.

〈원문〉
十一月 初一日 晴
    初二日
    初三日 十七番伍長姜命用甘谷山傳通本山伍長張命孫逢枝山來通
    初四日
    初五日
    初六日
    初七日
    初八日 十八番伍長孫大卜甘谷山傳通本山伍長崔玶男逢枝山來通
    初九日
    初十日
    十一日
    十二日 晴
    十三日 十九番伍長林大興甘谷山傳通本山伍長徐國孫逢枝山來通
    十四日
    十五日
    十六日
    十七日
    十八日 二十番伍長金尙巳甘谷山傳通本山伍長朴彔只逢枝山來通

十九日
二十日
二十一日
二十二日
二十三日 一番五番李卜只甘谷山傳通本山伍長李大逢逢枝山來通
二十四日
二十五日
二十六日
二十七日
二十八日 二番伍長曺聖凡甘谷山傳通本山伍長千銀烈逢枝山來通
二十九日 晴

監官 金 (着銜)
別將 申 (着銜)

[표Ⅱ-14] 경상도 안동대도호부 마산봉수 운용 관련 고문서

① 마산봉수 감곡산전통1	② 마산봉수 감곡산전통2

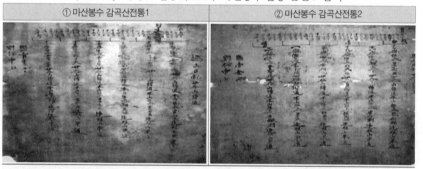

　지금까지 발신연월일 미상의 조선후기 경상도 안동대도호부 소속 마
산봉수의 일기 2건을 정리하면 [표Ⅱ-15]와 같다.

烽燧名	路線	性格	別將	所屬	年月	番	對應烽燧 및 伍長名		
							馬山	甘谷山	達枝山
						11	金○元	崔八十	?
						12	李○○	李用云	?
						13	張連玉	鄭五孫	?
						14	金占先	李九元	?
						15	朴日大	金今石	?
馬山	第2炬 直烽	內地	權	義城縣	○年8月 ○年11月	16	金有華	權虎得	?
						17	姜命用	張命孫	?
						18	孫大卜	崔坪男	?
						19	林大興	徐國孫	?
						20	金尙己	朴彖只	?
						1	李卜只	李大逢	?
						2	曺聖凡	千銀烈	?

7) 彦陽縣監 李 아무개가 고종 15년(1878) 11월 초1일 三軍府에 보고한 彦陽縣夫老山烽臺瞭望日記[212]이다. 언양현의 지난달(10월) 29일간의 기상상태와 都別將을 비롯한 각 번의 근무일과 오장 및 봉수군 4인의 성명이 각 번마다 상세하게 기록되어 있다. 이를 통해 한 달을 6番으로 나누어 실제 근무를 서지 않는 도별장의 책임 하에 각 번마다 5日씩 오장 1인과 봉수군 4인 등 총 5인이 한 개의 번을 이루고 있었음을 알 수 있다.

〈원문〉

彦陽縣監爲牒報事去月朔本縣夫老山烽臺瞭望日記粘移次兩報爲臥乎事是
照驗施行須至牒呈者
右 牒 呈
三 軍 府

---

212) 韓國學中央硏究院, 『古文書集成』82 -寧海 務安朴氏篇(Ⅰ)武毅公(朴毅長)宗宅-』, 2005, pp.167~168.

光緒四年十一月初一日行縣監李
　　牒報

後縣南距五里許夫老山烽臺子坐午向來應南距梁山渭川烽臺四十里去應北距慶州
蘇山烽臺二十五里

十月小
初一日
初二日
初三日
初四日
初五日　晴
初六日
初七日
初八日
初九日
初十日
十一日
十二日
十三日
十四日
十五日
十六日
十七日
十八日
十九日
二十日
二十一日　晴
二十二日
二十三日
二十四日
二十五日

二十六日
二十七日
二十八日
二十九日

都別將閑良方士郁
五番初一日以初五日至伍長朴其玉軍李應孫成得天金○孫張岩外
六番初六日以初十日至伍長金三連軍李達坤李大吉金世千崔○孫
七番十一日以十五日至伍長金三孫軍鄭卜守朴在烈李守甲金支平
八番十六日以二十日至伍長尹末石軍徐興大朴時三金圣金李甲孫
九番二十一日以二十五日至伍長曺莫乃軍李大根李先男朴岳男具用伊
十番二十六日以二十九日至伍長崔化守軍李卜圣金吾作朴○卜李命哲

　　이상 고종 15년(1878) 11월 초1일 彦陽縣監이 三軍府에 보고한 彦陽縣
夫老山烽臺瞭望日記를 정리하면 [표II-16]과 같다.

[표II-16] 언양현 부로산봉대 요망일기

烽燧名	路線	性格	受信	發信	年月	都別將	番	勤務日	伍長	烽燧軍
夫老山	第2炬直烽	內地	三軍府	彦陽縣監	光緒4年11月	方士郁	5	초1~초5	朴其玉	李應孫, 成得天金○孫, 張岩外
							6	초6~초10	金三連	李達坤, 李大吉金世千, 崔○孫
							7	11~15	金三孫	鄭卜守, 朴在烈李守甲, 金支平
							8	16~20	尹末石	徐興大, 朴時三金圣金, 李甲孫
							9	21~25	曺莫乃	李大根, 李先男朴岳男, 具用伊
							10	26~29	崔化守	李卜圣, 金吾作朴○卜, 李命哲

　　이상으로 19세기 전반기 安東大都護府 소속 開目山·堂北山·藥山烽
燧와 義城縣 소속 馬山烽燧 및 후반기의 彦陽縣 소속 夫老山烽燧 관련 陰

晴日記를 통해 조선후기 경상도의 봉수운용을 검토하였다. 이를 통해 경상도의 19세기 봉수운용은 매월 6番 5日制로 총 20番制이며 평균 100日 단위로 番을 교대하였음을 알 수 있다. 아울러 각 번마다 각 번의 伍長 1인과 烽燧軍 4인이 한 개 조가 되어 번을 섰던 5인 체제였음을 알 수 있다. 또한, 대체로 한 번 정해진 番은 開目山烽燧 壬辰 3月의 5番 伍長 田子得과 같이 특별한 사유가 없는 한 그대로 유지되었음을 알 수 있다.

5) 全羅道

전라도는 조선시대 봉수제가 운용되던 당시 순천 防踏鎭 突山島에서 초기하는 제5거 直烽과 間烽 3개 노선의 연변봉수가 초기하거나 지나는 곳이었다.

전라도의 봉수 운용관련 고문서는 海南縣監 金 아무개가 高宗 14年(1877) 5월 초1일 水軍節度使에게 보고한 海南縣監牒呈이다.[213] 본 현의 지난달 초1일부터 29일까지 館頭·黃原 兩 烽燧의 담당관리 명단과 擧火·不擧火를 뒤의 첨부 이송문서로 보고하는 일이며 이로서 첩정을 시행하는 것이 합당함으로 모름지기 첩정한다는 내용이다.

원문은 광주·황원 양 봉수의 대응봉수와 거리 외에 館頭烽燧別將 金處厚와 都監考 金長甲, 黃原烽燧別將 梁仲西와 都監考 金業孫 및 監官 閔南植과 色吏 車致臣의 명단을 기입 후 초1일부터 29일까지의 기상을 표기하였다. 이중 초1일부터 15일은 남풍이 불고 구름이 끼어 어두움에 서로 응할 수 없었으므로 사람이 달려가 1거를 통하게 했다 하였다. 반면, 16일

---

213) 원문은 서울대 奎章閣에 보관되어 있다.

부터 29일은 북풍이 불고 淸明하여 1거로서 서로 응하였다고 표기하였다.

〈원문〉
海南縣監爲相考事 本縣去月朔內 舘頭·黃原兩烽燧 連梯次次來 準擧不擧 後錄
粘移兩報爲臥乎事 合行牒呈 伏請
照驗施行 須至牒呈者

右 牒 呈
　　　　　光緒三年五月初一日 行縣監金 (押)
水軍節度使

相考
後
舘頭烽燧 南向 南自靈巖達摩山烽來準相距七十里 西有珍島女貴山烽去應相距越
海一百四十里
黃原烽燧 西向 西自珍島僉察山烽來準相距越海六十里 北有務安鍮達山烽去應相
距四十里
舘頭別將金處厚
都監考金長甲
黃原別將梁仲西
都監考金業孫
監官閔南植
色吏車致臣
初一日
初二日
初三日
初四日
初五日
初六日
初七日
初八日
初九日

初十日

十一日

十二日

十三日

十四日

十五日

南風雲暗 不得相準 馳人傳通一炬的

十六日

十七日

十八日

十九日

二十日

二十一日

二十二日

二十三日

二十四日

二十五日

二十六日

二十七日

二十八日

二十九日

北風淸明 一炬相準的

5. 小結

지금까지 시기별로 봉수제의 운영과 변천 및 조선후기 고문서를 통해
봉수제 운영의 실태에 대해 소개한 결과를 요약하면 다음과 같다.

삼국시대에 원시적인 형태로 활용되고 고려 의종 3년(1149) 1急에서 4

急으로 성립된 봉수제는 충정왕 3년(1351) 수도 개경의 송악산에 烽燧所의 설치로 인해 체제를 정비하게 되었다. 당시 개경과 인접하였던 경기지역의 서해안을 따라서는 灣과 串 및 島嶼에 다수의 沿邊烽燧가 조밀하게 분포하고 있다. 이들 봉수의 설치목적은 해로를 통한 왜구의 침입에 대한 방어이다. 당시 왜의 침입 시 봉수가 효용을 발휘한 사실은 우왕 3년(1377) 5월 왜의 강화 침입과 우왕 14년(1388) 4월 왜적이 수도 개성과 가까운 椒島에 침입 시 거화를 하였다는 단 두 기록뿐이다.

조선 개국 후 세종 5년(1423) 수도 한양의 남산에 木覓山烽燧의 설치로 인해 비로소 중앙의 경봉수로 최종 집결하는 5거제의 노선이 확립되었다. 아울러 이때 북방 女眞族의 침입에 대비하여 세종 15년(1433)부터 본격화된 鴨綠江 上流의 4郡 및 豆滿江 下流 남안의 6鎭 설치를 계기로 다수의 煙臺가 설치되어졌다. 따라서 종래 경상·전라 남해안과 고려수도 開京을 향해 서해 도서해안을 따라 집중적으로 설치되어 있었던 노선의 置廢와 移設 및 復設이 불가피하게 되었다. 이후 『經國大典』(1485)의 반포를 통해 조선의 봉수제는 완성을 보게 되었다. 따라서 세종 5년(1423) 5거 봉수제의 확립 후 고종 31년(1894) 철폐까지 500여년 간 봉수는 국가의 중요 군사통신시설로서 유지되었다. 이외에 봉수는 지방이나 변방의 변고를 중앙에 알리기 위한 목적외에, 봉수가 지나는 府·牧·郡·縣 인근의 백성들이 봉수를 바라보고 변방의 안위를 판단하는 警報機能도 갖추고 있었다. 또한, 조선시대 識者層이었던 문인들에 의해 詩의 소재로 인용되기도 하였으며 그 내용이 文集으로 남아 있다. 이외에도 조선말기 혹은 대한제국기 서양인들에 의해 남산의 봉수를 바라보고 느낀 경이로움과 기능에 대한 내용이 기록으로 남겨지기도 하였다. 그러나, 봉수제는 성립초기 본래의 설치목적과는 다르게 제대로 그 기능을 발휘한 사실이 적어 여러 폐단을 노출하게 되었다. 결국 高宗 31年(1894) 八路烽燧의 폐지와 다음해 각처 봉대와 봉수군을 폐지함으로써 모든 봉수가 최종 폐지되기에 이르렀다.

한편, 조선후기 봉수제 운영의 실태를 알 수 있는 자료는 烽燧日記이다. 현재까지 확인된 일기는 도별로 咸鏡道·黃海道·忠淸道·慶尙道·全羅道이며 수량은 제한적이다. 당시 이 일기의 작성자는 해당 지역 소재 봉수를 관리·감독하던 烽燧別將·縣令·縣監·郡守·府使 등이다. 매월 초 韓紙에 楷書 혹은 草書와 吏讀文으로 써서 지난달의 봉수 거화 시 매일의 기상상태를 관할 상부기관에 올린 牒呈이다. 첩정 상부에 횡으로 작게 일자를 표기 후 기상상태에 따라 횡선으로 晴·雲暗 혹은 晴一炬北風吹등으로 표기하였다. 또한 대응봉수와 각 당번 오장의 성명을 종으로 해서와 이두체로 써 놓았다. 이중 19세기 전반기 安東大都護府 소속 開目山·堂北山·藥山烽燧와 義城縣 소속 馬山烽燧 및 후반기의 彦陽縣 소속 夫老山烽燧 陰晴日記를 통해 조선후기 경상도의 봉수운용을 알 수 있다. 이를 통해 경상도의 19세기 봉수운용은 매월 6番 5日制로 총 20番制이며 평균 100日 단위로 番을 교대하였다. 아울러 각 번마다 伍長 1인과 烽燧軍 4인이 한 개 조가 되어 번을 섰던 5인 체제였다. 또한, 대체로 한 번 정해진 番은 특별한 사유가 없는 한 그대로 유지되었다.

III. 文獻上의 烽燧施設과 標記樣式

1. 烽燧施設

世宗 초기에 5擧火制를 근간으로 확립된 조선의 烽燧制는 평상시 매일 이른 시간 각 道 極邊初面의 봉수에서 1거의 거화를 시행토록 운영되었다. 이렇게 거화된 봉수는 점차 육지내륙의 내지봉수를 거쳐 당일 초저녁이면 최종 경봉수에 도달하였다. 또한, 이렇게 거화된 봉수가 지나는 府·牧·郡·縣 인근의 백성들이 봉수를 바라보고 변방의 안위를 판단하는 警報機能도 갖추고 있었다. 그러면 조선시대에 봉수는 대응봉수간에 단순히 횃불과 연기로만 신호를 전달하였을까. 또한, 횃불과 연기를 올리기 위한 봉수시설은 어떠한 것이 있었을까. 그리고 봉수를 올리던 봉수군은 몇 명이 番을 섰으며 이들은 어떤 생활을 하였을까 하는 여러 의문이 든다.

따라서 본 절에서는 위에서 제기한 여러 의문을 해소하기 위해 조선후기 발간의 지지에 기록된 각종 봉수시설과 비치물목에 대해 용도별로 검토하고자 한다. 종전에는 『輿地圖書』「梁山郡邑誌」와 「三嘉縣邑誌」 烽燧의 梁山 渭川烽燧와 三嘉(現 陜川) 金城烽燧에 한해 극히 제한적인 소개만 있었다. 따라서 『여지도서』의 봉수시설과 비치물목은 先學에 의해 소개[1]

된 이후 後學들에 의해 거의 무비판적으로 인용되어져 왔다.

이후 필자는 『獻山誌』(1786) · 『慶尙道邑誌』(1832) · 『嶺南邑誌』(1895) 외에 南牧川烽燧別將書目(1889)을 통해 경상도 소재 7기의 봉수에서 각종 봉수시설과 비치물목을 확인하게 되었다. 따라서 이들 지지의 비치물목을 분석하여 별도의 논고로 발표한 바 있다.[2] 그러나, 발표당시는 초보적인 연구 수준으로 일부 용도불명의 비품을 임의로 해석하여 구분하였다. 또한, 자료소개 수준에서 전반적인 검토와 분석이 충분하지 못하였다. 그러므로 본 장을 통하여 이전의 오류를 수정하고 각 절별로 이에대한 재해석 및 분류를 시도하고자 한다.

본 절에서 소개하는 봉수는 경상도 渭川 · 金城山 · 夫老山 · 南木 · 巴山 · 高城山 · 所山 등 7기와, 『湖南邑誌』(1872)에 관련기록이 전하는 達麻山 · 瓮山 · 海際 등 총 10기이다. 이들 봉수는 성격별로 內地烽燧가 양산 渭川烽燧, 합천 金城山烽燧, 언양 夫老山烽燧, 김천 高城山 · 所山烽燧 등 5기이다. 반면, 沿邊烽燧는 울산 南木烽燧, 함안 巴山烽燧, 해남 達麻山烽燧, 무안 瓮山 · 海際烽燧 등 5기이다. 비록 성격상 내지와 연변봉수로 구분되지만 각 봉수마다 필수적으로 갖추고 있어야만 했던 비품은 거의 동일하며 수량은 지역별 특수성을 반영한 듯 차이가 있다. 그러므로 본 절에서는 용도별로 각종 봉수시설과 물목에 대한 검토를 통해 조선후기 경상 · 전라 양 도의 봉수 운용상황을 검토하고자 한다.

---

1) 李元根, 「朝鮮 烽燧制度考」, 『蕉雨 黃壽永博士 古稀紀念 美術史學論叢』, 通文館, 1988, pp.397~398.
　　　　, 「烽燧槪說」, 『韓國의 城郭과 烽燧』下, 한국보이스카우트연맹, 1991, pp.601~602.
　　南都泳, 「馬政과 通信」, 『韓國馬政史』, 마사박물관, 1997, p.541.
2) 金周洪 외, 「慶尙地域의 烽燧(II) -備置物目을 中心으로-」, 『實學思想硏究』23輯輯, 毋岳實學會, 2002, pp.39~80.

1) 炬火施設과 物目

畫煙夜火의 봉수제에서 매일 1거의 炬火를 위한 각종 施設과 材料 등의 비품은 각 봉수마다 필수적으로 갖추고 있어야만 했다. 특히, 거화재료는 1회용 소모성이기 때문에 평상시 이를 갖추어 놓지 않으면 봉수 본래의 기능을 발휘할 수 없었다. 조선시대 봉수의 거화를 위한 시설과 비치물목은 앞에서 소개한 조선후기 발간 지지 기록의 검토를 통해 알 수 있다. 비치물목이 전하는 10기의 봉수에는 약 80여종의 각종 물목에 대한 명칭과 수량·단위 등이 기록되어 있다. 그러나, 이들 물목 중에는 해석의 곤란으로 인해 용도가 불명이거나, 타 용도로의 전용이 가능하여 성격이 명확하지 않은 경우도 있다.

[표Ⅲ-2]는 지지에 비치물목이 기록된 10기의 봉수 중 거화시설·비품·재료에 한해 용도별로 세분하여 표로 작성한 것이다. [표Ⅲ-2]를 보면 경상도 소재 7기의 봉수가 전라도 소재 3기의 봉수에 비해 다수의 물품을 갖추고 있었다. 다만, 함안 파산봉수는 거화시설 외에 일체의 거화비품 및 재료의 구비여부를 확인할 수 없어 논외로 하였다.

이중 첫 번째로 살펴 볼 炬火施設은 경상도 소재 7기의 봉수에서 공통적으로 1기 내지 5기의 연대·연굴·화덕 등을 갖추고 있었다. 이외에 별도로 망보는 시설이었던 望德을 1개소씩 갖추고 있었다. 이는 매일 前烽에서 오는 신호를 받아 다음 봉수로 전하기 위한 1거의 거화를 위해 망을 보는 수직은 각 봉수마다 일정기간 교대로 番을 서고 있었기 때문이다. 그러나, 巴山烽燧에는 망보는 일만 전담하는 별도의 봉수군[望漢] 1名이 배치되어 있었던 데서 차이가 있다. 파산봉수의 망한 1명은 항상 봉수에서 숙식을 해결하며 상주하였을 것으로 여겨진다.

둘째, 炬火備品은 각종 거화재료를 바탕으로 불을 일으키기 위한 기본적인 비품이다. 여기에는 부싯돌[火石]·부쇠[火鐵]·부쇠돌[火鐵石] 등 7

종의 비품이 확인된다. 이중 부쇠는 8기의 봉수에서 1개 내지 2개 혹은 5개씩 갖추고 있었던 필수 거화비품이었다. 그러나, 해남 達麻山烽燧는 부 싯돌을 부쇠대용으로 갖추고 있었으며, 양산 위천봉수 · 울산 남목봉수는 부쇠 외에 부싯돌을 각 2개씩 갖추고 있었다. 다음 화약심지[火繩]는 6기 의 봉수에서 1개 내지 2개 혹은 5개씩 갖추고 있었다. 이는 후면의 [표Ⅲ-3] 에서 이들 봉수마다 鳥銃 · 三穴銃 등의 화기류를 비치하고 있었기에 거화 외에 방호에 필수적인 비품이었던 것으로 여겨진다. 다음으로 용도상 불 씨를 담아두는 용기였던 (種)火盆은 전라도와 경상도내 남목 · 파산봉수 를 제외한 5기의 봉수에서 확인된다.

셋째, 炬火材料는 [표Ⅲ-2]를 통해 25종의 각종 재료가 확인된다. 여기 에는 싸리나무[杻] · 소나무[松] · 삼[麻] · 산솔갱이[生松] · 땔나무[積柴 · 柴木] · 쑥[艾] · 풀[草] 외에 말[馬]이나 소[牛]의 배설물인 똥[糞]과 灰 · 당겨 [粗糖] · 가는 모래[細沙] 등 거화를 효율적으로 하기 위한 모든 재료가 사 용되었다. 이중 싸리나무 · 산솔갱이 · 땔나무 · 쑥 · 풀 등은 봉수 주위에 서 쉽게 입수할 수 있는 재료였다. 그러나, 말[馬]이나 소[牛]의 배설물인 똥[糞]과 灰 · 당겨 · 가는 모래 등은 주위에서 쉽게 입수할 수 있는 재료가 아니었다.

[표Ⅲ-1] 봉수 거화재료

① 생송	② 생송지	③ 쑥[艾]	④ 우분

이들 재료들은 봉수군이 番을 서기 위해 봉수로 가기 전 非番에 틈틈이 民家에서 준비하였다가 운반하거나, 아니면 수시로 산을 오르내리면서 운

반하여야 했다. 따라서 각 봉수마다 실제는 재료입수의 곤란이나 부족에 기인한 듯 이의 반수에 해당하는 재료만으로 거화시 사용했던 것으로 여겨진다. 또한, 상대적으로 거화비품이 소량이었던 전라도 소재 무안 瓮山·海際烽燧는 明松炬·小炬·同炬 등 3종류의 적은 재료만을 거화재료로 사용하였다. 이중 가장 많이 사용된 재료는 주변에서 흔히 구할 수 있는 소나무[松]로서 8기의 봉수에서 확인되는 (明)松炬이다. 경상도 소재의 봉수는 소나무 홰[松炬]외에 싸리나무 홰[杻炬]의 수량이 50자루[柄] 혹은 50訥이었다. 반면, 전라도 소재의 해남 達麻山烽燧는 明松炬 100개를 갖추고 있었으며, 무안 瓮山·海際烽燧는 이보다 적은 20자루씩의 明松炬를 갖추고 있어 수량에 차이가 있다. 다음으로 10기의 봉수 중 6기에서 확인되는 땔나무[積柴·柴木]·灰·당겨[粗糖] 등과 말똥[馬糞]·소똥[牛糞] 등이 주요 거화재료였다. 이외 소량이지만 가는 모래[細沙]·쑥[艾]·풀[草]·삼홰[麻杻炬]·산솔갱이[生松]나 산솔갱이 가지[生松枝]·土木 등이 보조원료로서 사용되었다.

[표III-2]를 보면 거화재료의 수량이 대부분 5단위이다. 이는 조선의 봉수제가 5炬를 근간으로 평화시의 1거 외에 비상시 5거를 위한 거화재료를 상시적으로 비축해 놓고 있어야만 했다. 또한, 각 봉수별로 10종이 넘는 다수 1회용 소모성 거화재료의 비치를 위해 봉수군의 임무가 단순히 평화시의 1거나 비상시 5거의 晝煙夜火에 한정되지는 않았던 것으로 여겨진다. 따라서 봉수군은 매일 산중에서 瞭望 외에 거화시 소모되는 많은 양의 거화재료를 비치하기 위해 番을 서는 동안 교대로 바쁜 일과를 보내야만 했다.

[표III-2] 지지의 봉수 거화시설·비품 및 재료 일람표

區分	內容	單位	渭川 烽燧	金城山 烽燧	夫老山 烽燧	南木 烽燧	巴山 烽燧	高城山 烽燧	所山 烽燧	達麻山 烽燧	瓮山 烽燧	海際 烽燧
擧 火 施	연대(烟坮·臺)		1	5	1	1		5	5			
	연굴(烟窟)		5	5	5	1	5	5	5			
	화덕(火德)		1	1	1	1	1	1	1			

구분	물목	단위										
設	망덕(望德)		1	1	1	1	1	1	1			
舉火備品	부싯돌(火石)	箇·介	2箇			2介					1箇	
	부쇠(火鐵)	箇·介	2箇	2箇	2箇	2介		5箇	5箇		1箇	1箇
	부쇠돌(火鐵石)	箇			10							
	화통(火桶)		5	5	5							
	(종)화분(種)火盆	坐	5	1	1			1	1			
	화면(火綿)	箇			1							
	화약심지(火繩)	沙里	1	1	2			5	5	2		
舉火材料	싸리나무홰(杻炬)	柄·訥	50柄	50訥	50柄	50柄		50柄	50柄			
	소나무홰(明·松炬)	柄·箇	50柄	50柄	50柄	50柄		50柄	50柄	100箇	20柄	20柄
	삼홰(麻炬)	柄								30		
	산솔갱이(生松)	訥			1							
	生松枝	束								30		
	땔나무(積柴·柴木)	訥·加里	5訥	5訥	5訥	5加里		5訥	5訥			
	토목(吐·土木)	訥	5	5	5							
	불사르개(火杻炬)	柄								30		
	홰(同烟)	柄	3	3								
	작은홰(小炬)	柄									25	25
	동거(同炬)	柄			3			3	3		7	7
	탄(炭)	石	5	5	5	5		5	5			
	석회(灰)	石	5	5	5			5	5	5		
	참회석(眞灰)	石				5						
	당겨(粗糖·糠)	石	5	5		5		5	5	5		
	가는 모래(細沙)	石	5	5	5	5				5		
	쑥(艾)	同	5	5	5							
	쑥홰(艾炬)	柄				51						
	쑥풀(艾草)	同						5	5			
	풀(草)	訥		50								
	풀사르개(草炬·火)	柄	50		50	50		50	50	30		
	사를풀(烟草·火因草)	訥·加里	5訥	5訥	5訥	5加里						
	말풀(馬草)	同						5	5			
	말똥(馬糞)	石	5	5	5	5		5	5	5		
	소똥(牛糞)	石	5	5	5	5		5	5			

2) 防護施設과 物目

봉수제가 운영되던 조선시대에 봉수는 그 자체가 軍事通信施設 이었

을 뿐만 아니라 하나의 작은 軍事要塞地였다. 따라서 自體防護나 防火에
필요한 각종 무기와 비품을 갖추고 있었다. 이중 자체방호에 필요한 무기
는 중앙은 軍器寺[3], 지방은 각 鎭에서 대장[橫看]에 따라 정교하게 제조하
여 공급하였다. 군사들의 개인 휴대 軍器는 중앙은 兵曹, 지방은 守令과
節度使가 항상 검열하여 너무 못 쓰게 되지 않게 하였다.[4] 그러나, 방호용
투석도구로서 지지마다 달리 표기되었던 水磨石·無稜石·無隅石·鳥外
石 등은 봉수마다 자체조달을 통해 수 백개씩 비치하고 있었다. 조선후기
발간의 지지에서 비치물목이 전하는 봉수 10기 중 이러한 防護(火)備品
및 武器는 [표Ⅲ-3]과 같이 약 40종이다.

　표를 검토하면 개인 방호비품인 철갑옷[鐵甲胄]·머리가리개[(紙)俺
頭]·防牌 등과 무기류인 長箭·활[弓子] 등의 弓矢類, 鳥銃·三穴銃 등의
火器類, 短槍·長槍 등의 槍類, 고리칼[還刀][5], 낫[鎌子], 도끼[斧] 등의 각
종 무기류와 방호용 투석도구인 水磨石·無稜石·無隅石·鳥外石 및 抹
木·垓子抹木·활집[弓家] 등의 방호시설과 밧줄[條所] 외에 防火備品인
滅火器와 기타 사다리[前梯] 등 용도별로 많은 비품을 갖추고 있었다.

　이들 비품들은 각 봉수별로 공통적으로 비치하거나, 특정 봉수에만 갖
추기도 하였다. 이중 片箭[6]·鳥銃·고리칼[還刀] 등 3종의 비품은 비록
봉수마다 수량의 차이는 있으나, 모든 봉수에서 공통적으로 갖추고 있었
던 방호무기였다. 특히, 조총과 고리칼은 조선후기 모든 봉수에서 비록 수

---

3) 軍器寺는 무기제조를 도맡아 하던 관청이다. 都提調는 1명, 提調는 2명이며 別坐와 別提는
　모두 2명이다. 主簿 이상 가운데 2명은 임기를 길게 하는 관리로 두었다.
　　軍器寺 掌造兵器 都提調一員 提調二員 別坐別提幷二員 主簿以上二員 久任(『經國大典』卷
　4, 兵典 軍器)
4) 軍器 京軍寺 外各鎭 依橫看 精緻製造 前造者亦常修整 軍士私賷軍器 京則兵曹 外則守令
　及節度使 常加檢察 毋得濫惡(『經國大典』卷 4, 兵典 軍器)
5) 고리가 달린 칼집에 끈을 드리우고 허리에 차던 호신용 무기였다. 달리 腰刀·佩刀로도 지
　칭된다.

량의 차이는 있지만 봉수군이 番을 서는 동안 휴대하였던 개인 호신용 무기였다.

특히, 고리칼이 실물을 표현하기 위해 바위에 음각된 유일한 사례는 하동 桂花山烽燧[7](사진Ⅲ-1, 도면Ⅲ)이다. 봉수는 경남 하동군 금성면의 頭牛山(190.5m) 정상부에서 서남쪽으로 직선거리 약 200m 지점의 산정(185m)에 있다. 고리칼은 봉수에서 북쪽 35m 거리에 검바위로 명명된 널찍하고 평평한 바위 한쪽에 검신과 자루가 결합된 형태로 음각되어 있다.(사진Ⅲ-2·3) 남-북 방향으로 음각된 검의 검신은 북쪽을 향하여 뾰족하고 길쭉한 삼각 형태이며 길이 60cm이다. 자루 부분은 둥근 고리[環]와

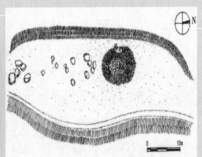

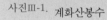
사진Ⅲ-1. 계화산봉수

도면Ⅲ 계화산봉수 평면도(이철영)

---

6) 총통에 넣어서 놓는 하나로 된 火箭. 짧고 작은 화살로 일명 애기살 이라고도 한다. 화살촉은 철촉이며 화살의 길이가 1척 2촌 이하로 다른 화살에 비해 짧았다. 화살의 길이가 짧았으므로 발사시에는 筒兒라 불리는 대롱에 넣어 발사하엿다. 중량이 가벼운데 비해 가속도가 커서 관통력이 강한 장점이 있었다.

7) 종전까지 위치미상이었으나 2008년 우리문화재연구원의 경남 하동군 금성면 두우배후단지 예정부지 내의 지표조사를 통해 확인되었다. 조선전기 경상도 진주목 소속 5처 봉수 중 1처로서 서쪽으로 광양 件代山烽燧에 응하였으나 곧 철폐되었다.
우리문화재연구원, 『하동군 금성면 두우배후단지 예정부지내 문화재지표조사 결과보고서』, 2008.4, pp.8~9.

사진Ⅲ-2. 계화산봉수 고리칼[環刀]　　사진Ⅲ-3. 계화산봉수 검바위

끈을 달기 용이하게 작은 원형 홈이 있으며 길이 46cm이다. 아울러 자루 부분에는 종으로 'X'자 문양이 3개 음각되어 있다. 이는 봉수군이 번을 서는 중 무료함을 달래기 위해 자신이 늘 휴대하였던 고리칼을 봉수 인근 바위에 새겼던 것으로 추측된다.[8]

한편, 봉수마다 위의 공통비품과는 달리 철갑옷[鐵甲胄]·머리가리개 [(紙)俺頭]·몸가리개[俺心]·종이갑옷[紙甲胄]·大箭·활[弓子]·활줄[弓絃]·勝字銃·火藥·槍·長槍·防牌木·쇠도끼[鐵斧子]·抹木·埃子抹木·활집[弓家]·밧줄[條所]·긴밧줄[長所]·사다리[前梯]·滅火器 등 20종은 경상도내 특정 봉수에만 갖추고 있었던 물목이다.

반면, 방호용 투석도구인 水磨石(사진Ⅲ-4·5)은 전라도 소재 3기의 봉수에서 100개 내지 200개씩 갖추고 있었다. 이외에 수마석과 같은 용도이

---

8) 조선시대의 유적인 하동 두우산 계화산봉수 검바위의 고리칼과 달리, 여수 오림동 5호 지석묘 상석의 측면에서도 전남대학교 박물관의 1989~1990년의 발굴조사를 통해 일단병식 석검이 조사되어 보고된 바 있다. 손잡이 부분이 위에 있고 검끝이 아래로 향해 있다. 검 총길이 34cm, 폭 9cm, 검 길이 30cm, 검 폭 5.5cm, 검코 폭 12cm, 병부 길이 10cm, 병부 끝 길이 14cm이다.
全南大學校博物館,『麗水 五林洞 支石墓』, 1992, p.34.

사진III-4. 삼척 가곡산봉수 수마석   사진III-5. 영덕 별반산봉수 수마석

지만 경상도에서는 無稜石·無隅石·鳥外石 명칭으로 5訥 내지 5石씩 갖추고 있었다. 이들 투석도구는 지표·발굴조사를 통해 내지봉수보다는 연변봉수의 연대 상부 혹은 측면이나 庫舍址, 방호벽의 석축 사이에서 다량 확인되고 있다. 아울러 내지봉수인 진주 廣濟山烽燧의 발굴(시굴)조사를 통해 8점이 출토되어 보고된 바 있다.[9]

또한, 개인방호비품인 철갑옷[鐵甲胄]·머리가리개[(紙)俺頭]·몸가리개[俺心]·종이갑옷[紙甲胄] 등은 경상도 위천·부로산·남목 등 3기의 봉수에서 한 개씩만 확인되고 있다. 따라서 이들 비품은 烽燧別將 등 특정인이 착용하였던 방호비품으로 여겨진다. 또한, 승자총·삼혈총·쇠도끼[鐵斧子]·사다리[前梯] 등은 소량으로 일부 특정 봉수에만 보인다. 수량의 단위가 1인 것을 통해 공동비품이었던 것으로 여겨진다.

반면, 모든 봉수에서 보편적으로 비치하고 있었던 長箭·鳥銃(사진III-6)·고리칼[環刀](사진III-7) 및 滅火器 등은 비록 소량이지만 수량의 단위

---

9) 시굴조사시 7점, 발굴조사시 1점이 출토되어 보고되었다.
   慶南發展硏究院, 『晋州 廣濟山烽燧臺 試掘調査報告書』, 2003, p.39.
   ＿＿＿＿＿＿, 『晋州 廣濟山烽燧臺』, 2006, p.32.

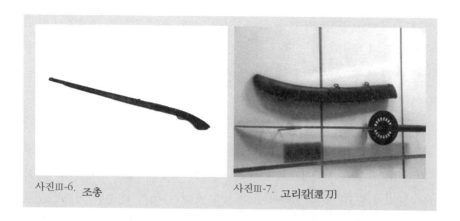

사진Ⅲ-6. 조총　　　사진Ⅲ-7. 고리칼[還刀]

가 대부분 5이다. 이를통해 조선의 봉수제가 5炬를 근간으로 5人 근무에 적합한 개인 호신용 防護(火)備品을 구비하고 있었던 것으로 해석된다. 따라서 조선후기에 일부 특수지역의 봉수군들은 개인 휴대무기인 조총을 들고 고리칼을 패용한 채 番을 섰던 것으로 여겨진다.

　그러면 봉수마다 5인의 봉수군 전원이 조총을 들고 고리칼을 패용한 채 번을 섰을까. 필자는 아니라고 여긴다. 봉수에서 번을 서는 최소의 인원은 [표Ⅲ-3] 고리칼의 수량을 통해 추정할 수 있다. 여기에는 전라도 옹산·해제봉수가 1자루[柄]이며 경상도 위천·부로산봉수가 2자루[柄]이다. 이를통해 1인 내지 2인의 최소 인원이 조총을 들고 고리칼을 패용한 채 번을 섰던 것으로 여긴다. 따라서 나머지 인원은 교대로 휴식을 취하거나 취사를 위한 준비 혹은 봉수 인근 야산에서 매일 1거의 거화시 소모되는 거화재료의 비축을 위한 채집이나 운반에 종사하였던 것으로 여긴다.

　따라서 다음의 [표Ⅲ-3]은 총 40종의 방호(화)비품 및 무기를 유형별로 분류하여 각 봉수별 표로 작성한 것이다. 표에서 보듯이 모든 봉수에 비치되어 있었던 火器類·고리칼[還刀]과 무안 옹산봉수를 제외한 각 봉수마다 비치되어 있었던 弓矢類는 必須防護備品이었다. 또한, 방화비품으로 경상도내 6기의 봉수에서 멸화기가 5건씩 마련되어 있었던 것으로 보아화재의 대비도 철저하였음을 알 수 있다. 이외에 봉수 방호시설로서 주위에 無數하게 抹木을 두르거나 혹은 垓子를 파서 말목을 두르는 등 자체방어를 철저히 하고 있었다. 특히, 울산 남목봉수는 주위 말목외에 활집[弓家] 5件을 별도로 마련하고 있었다.

이렇듯 경상도 소재의 봉수는 각종 필수방호비품과 무기외에 멸화기 등의 방화비품과 垓子抹木 등의 자체 방호시설을 철저하게 갖추고 있었다. 반면, 전라도 소재 3기의 봉수는 이러한 시설이 없으며 火器類・弓矢類・고리칼[還刀] 등의 공통비품과 낫・水磨石 등의 단순한 비품만으로 방호체계를 갖추고 있었던 차이가 있다. 이러한 원인은 앞 장에서도 살펴본 바와 같이 봉수에서 番을 서는 봉수군의 경제적 후원자였던 烽燧軍保 인원의 차이에서 기인한다고 여겨진다. 즉, 경상도 聞慶縣의 禪巖站・炭項站烽燧는 烽軍 한사람에게 3명씩의 保가 딸려 있었으며, 심지어 仁同縣의 朴執山・件岱山烽燧는 伍長 1명에 保가 4명씩 배정되어 있었다. 이에 반해 전라도는 봉수군에 대한 경제적인 지원이 매우 열악하여 보통 烽燧軍 한사람에게 2명씩의 保가 딸려 있었다. 그러므로 조선후기 양 지역의 인구 수에 비례한 봉수군보의 배정과 경제적 요건에 의해 비품의 구비와 수량의 차이가 있었던 것으로 여겨진다.

[표Ⅲ-3] 지지의 봉수 방호(화)비품 및 무기 일람표

區分	内容	單位	渭川 烽燧	金城山 烽燧	夫老山 烽燧	南木 烽燧	巴山 烽燧	高城山 烽燧	所山 烽燧	達麻山 烽燧	金山 烽燧	海際 烽燧
	철갑옷(鐵甲冑)		1									
	머리가리개[(紙)俺頭]	坐・部・件	1坐		1部	1件						
	몸가리개(俺心)	坐・部	1坐		1部							
	종이갑옷(紙甲冑・衣)	件	1			1						
	방패(防牌)			6	6	6			6	6	14	
	방패목(防牌木)	立				20						
	장전(長箭)	部・桿	5部	5部	3部	5部	5桿	5部	5部	1浮		3部
	대전(大箭)	介				18						
	편전(片箭)	部・桿	1部	5部	1部	1部	5桿	5部	5部	1浮	3部	3部

防護(火)備品 및 武器

품목	단위										
화살통(桶·筒兒)	箇	1	5	1	1		5	5	1		3
활(弓子)	張	1	5	2							
활줄(弓絃)	條				5						
물소뿔활(黑角弓)	張			2	1				1		
교궁자(校弓子)	張	1			4	5	5	5	1		
조총(鳥銃)	柄	2	1	2	5	5	5	5	1	2	2
승자총(勝字銃)	柄		1								
삼혈총(三穴銃)	柄	1		1	1				1		
납탄환(鉛丸)	箇	30	30	30		150	150		100		
화약(火藥)	5냥	5냥	5냥9전	2근13냥9전	1근9냥	25냥					
화약통(藥升)		1大		1箇					3箇	1箇	
耳藥桶	箇					5	5				5
창(鎗)	柄	1	5	2		5	5				
단창(短槍)	柄							1			
장창(長槍)	柄			2	5						
접장목(接杖木)	介				20						
고리칼(還刀)	柄	2	5	2	5	5	5	5	5	1	1
낫(鎌子)	柄	5	3	4	3		3	3		1	1
도끼(斧子)	箇·柄·坐	20箇	20箇	1柄	1坐				1箇		
도끼자루(木斧子)	柄·介			20柄	20介		25柄	25柄	2,000箇		
쇠도끼(鐵斧子)	柄		1				1	1			
수마석(水磨石)	箇								100	200	200
무릉석(無稜石)	訥	5	5	5			5	5			
무우석(無隅石)	石				5						
조외석(鳥外石)	石				5						
말목(抹木)		無定數	無定數		無數完置						
垓子抹木				無數完置			無數完置	無數完置			
활집(弓家)	件				5						
능장(稜杖)	箇	20	20	20			25	25	30		
밧줄(條所)	巨里	3	3	3	10		5	5			
긴밧줄(長所)	巨里				10						
사다리(前梯)	目	1	1	1	1		1	1			
동아줄(同火注乙)	件巨·里	5件	3件	3巨里			3	3			
멸화기(滅火器)	件	5	5	5	5		5	5			

3) 信號傳達體系와 物目

조선시대의 봉수는 성립초기 연기와 횃불을 이용한 단순한 신호수단 외에 信砲의 비치와 각 봉수마다 煙筒施設의 마련을 통해 효율적인 신호 전달체계를 강구하였다. 그러나, 조선후기에는 전기와 달리 주·야간의 視覺과 聽覺에 의지한 다양한 신호전달 수단의 활용이 특징이다. 조선후 기의 지지에 비치물목이 기록된 10기 봉수의 각종 물품을 검토하면 신호 전달 수단으로 唐火箭·唐大箭·불화살[火箭] 등의 화살을 비치하고 있었 다. 또한, 白旗·大旗·大白旗·上方高超旗[10]·五色表旗·五方神旗[11] 등의 각종 깃발과 북[鼓·小鼓·中鼓], 징[鉦], 꽹가리[錚], 놋꽹가리[鎗錚], 喇叭[戰角·竹吹螺] 등의 각종 악기 등이 크기별, 종류별로 구분되어 해당 봉수마다 비치되어 있었다.

우선 白大旗 등의 각종 깃발은 歷史的으로 조선 전기인 世宗 14년 (1432) 6월 북방 여진의 방어책으로 함길도 도순찰사 鄭欽之의 건의[12]에

---

10) 五色을 사용하여 主將의 親衛 牙兵을 지휘하거나 遊軍의 騎兵을 통제하는데 사용. 고초 기는 오방기와 表裏가 되어 신호체계로 사용되었는데, 주장이 진영에서 신호를 보낼 때 에는 오방기와 고초기를 함께 사용하였다. 특히 고초기는 밤에도 내리지 않고 꽂아 놓아 바람의 방향과 세기를 관측하여 다음날 전술에 활용되기도 하여 항상 內陣에 세워두었 다.(최형국,「朝鮮後期 軍事 信號體系 연구」,『학예지』제15집, 육군사관학교 육군박물관, 2008, p.26.)

11) 오방기에는 세 종류가 있는데, 용과 호랑이 등 영물이 그려진 大五方旗는 문기와 함께 세 우고, 신장이 그려진 中五方旗는 신명의 가호를 상징하며 의장물로 사용하고, 그림이 없 는 小五方旗는 다섯 가지 색깔로 만들어서 대장 곁에 두었다가 각각의 색깔에 해당하는 하급부대에 명령을 전달하는데 사용하였다.(노명구,「조선후기 군사 깃발」,『학예지』제 15집, 육군사관학교 육군박물관, 2008, p.9.)

12) 慶源·石幕 上院平 성터 이북과 남쪽의 龍城에 이르는 곳에 煙臺 17개소를 설치하여 煙火 를 마주보며 포성을 서로 듣게 하고 연대 한 곳마다 火㷁肆習人 1명, 봉수군 3명을 두어 간 수하게 하고 信砲 2~3개, 大發火 4~5자루, 白大旗 등의 비품을 준비해 두었다가 적변이 일 어나면 낮에는 연기를 올리고 밤에는 횃불을 들며 또 신포를 쏘아 서로 호응하며 백대기 를 장대에 달아 편의한 방법으로 적변을 알리게 하였다.(『世宗實錄』卷56, 14年 6月 癸巳)

의해 일찍부터 신호전달의 보조수단으로 사용되었다. 깃발외에 각종 화살은 視覺, 북·징·나팔 등의 악기류는 聽覺에 의지하여 연기와 횃불외에 신호전달의 보조수단으로 활용되었던 비품이었다. 그러나, 이들 화살과 깃발 및 악기 등이 실제 어떻게 운용되었는지의 여부는 자세하지가 않다. 다음의 [표Ⅲ-5]는 비치물목이 지지에 기록되어 있는 10기 봉수 약 80여종의 물품 중 信號傳達備品 14종을 표로 작성한 것이다.

[표Ⅲ-5]를 통해 신호전달비품을 분석하면 첫째, 가장 많이 비치하고 있었던 신호전달비품은 唐火箭·唐大箭·불화살[火箭]([표Ⅲ-4]의 ①) 등의 화살류이다. 용도상 주로 시각에 의존하였던 비품이다. 용도는 雲霧나 雨天 등의 기상 여건으로 횃불이나 연기에 의한 정상적인 신호전달이 불가할 때 사용되었을 것으로 여겨진다. 경상도 소재 7기의 봉수에서 공통적으로 9자루씩 갖추고 있었다. 반면, 전라도 소재 3기의 봉수에서는 단 1개의 화살류도 갖추고 있지 않았던 차이가 있다.

둘째, 白旗·大旗·大白旗 등의 깃발 1面씩은 주로 주간에 시각에 의존하였던 비품이다. 해남 달마산봉수와 무안 해제봉수를 제외한 7기의 봉수에서 확인된다. 이외에도 上方高超旗·五色表旗·五方神旗 등의 특수한 깃발이 사용되었으나, 함안 파산봉수·무안 해제봉수는 깃발류를 비치하지 않고 있었다.

셋째, 북[鼓]([표Ⅲ-4]의 ③)은 크기별로 小鼓·中鼓 등으로 구분되어 경상도 소재 위천·부로산·남목봉수와 전라도 소재 달마산 등 4기의 봉수에서 구비하고 있었던 악기이다. 특히, 달마산봉수는 북[鼓]과 중간크기의 북[中鼓] 등 2坐를 갖추고 있어 별도의 신호전달을 위한 수단으로 북을 용도에 맞게 사용하였던 것으로 여겨진다. 용도상 청각에 의존하여 사용되었던 악기인 만큼 필요시 주·야 구분없이 활용되었을 것이다.

넷째, 징[鉦]([표Ⅲ-4]의 ②)은 북과 함께 軍中에서 신호용으로 많이 쓰인 악기이다. 재질에 따라 꽹가리[錚], 놋꽹가리[鍮錚] 등으로 구분되어 경상도 위천·남목봉수, 전라도 달마산 등 3기의 봉수에서 각각 1坐씩 구비하고 있었다.

다섯째, 나팔은 파산봉수와 옹산봉수를 제외한 8기의 봉수에서 각각 1雙 혹은 1木이나 1箇씩 구비하고 있었던 악기이다. 재질에 따라 뿔[角]·대나무[竹] 등으로 구분된다. 이중 뿔나팔[戰角]이 경상도 내 6기의 봉수에서 기록되어 있는 것을 통해 신호전달시 가장 일반적으로 사용되었다.

[표III-4] 봉수 신호전달용 비품

| ① 불화살(火箭) | ② 징[鉦] | ③ 북[鼓] |

이상으로 조선후기에는 봉수마다 신호전달 수단으로 화살[箭]·깃발[旗] 외에 북[鼓], 징[鉦], 꽹가리[錚], 喇叭[戰角·竹吹螺] 등의 악기를 각 봉수마다 형편에 맞게 비치하고 있었다. 이중 경상도 위천·남목, 전라도 달마산 등 3기의 봉수는 5종의 비품을 균형있게 갖추고 있었다. 반면, 나머지 5기의 봉수는 극히 제한적으로 갖추고 있었다.

[표III-5] 지지의 봉수 신호전달비품 일람표

區分	內容	單位	渭川 烽燧	金城山 烽燧	夫老山 烽燧	南木 烽燧	巴山 烽燧	高城山 烽燧	所山 烽燧	達麻山 烽燧	瓮山 烽燧	海際 烽燧
信號傳	唐火箭·唐大箭	箇·柄·介	9箇	9柄	9柄	9介		9箇	9箇			
	불화살(火箭)	箇·柄·介	9箇	9柄	9柄	9介	9箇	9箇	9箇			
	白旗·大旗·大白旗	面	1	1	1	1		1	1		1	
	上方高超旗	面				5						
	五色表旗·五方神旗	面	5		5					5		
	북(鼓)	坐			1					1		
	작은 북(小鼓)	坐	1			1						

達備品	악기	단위								
	중간크기 북(中鼓)	坐							1	
	징(鉦)	坐			1					
	꽹가리(錚)	坐							1	
	놋꽹가리(鑼錚)		1							
	나팔(喇叭)	雙							1	
	뿔나팔(戰角)	木	1	1	1	1		1	1	
	대나무나팔(竹吹螺)	箇								1

　표에서 보듯이 화살·깃발류는 각 봉수마다 必須備品으로 구비되어 있었다. 반면, 북·징·나팔 등의 악기류 3종은 경상도내 위천·남목, 전라도내 달마산 등 3기를 제외한 각 봉수마다 선택적으로 갖추고 있었다. 이중 함안 파산,무안용산 등 2기는 단, 한 종류의 악기도 구비하지 않은 채 화살[箭]이나 깃발[旗]에 의지한 보조적인 신호전달비품만을 구비하고 있었다.

4) 生活·住居施設과 物目

　생활·주거시설은 조선시대 봉수에서 상시로 番을 섰던 봉수군의 일상생활과 밀접한 관련이 있다. 조선후기 발간의 지지에 기록된 생활시설 및 비품은 약 35종 가량으로 이를 항목별로 정리하면 [표Ⅲ-6]과 같다.

　[표Ⅲ-6]을 검토하면 비상시를 대비하여 봉수마다 1石[13]에서 10石까지 비축하고 있었던 쌀[待變粮米]외에 밥솥[食鼎]·가마솥[釜子]·수저[匙子]·沙鉢 등의 취사비품과 물통[水曹]·물독[水瓮·水缸]·표주박[瓢子] 등의 음수용 비품 및 난방을 위한 화로[爐口]를 갖추고 있었다. 또한, 근무

---

13) 달리 섬으로 통용. 容量의 단위로서 한 말의 열 갑절. 1石[섬]은 즉 10말

시 風雨와 寒暑를 피하고 宿食을 하기 위한 기와집[瓦家]·초가집[草家]외에 곳집[庫司]·임시가옥[假家] 등의 창고나 임시가옥을 갖추고 있었다.

이렇게 생활과 관련된 시설 및 비품은 함안 파산봉수와 전라도내 3기 봉수의 경우 밥솥[食鼎]·작은솥[小鼎]·가마솥[釜子]·물독[水瓮·水缸]·나무통[木桶]·화로[爐口] 등 총 6종을 제외하면 극소량이어서 검토 대상에서 제외하였다. 따라서 비교적 다수의 시설 및 비품을 갖추고 있었던 나머지 6기를 중심으로 검토하고자 한다. [表Ⅲ-6]을 보면 각 봉수별로 공통적으로 갖추고 있었거나, 특정 봉수에만 갖추고 있었던 비품이 확인 된다. 즉, 비상시쌀[待變粮米]·솥[鼎]·수저[匙子]·밥그릇[沙鉢]·거는 표주박[懸瓢子]·풀자리[草石]·빈 가마니[空石]·화로[爐口] 등 8종의 비품 은 6기 봉수에서 공통적으로 갖추고 있었다. 그러나, 나머지는 봉수마다 구비여건이 상이하였다.

특히, 취사에 절대적으로 필요하였던 솥[鼎](사진Ⅲ-8·9)은 유일하게 10기의 모든 봉수에서 확인되는 필수비품이었다. 이는 봉수군이 봉수에 상주하면서 실제 솥을 사용한 取食을 하였다는 증거이다.[14] 이러한 솥은 크기와 용도상 밥솥[食鼎]·작은솥[小鼎]·가마솥[釜子] 등으로 구분된다. 이중 가마솥은 용도상 밥을 짓거나 물을 끓이는데 사용되는 취사용구이 다. 따라서 위천·금성산·고성산·소산·해제 등 5기의 봉수는 밥솥과 가마솥을 각각 1개씩 2개를 비치하고 있었다. 이를통해 해당 봉수군의 식 사형태를 짐작할 수 있다. 반면, 해남 달마산봉수는 작은 솥 2개만을 비치 하였던 것으로 보아 경상도 소재 봉수보다는 적은 인원이 봉수의 번을 섰 음을 알 수 있다.

조선후기 봉수에 상주하면서 교대로 番을 섰던 봉수군 인원은 수저[匙

---

14) 지지의 기록과 부합되는 사실로 필자는 부산 鷄鳴山烽燧 건물지에서 솥편을 채집한 바 있다.

사진Ⅲ-8. 솥[鼎]조각(부산 계명산봉수)　　사진Ⅲ-9. 솥[鼎](서울 남산 한옥촌)

子]15) · 沙鉢 · 물독[水瓮 · 水矼] · 표주박[(懸)瓢子] 등의 개인 생활비품 수를 통해 알 수 있다. 즉, 이들 비품의 단위가 5인 것을 통해 조선후기 각 봉수마다 번을 섰던 인원은 5人이었음을 뚜렷이 알 수 있다. 즉, 매 봉수마다 5日씩 월 6番 교대로 번을 섯던 5인의 봉수군은 교대로 매일 본연의 임무인 거화외에 방호 및 소모성 거화재료를 항시 비축하고 있어야만 했다. 아울러 번을 서는 동안에는 가족과 떨어진 채 극변초면의 해안가 혹은 육지 내륙의 산중에서 공동으로 取食을 하였음을 이들 비품을 통해 알 수 있다.

　　또한, 봉수군의 생활시설 중 가장 중요한 것은 기와집[瓦家] · 초가집[草家] 등의 가옥이다. 또한, 임시가옥[假家]외에 곳집[庫司] · 장대기와집[將臺瓦家] 등의 시설이 필요하였다. 종류와 규모에 따라 상대적인 봉수의 중요성과 규모를 알 수 있다. 용도별로는 경상도내 6기의 봉수에서 확인할 수 있다. [표Ⅲ-7]을 통해 2종 이상의 가옥이 있었던 봉수는 2기로서 위

---

15) 충주 周井山烽燧의 발굴조사를 통해 한 점이 출토되어 보고된 바 있다. 놋숟가락으로 자루와 감잎 모양의 혀 일부가 결실되었으며, 부식이 심하다. 사용에 의하여 감잎 모양의 혀가 마모되었으며, 마모 흔적으로 보아 오른손 잡이에 의해 사용된 것으로 보았다.
忠北大學校 湖西文化硏究所, 『忠州 周井山烽燧臺 發掘調査報告書』, 1997, p.51.

천봉수의 곳집[庫司]·기와집[瓦家], 금성산봉수의 초가집[草家]·임시가옥[假家] 등이다. 이를 통해 위천봉수는 기와집외에 별도로 2칸 규모의 곳집[庫司]을 둘 정도로 창고기능이 강조되었던 봉수이다. 반면, 금성산봉수는 각각 2칸 규모의 초가집[草家]과 임시가옥[假家]을 통해 항구적인 생활여건이 미비하였던 것으로 파악된다. 이외에도 남목봉수는 군사요새지에 쌓았던 장수의 지휘대인 將臺에 3칸 규모의 기와집[瓦家] 외에 [表III-3]에서 방호시설로 분류한 활집[弓家] 5件을 별도로 마련하고 있었다. 이를통해 타 봉수보다도 위험성이 컷던 만큼 요망과 방호기능을 중시하였음을 알 수 있다.

한편, 기와집[瓦家]은 위천·부로산·고성산·소산 등 4기의 봉수에서 확인된다. 특히, 조선시대 제2거 간봉노선의 내지봉수로서 김천 고성산·소산 등 2기의 봉수에서 확인되는 기와집 6칸의 존재가 주목된다. 왜냐하면 이렇게 큰 규모의 가옥은 연변봉수에 비해 상대적으로 위험이 적은 내지봉수에서 지나치게 큰 규모이기 때문이다. 또한, 개인 생활비품 수를 통해 근무인원이 5人이었던 것을 감안하면 가옥의 일부는 봉수의 거화·신호전달·방호(화) 및 생활과 관련한 각종 비품을 보관하기 위한 용도로 활용되었을 것이다. 따라서 부로산봉수 기와집 4칸의 규모는 일부 봉수군의 생활시설로 쓰였지만, 일부는 각종 비품을 보관하기 위한 창고기능으로 활용되었을 것으로 판단된다.

[표III-6] 지지의 봉수군 생활시설 및 비품 일람표

區分	內容	單位	渭川 烽燧	金城山 烽燧	夫老山 烽燧	南木 烽燧	巴山 烽燧	高城山 烽燧	所山 烽燧	達麻山 烽燧	釜山 烽燧	海際 烽燧
	비상시쌀(待變糧米)	石	1	10	1	1		1	1			
	밥솥(食鼎)	坐	1	1		1	1	1	1			1
	작은솥(小鼎)	坐								2		
	가마솥(釜子)	坐	1	1	1			1	1		1	1
	취사목(炊木)	加里				3						
	수저[匙(子)]	指·箇·分	5指	5指	5箇	7分			5箇	5箇		

구분	품목	단위									
	사발(沙鉢)	立	5	5	5	7		5	5		
	접시[接(貼)匙]	竹	1		1	1		1	1		
	버드나무 그릇(柳器)	部·面	2部	1部	1部	1面					
	버드나무 상자(柳筥)	部						1	1		
	물통(水曹)	抹·種	6抹	6抹	6種						
	물독(水瓮·水缸)	坐	5	5	5			5	5	1	
	큰 독(大瓮)	坐				2					
	작은 독(小瓮)	坐				5					
生活施設 및 備品	나무통[木(桶·槽)]	坐·箇				5坐			7箇		
	대나무통(竹桶)	介				5					
	큰통(大桶)	箇						5	5		
	거는표주박(懸瓢子)	箇	5	5	5	5		5	5		
	표주박(瓢子)	介				5		5	5		
	우물(井)	坐				1					
	대야(盤)	立	5			5					
	작은 대야(小盤)	介				7		5	5		
	말구유(馬槽)	坐				5					
	구유통(槽桶)	坐	5	5	5						
	궤짝(櫃)	坐				1					
	가는 새끼줄(細繩)	沙里				1					
	풀자리(草席)	立	5	2	2	2		2	2		
	빈가마니(空石)	立	10	5	5	7		5	5		
	화로(爐口)	坐	1	1	1	1	1	5	5		
	곳집(庫舍)	間	2								
	장대기와집(將臺瓦家)	間				3					
	기와집(瓦家)	間	2		4			6	6		
	초가(草家)	間		2							
	가가(假家)	間		2							
	봉대(烽臺)	間								4	4

2. 標記樣式

본 절에서는 조선후기까지 잔존하고 있었던 봉수의 구조·형태가 위지지의 기록과 달리 古地圖에는 어떤 형태로 표기되고 있었을까에 초점을 맞추어 접근하고자 한다. 따라서 조선후기 발간『海東地圖』·『輿地圖書』·朝鮮後記 地方地圖의 다양한 표기양식을 통해 봉수의 구조·형태에 대한 실체적인 접근을 시도하고자 한다. 또한, 표기양식의 차이점과 유사점을 검토함으로써 그것이 갖는 의미를 검토하고자 한다.

여기에는 봉수군의 생활과 밀접한 관련이 있는 家屋(瓦家·草家), 내지·연변봉수의 주요 거화시설인 煙竈·煙窟·煙臺·煙筒, 봉수 신호의 수단으로 활용되었던 깃발[旗]·長臺, 봉수가 위치한 곳이 성곽 내이거나 요새지일 경우 城郭·要塞·菊花, 봉수에서 불이 피어 오르는 모습을 형상화 한 불꽃·촛불과 단순히 산정에 위치한 봉수의 표기를 원형·방형·冂·凸형으로 단순화 하거나, 봉수명만 기입한 경우 등 약 20여가지 형태로 구분된다. 또한, 이들 여러 요인들은 봉수 표기시 단 한가지 형태로 표현되거나 서로 관련 있는 여러 요인들이 복합되어 표현되기도 하였다. 그러므로 이들 고지도에 표기된 봉수의 형태가 실제 잔존모습과 어느 정도 유사성이 있지만, 전혀 다른 경우도 있다. 이러한 원인은 지도를 제작한 畵工마다 봉수의 가장 일반적이고 특징적인 속성을 단순화시켜 표현하는 과정에서 생긴 것이다. 또한, 그 과정에서 일부 봉수는 아예 추상적인 도안 형태로 표기되었다.

연구사적으로 이러한 시도는 이전의 文獻記錄만을 중시하였던 연구방법론에 古地圖를 접목시킴으로써 봉수연구의 진척이 기대된다.[16] 따라서 고지도에 표현된 표기양식의 고찰을 통해 실제 답사가 곤란하거나 한정된 문헌기록을 보충하여 이 방면의 연구를 진척시킬 수 있는 계기가 될 것으

---

16) 봉수 연구에 고지도를 접목시킨 연구는 다음과 같이 제한적이다.

　　金周洪,「北韓의 烽燧(Ⅰ)」,『비무장지대 도라산유적』, 京畿道博物館 외, 2003, pp.461~466.
　　＿＿＿,「朝鮮後期 地方地圖의 烽燧標記」,『先史와 古代』, 韓國古代學會, 2010, pp.337~358.
　　나동욱,「慶南地域의 烽燧」,『울산관방유적(봉수)』, 울산문화재 보존연구회, 2003, pp.84~85.

로 여긴다.

1) 海東地圖

⑴ 概要

『海東地圖』는 370종의 지도를 8첩에 수록한 군현지도집이다. 도별로
작성된 원본을 일차 정서한 지도로 보이며 전체 지도가 공통점을 가지고
있으면서도, 채색과 산지의 표현 등 지도를 그린 기법, 주기의 내용과 형
식 등이 도별로 다르다. 아울러 제작 시기나 제작 과정, 제작자 등이 명시
되어 있지 않으나 개략 18세기 중엽에 편찬된 것으로 추정된다.[17]

여기에는 경기 · 충청 · 경상 · 전라 · 황해 · 강원 · 함경 · 평안도 등 8
도의 각 군 · 현별로 600기가 넘는 많은 烽燧가 烽臺 · 煙臺 명칭으로 표기
되어 있다. 표기양식상 家屋 · 煙臺 · 깃발[旗] · 城郭 · 촛불형외에 봉수가
위치한 산정에 봉수명만 기입한 총 6가지의 단순한 형태이다. 이중 가
옥 · 성곽형은 드물게 확인되며, 깃발 · 연대 · 촛불형이 대부분이다. 세부
적으로 가옥형은 순수하게 가옥만 표기한 형태와 깃발을 첨가한 가옥+깃
발형의 두가지 형태로 구분되며, 성곽 · 연대형의 경우도 가옥형과 같은
사례로 표기되어 있다.

이러한 총 6가지 10형태의 표기는 이후 발간된 『輿地圖書』(1765)와 조
선후기 고종대에 지방 각 군 · 현에서 제작하여 중앙으로 올린 지방지도에
비하면 단순하다. 본고에서는 『해동지도』의 각종 봉수 표기형태를 분류
하여 대표적인 봉수를 소개한 후 의미를 검토하고자 한다.

---

17) 楊普景, 「郡縣地圖의 발달과 『海東地圖』」, 『海東地圖』解說 · 索引, 서울大學校 奎章閣,
　　1995, pp.68~70.

(2) 烽燧標記形態

●家屋形[표Ⅲ-7. 1~3]

가옥형은 봉수가 위치하는 산정 혹은 산중에 瓦家나 草家로 표현된 형태이다. 『해동지도』에는 일률적으로 와가로 표현되어 있다. 이 형태는 봉수군의 생활시설이었던 가옥의 기능을 중요시하여 표현한 형태이다. 표기형태는 가옥만 표기한 것과 가옥 옆에 봉수 신호전달의 보조수단으로 활용되었던 깃발을 추가로 표기한 가옥+깃발형의 두 형태가 있다.

먼저, 가옥형의 사례는 『해동지도』에 斗聖山 혹은 小金剛山이라 지칭된 圓寂山의 가지능선 정상에 가옥을 표기한 양산군 渭川烽燧, 산중턱에 표기한 남포현 玉眉峯烽燧 등이다. 이 두 봉수는 실제 조사를 통해 건물지가 조사되었거나 잔존하고 있다. 따라서 『해동지도』에 표기된 형태와 실제 잔존 유지가 일치하는 경우이다.

다음, 가옥+깃발형은 봉수가 위치하는 산정에 봉수의 표기를 가옥과 적색의 깃발로 동시에 표현한 형태이다. 사례는 황해도 김천군 古城山烽燧[18]가 유일하다. 표기형태상 하천과 인접한 산정상 瓦家 옆에 깃발이 좌측으로 날리는 모습을 표현하였다.

●烟臺形[표Ⅲ-7. 4~6]

연대형은 봉수가 위치하는 산정에 석축 연대로 표현된 형태이다. 표기 사례는 연대만 표기하거나 연대 상부 중앙부에 적색의 깃발을 꽂아 놓은 연대+깃발형의 두 형태가 있다.

연대형의 사례는 강화도 大母山烽燧이다. 종으로 "大母山"이라 기입

---

18) 江界 餘屯臺에서 초기하는 제3거 직봉의 봉수이다. 북으로 평산부 南山烽燧, 남으로 개성부 송악산 國師堂烽燧에 응하였다.

된 산정에 연대형으로 표현되어 있다. 봉수는 인천시 강화군 불은면 신현리의 해발 84.2m인 大母山 정상에 위치하는 제5거 직봉의 연변봉수이다. 초축시기는 조선전기 이전이며 대응봉수는 동쪽의 김포 守安山烽燧와 서쪽의 강화 鎭江山烽燧에 응하였다. 현재 산 정상에 높이 1.6m 가량 토·석 혼축의 연대가 남아있다. 상부는 삭평되어 원형을 띠며, 연대 하단부에는 호를 마련하였다. 따라서『해동지도』에 표기된 형태와 실제 잔존형태가 어느정도 일치하는 경우이다.

연대＋깃발형의 사례는 교동부 華盖山烽燧, 진도군 女貴山烽臺·屈浦烟臺·上堂串烟臺·沙九味烟臺 등이다. 이중 화개산봉수는 성곽＋연대형과 같이 다양한 형태로 표현되고 있다. 산정의 연대 상부 중앙에는 바람에 펄럭이는 깃발이 꽂혀 있는 형태이다. 나머지는 노선과 성격상 제5거 간봉의 연변봉수이다. 조선후기 축조 3기의 연대가 해안가에 일렬로 나란히 위치하여 직봉인 女貴山烽燧에 신호를 전달하는 보조기능의 봉수로서 역할을 하였음을 보여주는 특이한 표현이다.

● 깃발[旗]形[표Ⅲ-7. 7]

깃발형은 산정상에 적색의 깃발 모양으로 단순하게 표현된 형태이다. 『해동지도』에 봉수를 상징하는 특징적인 형태로 다수 표기된 깃발은 조선전 시기에 봉수의 주요 信號傳達備品으로 규정되어 필수적으로 갖추고 있었던 비품이다. 조선후기 발간의 지지에는 白旗[19)]·大旗[20)]·大白旗[21)]·上方高超旗[22)]·五色表旗[23)]·五方神旗[24)] 등의 각종 깃발이 1面에서 5面

---

19)『興地圖書』下(補遺), 慶尙道 梁山郡邑誌 烽燧 渭川烽燧의 白旗 1面
20)『興地圖書』下(補遺), 慶尙道 三嘉縣邑誌 烽燧 金城烽燧의 大旗 1面
21)『獻山誌』, 「彦陽本縣誌」 烽燧汴物 夫老山烽燧의 大白旗 1面 및『慶尙道邑誌』第8册, 「金山邑誌 烽燧 高城山·所山烽燧의 白大旗 1面
22)『南木烽燧別將書目』, 南木烽燧의 白大旗 1面, 上方高超旗 5面

씩 기록되어 있다. 歷史的으로 깃발은 조선전기인 世宗 14년(1432) 6월 북방여진의 방어책으로 함길도 도순찰사 鄭欽之의 건의에 의해 채택되었다. 慶源·石幕 上院平 성터 이북과 남쪽의 龍城에 이르는 곳에 煙臺 17개소를 설치하여 煙火를 마주보며 포성을 서로 듣게 하고 연대 한 곳마다 火㷁㷁習人 1명, 봉수군 3명을 두어 간수하게 하였다. 또, 信砲 2~3개, 大發火 4~5자루, 白大旗 등의 비품을 준비해 두었다가 적변이 일어나면 낮에는 연기를 올리고 밤에는 횃불을 들며 또 신포를 쏘아 서로 호응하며 백대기를 장대에 달아 편의한 방법으로 적변을 알리게 하였다[25]는 기록을 통해 일찍부터 신호전달의 보조수단으로 비치 및 사용되었다.

또한, 조선후기인 宣祖 30年(1597) 盧稷의 진언에 "驪州 이하 강가에는 도체찰사가 작은 둔덕을 만들고 그 위에 장대를 세워, 밤에는 등을 달아 서로 응하게 하고 낮에는 깃발을 올려 서로 보이게 하였는데, 급보가 있을 때는 신속히 전달할 수 있습니다."[26]는 기록을 통해 당시 봉수와 유사한 기능을 갖춘 소규모의 전보통신 시설에 깃발이 유용하게 사용되었음을 알 수 있다. 따라서 이 깃발은 신호전달시 주로 視覺에 의지해야 했으므로 晝間에 사용되었다.

깃발형의 사례는 내지봉수인 양천현 開華山烽燧, 교하군 黔丹山烽燧 외 다수 연변봉수에서 확인된다. 따라서 깃발형은 내지·연변봉수에서 공통적으로 표기된 형태이다.

23) 『輿地圖書』下(補遺), 慶尙道 梁山郡邑誌 烽燧 渭川烽燧의 五色表旗 5面 및 『獻山誌』「彦陽本縣誌」烽燧汴物 夫老山烽燧의 五色表旗 5面
24) 『湖南邑誌』第10冊,「靈巖郡邑誌」軍器 烽臺軍器의 達摩山烽燧 五方神旗 5面
25) 『世宗實錄』卷56, 14年 6月 癸巳
26) 『宣祖實錄』卷85, 宣祖 30年 2月 丙戌

●城郭形[표Ⅲ-7. 8~12]

성곽형은 봉수가 산성내에 위치하는 경우 성곽을 강조하여 표현한 형태이며 사례는 많지 않다. 표기 사례는 성곽만 표기하거나 성곽 옆에 깃발이 첨가된 성곽+깃발형 및 성곽 내에 연대가 위치하는 성곽+연대형의 세 형태가 있다.

성곽형 표기의 사례는 인천부 文鶴山城烽燧[27], 이산현 魯城山烽燧[28] 등이다. 성곽형태는 산정 혹은 산아래를 석축으로 돌린 테뫼식(혹은 山頂式)이다. 문학산성봉수는 산아래에 성곽을 표기하고 횡으로 봉수명칭을 기입하였다. 노성산봉수는 산 전체에 성곽을 표기하고 산정 좌측에 횡으로 古城, 우측에 종으로 "烽臺"라 기입하였다. 1995년 公州大學校 博物館에서 산성조사의 일환으로 烟竈와 출입문터에 대한 발굴조사를 통해 개략적인 규모가 확인되었다.[29]

성곽+깃발형은 성곽과 신호전달 수단인 깃발이 동시에 표현된 형태이다. 봉수의 기능보다는 성곽을 강조하여 표현한 형태이다. 『해동지도』에서 유일하며, 평안도 의주부 統軍亭烽燧, 평안도 태천현 籠吾里烽燧 등 한반도 북부지역의 봉수에서 소수 확인된다. 표기 형태상 통군정봉수는 성곽처럼 요새화된 읍치내에 깃발형으로 표현하였다. 봉수가 위치한 의주는 당시 鴨綠江을 경계로 淸과 인접하고 있었던 국경요새지였다. 노선상 강계 餘屯臺에서 초기하는 제3거 직봉으로 乾川堡 石階烽燧에서 보내

---

27) 인천시 남구 문학동의 해발 213m인 문학산 정상 文鶴山城 내에 있었던 제5거 직봉의 沿邊烽燧이다. 초축시기는 조선전기 이전이며 대응봉수는 남쪽 시흥 五叱哀(→正往山)烽燧와 북쪽 인천 杻串烽燧에 응하였다.

28) 충남 논산시 노성면 송당리의 해발 348m인 산정의 노성산성 將臺址에서 남쪽으로 35m 떨어진 동벽 가까이에 있다. 초축시기는 『新增東國輿地勝覽』의 발간시점을 전후한 조선전기이다. 대응봉수는 남쪽의 논산 皇華臺烽燧와 북쪽의 공주 月城山烽燧에 응하였다.

29) 公州大學校博物館, 『魯城山城』, 1995, pp.103~105.

는 신호를 받아 남쪽의 白馬山城烽에 응하였다. 농오리봉수는 산정 성곽형으로 표기된 산성 좌측에 적색으로 깃발 표기를 하였으며 종으로 봉수명칭과 대응봉수를 기입하였다. 노선상 제3거 간봉(2)에 속하여 북으로 龜城府 古城烽에 응하고 동으로 寧邊府 栗峴烽에 응하였다.[30] 北韓의 학계에서는 고구려때의 것으로 고려때에도 써오던 것을 조선초까지도 이용하고 있던 봉수로 보고 있다.[31]

성곽+연대형은 산하에 띠를 두른 것과 같이 성곽을 표기하고 산정에 석축 연대를 동시에 표기한 형태이다. 『해동지도』에서 유일하며 강화도 華盖山烽燧에서 확인할 수 있다. 해중의 섬내에 축조한 테뫼식의 화개산성이 있는 화개산 정상 석축의 연대 위에 종으로 "烽臺"라 기입하였으며 산명과 산성을 기입하였다.

●촛불형[표Ⅲ-7. 13 · 14]

촛불형은 봉수가 위치하는 산정 혹은 산중에 촛불처럼 표현된 형태이다. 봉수가 거화하고 있는 모습을 촛불로 상징화하여 표기하였다. 이후 발간된 고지도에서 공통적으로 확인된다. 이 형태의 사례인 양성현 塊台串烽燧[32]는 위치를 산 정상에 표현하였으며, 풍덕부 德積山烽燧[33]는 산중에 표현하여 놓았다. 이를 통해 당시 봉수의 위치를 추정하여 볼 수 있으

---

30) 『海東地圖』에 표기된 내용과 달리 『世宗實錄』지리지에는 평안도 태천군 소재 농오리산성 내 소재의 봉화로서 북으로 朔州 古城頭, 남으로 古撫山 栗古介에 응한다고 하였다. 이후 발간의 『新增東國輿地勝覽』에는 서로 龜城府 古城, 동으로 寧邊府 栗古介에 응한다고 하여 이후 노선의 변동이 없이 계속 유지되었다.

31) 리종선, 「고려시기의 봉수에 대하여」, 『력사과학』제4호, 과학백과사전출판사, 1985, p.27.

32) 경기도 평택시 포승면 원정리의 남양만에 인접한 해발 83m의 구릉정상에 있다. 노선과 성격상 제5거 직봉의 沿邊烽燧이다. 대응봉수는 조선초기 남쪽의 면천 明海山烽燧와 북쪽의 화성 興天山烽燧에 응하였다. 중기에는 간봉인 면천 倉宅串烽燧와 직봉인 직산 望海山烽燧가 이곳에서 합쳐저 다시 화성 홍천산봉수에 응하였다.

1. 家屋形 ①(경상도 양산군)	2. 家屋形 ②(충청도 남포현)
3. 家屋+깃발형(황해도 금천군)	4. 煙臺形(강화도)
5. 煙臺+깃발形 ①(교동부)	6. 煙臺+깃발形 ②(전라도 진도군)
7. 깃발형(경기도 양천현)	8. 城郭形 ①(경기도 인천부)

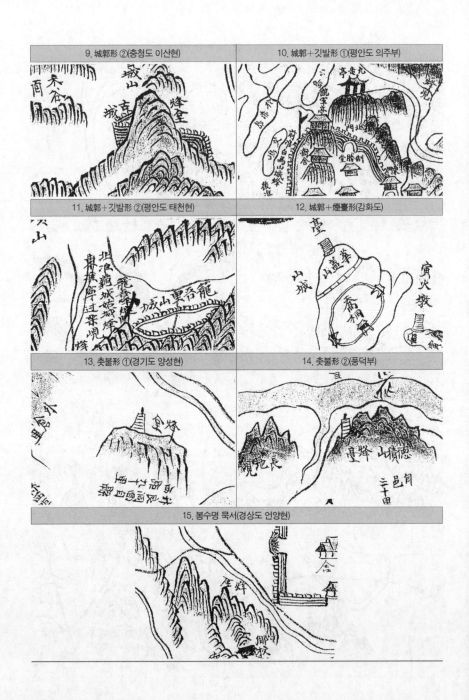

9. 城郭形 ②(충청도 이산현)

10. 城郭+깃발形 ①(평안도 의주부)

11. 城郭+깃발形 ②(평안도 태천현)

12. 城郭+煙臺形(강화도)

13. 촛불形 ①(경기도 양성현)

14. 촛불形 ②(풍덕부)

15. 봉수명 묵서(경상도 언양현)

나, 현재 잔존형태와는 매우 다른 모습이다.

● 烽燧名 記入[표Ⅲ-7. 15]

마지막으로 어떤 특정한 형태의 표현이 없이 단순히 봉수가 위치하였던 산정상에 烽臺라 하여 봉수명만 기입하는 사례이다. 이후 발간된 고지도에서 공통적으로 다수 확인된다. 이러한 사례는 언양현 夫老山烽燧[34]에서 확인 할 수 있다.

2) 輿地圖書

(1) 개요

『輿地圖書』는 英祖 33年(1757)과 34년 사이에 각 읍에서 편찬한 읍지를 모아 개수하여 全 55책으로 成册한 것이다. 즉, 輿地圖(각읍지도)와 書(각읍읍지)로 이루어진 全國地理誌임을 뜻한다.

『여지도서』의 봉수 표기양식은 家屋·煙竈·煙臺·깃발[旗]·長臺·城郭·要塞·菊花·불꽃·촛불·圓形·冖形·凸形·봉수명만 墨書한 총 14가지이다. 아울러 이들 표기양식은 관련있는 여러 요인들이 복합되어 총 21가지의 세부형태로 구분된다. 이중『여지도서』에서 새로 확인되

---

33) 개성직할시 판문군 삼봉리의 해발 284.8m인 德物山 정상에 있다. 고려시대 수도 개경을 방어하기 위해 축조한 山城내에 있는 봉수이다. 노선상 義州 古靜州에서 초기하는 제4거 직봉의 봉수이다. 대응봉수는 松嶽 城隍山와 交河 兄弟峰에 응하였다.

34) 울산시 울주군 산남면 교동리의 烽火山(391.7m) 정상에 있다. 초축시기는 조선전기『慶尙道續撰地理誌』(1469)의 발간시점을 전후한 15세기 중엽 전후이다. 노선과 성격상 제2거 직봉의 內地烽燧이다. 대응봉수는 남쪽의 양산 渭川烽燧와 북쪽의 울산 蘇山烽燧에 응하였다.

는 양식은 煙竈 · 長臺 · 要塞 · 菊花 · 圓形 · ∏形 · 凸形의 일곱가지이다.

세부적으로 家屋形은 瓦家와 草家로 구분되며 위치에 따라 山頂 · 山中 · 山下로 구분된다. 또한, 산정의 가옥 옆에 거화시설인 연조를 표기한 가옥+연조형, 촛불을 표기한 가옥+촛불형으로 구분된다. 도별로는 충청 · 경상 · 전라도 등 한반도 남부지역의 봉수에서 확인되는 표기양식이다.

煙竈形은 봉수에 따라 연조가 3개 혹은 5개 등으로 표기양식에 있어 수량의 차이가 있다. 왜 이렇듯 수량의 차이를 두어 표기했는지는 자세히 알 수 없다. 도별로는 경상도의 내지 · 연변봉수에서 소수 확인된다.

煙臺形은 봉수가 위치한 산정에 연대만을 표기하거나, 연대에서 불꽃이 피어오르는 연대+불꽃형으로 구분된다. 도별로 한반도 남부와 북부지역 소재의 봉수에 공통적으로 표기된 양식이다.

城郭形은 성곽만을 표기하거나 성곽내에서 불꽃이 피어오르는 성곽+불꽃형, 성곽 상부에 원을 표기한 성곽+원형으로 구분된다. 도별로 경상도 봉수에만 보이는 표기양식이다.

불꽃형은 불꽃 모양을 가늘고 길거나 두텁게 표현하는 등의 차이가 있다. 이는 봉수의 실제 구조 · 형태와는 무관하게 거화모습을 단순하게 추상적으로 표현한 양식이다.

要塞 · 菊花形은 도별로 황해도 · 함경도 내 소수 봉수에서만 확인되는 양식이다. 이는 국방상 요새지에 위치하였던 봉수를 상징화한 의미로 여겨진다.

따라서 [표III-8]은 『輿地圖書』에 표현된 봉수의 표기형태를 道別로 작성한 것이다. 표를 보면 京畿道가 연대 · 촛불 · ∏봉수명 기입, 忠淸道가 가옥(와가) · 연대 · 불꽃 · 촛불 · 원 · ∏ · 凸 · 봉수명 기입, 慶尙道가 가옥 · 연조 · 연대 · 깃발 · 장대 · 성곽 · 불꽃 · 촛불 · 원 · ∏ · 봉수명 기입, 全羅道가 가옥 · 연대 · 봉수명 기입, 平安道가 연대 · 촛불 · 봉수명 기입, 黃海道가 연조 · 연대 · 요새 · 국화 · 촛불 · 봉수명 기입, 咸鏡道가 연대 · 깃발 · 국화 · 촛불 · 원 · 봉수명 기입 등이다.

이를통해 경상도의 봉수가 11가지의 가장 다양한 형태로 표현되어 있음을 알 수 있다. 이는 현재 경상 남해안에 분포하는 봉수의 다양한 형태를 보아서도 충분히 이해되는 사실이다.[35]

본고에서는 『여지도서』에 표기된 각종 봉수를 형태별로 분류하여 각 사례별 봉수를 소개하고자 한다. 이를 통해 앞서 발간된 『해동지도』와의 비교검토를 통해 지도에 표기된 봉수의 형태와 실제 잔존하고 있는 봉수의 관련유지를 통해 차이점과 유사점을 상호 비교하고자 한다.

[표Ⅲ-8] 여지도서의 도별 봉수표기형태

區分	家屋			煙竈		煙臺		깃발(旗)	長臺	城郭			要塞	菊花	불꽃	촛불	圓	∏	凸	記入
	瓦家	煙竈	촛불	煙竈	家屋	煙臺	불꽃			城郭	불꽃	圓形								記入
京畿道																●				
																			●
忠淸道						●														
																		●		
						●														
																				●
														●						
																●				
	●																			
																			●	
			●																	
		●																		
													●							
							●													
	●																			
																				●
					●															
													●							

---

35) 김주홍, 「南海岸 地域의 沿邊烽燧」, 『慶南研究』創刊號, 경남발전연구원 역사문화센타, 2009, pp.179~231.

慶尙道

全羅道

平安道

黃海道

咸鏡道

(2) 烽燧標記形態

　●家屋形[표Ⅲ-9. 1~6]

　가옥형은 봉수가 위치하는 산정이나 산중 혹은 산아래에 瓦家나 草家

등으로 표현된 형태이다. 道別로는 忠淸道·慶尙道·全羅道의 봉수에서만 확인된다. 기능상 봉수군의 생활과 밀접한 관련이 있는 가옥을 중시하여 표현한 형태이다. 규모는 대부분 맞배지붕의 와가로 정면과 측면이 동일하게 1칸이거나, 정면 2칸, 측면 1칸의 규모로 단순하게 표현하였다.

표기형태는 위치에 따라 山頂·山中·山下로 구분한 형태와 산정의 가옥 옆에 거화시설인 연조 1기를 표기한 가옥+연조형, 촛불을 표기한 가옥+촛불형의 5가지 형태가 있다. 이중 가옥+연조형은『여지도서』에만 보이는 유일한 사례이다.

각 형태별 봉수의 사례로 가옥형의 산정은 고령 望山烽燧[36], 산중은 아산 鸞巖山烽燧[37], 산하는 의령 可幕山烽燧[38]이다. 이중 산중에 와가인 아산 연암산봉수는 지붕 상부의 望瓦와 기와골의 표현이 섬세하다.

다음 가옥+연조형의 황간 訥伊山烽燧[39]는 산정의 가옥 우측에 연조 1기를 나란히 표현하였다. 연조는 표현 형태로 보아 下廣上峽의 원추형인데 조선시대 연조의 모습을 추정하는데 참고가 된다.

끝으로 가옥+촛불형의 성주 伊夫老山烽燧[40]와 금산 高城山烽燧[41]는 산정의 와가 우측 혹은 뒤에서 촛불이 타고 있는 듯한 촛불모습을 길쭉하

---

36) 경북 고령군 고령읍 장기리의 해발 286.4m의 望山 정상에 있다. 노선과 성격상 거제 加羅山에서 초기하는 제2거 간봉(2)의 內地烽燧이다. 대응봉수는 서로 陜川 美崇山烽燧, 북으로 星州 伊夫老山烽燧에 응하였다.

37) 충남 아산시 음봉면 동암리와 소동리 경계인 해발 276m인 연암산 정상에 있다. 노선과 성격상 여수 防踏鎭 突山島에서 초기하는 제5거 직봉의 內地烽燧로서 초축시기는 조선 중기인 16세기 초엽을 전후한 시기이다. 대응봉수는 천안 大鶴山烽燧에서 보내는 신호를 받아 평택 望海山烽燧에 응하였다.

38) 경남 의령군 정곡면 적곡리의 가막산 서쪽 정상부인 해발 185m의 烽火山 정상부에 있다. 노선과 성격상 거제 加羅山에서 초기하는 제2거 간봉(2)의 內地烽燧이다. 대응봉수는 남으로 함안 巴山烽燧, 북으로 의령 彌陀山烽燧에 응하였다.

39) 충북 영동군 추풍령면 추풍령리 해발 743.3m인 눌이항산 정상부에 있다. 노선과 성격상 남해 錦山에서 초기하는 제2거 간봉(9)의 內地烽燧이다. 대응봉수는 남으로 김천 高城山烽燧, 북으로 所伊山烽燧에 응하였다.

게 표현하였다.

이전 시기 발간의 『해동지도』에 표기되었던 가옥+깃발형은 『여지도서』에서는 확인되지 않는다.

● 煙竈形[표Ⅲ-9. 7~8]

연조형은 봉수가 위치하는 산정에 연조 모양으로 표현한 형태로 거화 기능을 강조한 양식이다. 道別로는 忠淸道·慶尙道·黃海道의 소수 봉수에서만 확인된다. 연조는 내지·연변봉수에서 햇불이나 연기를 이용하여 매일 평상시의 1거나 전란과 같은 비상시 5거의 거화를 위한 중요 시설이다. 『여지도서』에서 처음 나타나는 표기형태이며 사례가 많지 않다. 소수지만 표현상 내지·연변봉수에 공통적으로 표기되어 있다.

연조형 봉수표기의 사례는 장기현 福吉烽燧[42]처럼 연조가 3기만 표기되거나, 칠원현 安谷山烽燧[43]처럼 5기로 표기되는 등 차이가 있다. 복길봉수는 성격상 沿邊烽燧인만큼 煙臺로 추정되는 시설 상부에 연조를 方形으로 작게 3기 표현하였다. 연조 좌측에는 종2열로 福吉烽燧라 기입하였다. 안곡산봉수는 성격상 內地烽燧로서 臺 위의 길쭉한 연조 5기를 촛불

---

40) 경북 고령군 운수면 신간리의 해발 551.5m인 儀鳳山 정상 의봉산성 내에 있다. 노선과 성격상 거제 加羅山에서 초기하는 제2거 간봉(2)의 內地烽燧이다. 대응봉수는 남으로 고령 望山烽燧, 북으로 성주 星山烽燧에 응하였다.

41) 경북 김천시 양천동과 부곡동의 해발 482.7m인 高城山 서북쪽에 있다. 노선과 성격상 南海 錦山에서 초기하는 제2거 간봉(9)의 내지봉수이다. 대응봉수는 남으로 지례현 龜山烽燧, 서로 영동 訥伊項烽燧에 응하였다.

42) 경북 포항시 남구 장기면 계원리에 있다. 노선과 성격상 부산 干飛烏에서 초기하는 제2거 간봉(1)의 沿邊烽燧이다. 대응봉수는 남으로 慶州 禿村烽燧, 북으로 磊城山烽燧에 응하였다.

43) 경남 함안군 칠서면 회산리의 해발 343.9m인 安國山 정상의 安谷山城내에 있다. 노선과 성격상 부산 天城堡에서 초기하는 제2거 간봉(6)의 內地烽燧이다. 대응봉수는 남으로 마산 城隍堂烽燧, 북으로 창녕 所山烽燧에 응하였다.

모양과 유사하게 표현하였다. 대 아래에는 종으로 "安谷山烽燧"라 기입
하였다.

● 煙臺形[표Ⅲ-9. 9~12]

연대형은 봉수가 위치하는 산정에 석축 연대로 표현된 형태이다. 연조
형과 마찬가지로 거화기능을 강조한 유형이다. 道別로는 京畿道·忠淸
道·慶尙道·全羅道·平安道·黃海道·咸鏡道의 다수 봉수에서 확인된
다. 연대는 변경이나 해안 연변봉수에서 횃불과 연기를 이용하여 상시적
으로 1거를 하였던 거화시설이다. 높이 3m 내외의 토축, 석축 혹은 토·
석 혼축의 인공적인 시설물로 沿邊烽燧 그 자체를 의미한다.

연대형 표기의 사례는 진도군 女貴山烽燧[44], 진주목 廣濟烽燧[45]처럼
순수하게 煙臺만 표기한 형태와, 해미현 安國山烽燧[46], 함경도 안변부 沙
峴烽[47]처럼 연대 상부에서 연기가 바람에 흩날리듯이 가느다랗고 길게
올라가는 모습을 표기한 연대+불꽃형의 두 형태가 있다. 이전 시기에 발

---

44) 전남 진도군 임회면 죽림리의 진도 남부에서 해발고도가 가장 높은 457m의 여귀산 정상
부에 있다. 노선과 성격상 여수 防踏鎭 突山島에서 초기하는 제5거 직봉의 沿邊烽燧이
다. 대응봉수는 해남 館頭山烽燧, 진도 尖察山烽燧이다. 입지상 연변봉수로서 상당히 고
지대에 위치하여 동쪽에 상당곶봉수, 서쪽에 굴라포봉수를 위에서 내려다보는 모습이며
동쪽으로는 금갑진과 사구미봉수, 남동쪽으로는 남도포진성이 위치하고 있다.
45) 경남 진주시 명석면 덕곡리의 해발 419.8m인 산정에 있다. 노선과 성격상 남해 錦山에서
초기하는 제2거 간봉(9)의 內地烽燧이다. 대응봉수는 남쪽의 진주 望晉烽燧, 북으로 산청
笠巖山烽燧에 응했다.
46) 충남 당진군 정미면 수당리의 해발 281.9m인 烽火山 정상에 있다. 노선과 성격상 옥구 花
山에서 초기하는 제5거 간봉(2)의 沿邊烽燧이다. 대응봉수는 서로 서산 北山烽燧, 북으로
당진 高山烽燧에 응했다.
47) 慶興 西水羅 牛巖에서 초기하는 제1거 직봉노선의 봉수로 달리 沙介峴烽燧로도 지칭되
었다. 대응봉수는 시기에 따라 차이가 있는데 조선전기에는 남으로 鐵嶺烽燧, 북으로 鶴
城烽燧에 응하였다. 조선후기에는 북으로 山城烽燧, 남으로 철령에 응하였다. 烽武士
100명이 배속되어 있었다.

간된『해동지도』에서 다수 보이던 烟臺+깃발형의 형태는『여지도서』에서는 확인되지 않는다.

한편,『여지도서』에 연대형으로 표기된 진주 광제봉수의 실제 형태는 內地烽燧이므로 사실과 다르게 표현된 사례이다. 아울러 진도 여귀산봉수는『해동지도』에는 연대+깃발형,『여지도서』에는 연대형으로 표기되어 표현성의 차이가 엿보인다.

● 깃발[旗]形[표Ⅲ-9. 13]

깃발형은 산정상에 깃발 모양으로 단순하게 표현된 형태이다. 앞에서 언급한 연대·연조형이 거화기능을 강조한 반면, 봉수 신호전달 수단으로서 깃발의 기능이 강조된 유형이다. 道別로는 慶尙道·咸鏡道의 소수 봉수에서 확인된다. 이전에 발간된『해동지도』에서는 봉수의 표기형태로서 다수 나타나던 형태이며, 이후 발간된 고지도에서는 확인되지 않는다.

깃발[旗]形 봉수표기의 사례는 통영 牛山烽燧[48]가 있는데 산정에 우측으로 펄럭이는 깃발 모습을 그리고 아래에 종으로 명칭을 기입했다.

● 長臺形[표Ⅲ-9. 14]

장대형은 봉수가 위치하는 산정에 길쭉한 장대 모양으로 단순하게 표현한 형태이다. 앞의 깃발[旗]형과 마찬가지로 신호전달 수단으로서의 기

---

48) 경남 통영시 도산면 수월리의 해발 325.5m인 烽火山 정상에 있다. 노선과 성격상 제2거 간봉(2)의 연변봉수이자 제4거 간봉(4)의 연변봉수가 초기하는 곳이다. 대응봉수는 초기 서쪽으로 고성 佐耳山烽燧, 북쪽으로 고성 天王岾烽燧에 응하였으나,『新增東國輿地勝覽』(1530)의 발간을 전후하여서는 기존 노선에 남쪽으로 彌勒山烽燧 노선이 추가되어 세 방면으로 응하였다. 이후 다시『慶尙道邑誌』(1832)의 발간을 전후하여서는 기존 서쪽으로 좌이산봉수에 응하던 노선이 철폐되고 남쪽으로 미륵산봉수에서 받아 북쪽으로 천왕점봉수에만 대응하는 등 노선의 변동이 심하였다.

능을 장대 모양으로 표현한 양식이다. 장대에는 주야에 깃발[旗]이나 燈을 달아 대응봉수에 신호전달을 용이하게 하기 위한 거화수단으로 마련되었다. 道別로는 慶尙道 남해현 소재의 봉수에서만 확인된다. 『여지도서』에서 유일하게 확인되는 표기양식이다.

장대형으로 표기된 남해현 錦山烽燧[49)] · 猿山烽燧[50)] 등은 실제 연대를 갖춘 沿邊烽燧임으로 사실과 다르게 표현된 사례이다. 하지만 연대외에 장대 시설도 별도 마련하여 놓았던 것으로 추정된다.

● 城郭形[표III-9. 15~18]

성곽형은 산정에 봉수의 표기를 성곽형태로 표현한 형태이다. 道別로는 慶尙道의 소수 봉수에서만 확인된다. 『여지도서』에 표현된 성곽형은 산정을 평평하게 정지한 후 마치 왕관을 쓰고 있는 것과 같은 모습이다. 이전시기 발간의 『해동지도』에는 봉수가 산성내에 실재 소재하는 경우 봉수의 기능보다는 성곽을 강조하여 표현한 형태로서 사례가 드문 편이었다. 그러나, 『여지도서』에는 [표III-9]에서 보는 것처럼 안동부 堂北山烽燧[51)] · 開目山烽燧[52)], 의흥현 甫只峴烽燧[53)]처럼 실제 봉수가 산성 내에 위

---

49) 경남 남해군 상주면 상주리의 해발 681m인 금산 정상에 있다. 노선과 성격상 제2거 간봉 (9)가 초기하는 沿邊烽燧로서 남해 臺防山烽燧에 응하였다.

50) 경남 남해군 이동면 다정리의 해발 617m인 호구산 정상에 있다. 노선과 성격상 제2거 간봉의 沿邊烽燧이다. 대응봉수는 시기에 따라 축조 초기 동으로 錦山烽燧와 남으로 所訖山烽燧에 응하였다. 후기에는 동쪽 노선은 변동이 없는 대신 서로는 본 현에만 응했다. 원산봉수가 서로 응했던 본 현은 이동면에 위치하였으며 남포현이라 불리었다.

51) 경북 봉화군 봉화읍 내성리의 해발 353.9m인 야산 정상부에 있다. 노선과 성격상 부산 多大浦 鷹峰에서 초기하는 제2거 직봉의 內地烽燧이다. 대응봉수는 동으로 봉화 龍岾山烽燧, 서로 沙郎堂烽燧에 응 하였다.

52) 경북 안동시 서후면 광평리의 해발 230m인 야산 정상에 있다. 노선과 성격상 부산 多大浦 鷹峰에서 초기하는 제2거 직봉의 內地烽燧이다. 대응봉수는 안동 南山烽燧, 북으로 禮安 祿轉山烽燧에 응하였다.

치하지 않음에도 성곽형으로 표기되어 있어 사실과 다른 형태이다.

성곽형 봉수표기의 사례는 의성현 城山烽燧[54]처럼 순수하게 성곽만 표기한 형태, 의흥현 甫只峴·繩木山烽燧[55]처럼 성곽내에서 연기가 길게 피어 오르는 모습을 표기한 성곽+불꽃형, 밀양도호부 推火烽燧[56]처럼 성곽 내 산정에 원형으로 표기한 성곽+원형 등이 있다. 이중 성곽+불꽃 형과 성곽+원형은『여지도서』에서 유일하게 확인되는 표기양식이다.

● 要塞形[표Ⅲ-9. 19]

요새형은 봉수가 위치하는 산정에 木柵을 이어 엮어 마치 요새처럼 견 고한 모양으로 표현된 형태이다. 봉수의 여러 기능 중 성곽형과 마찬가지 로 방호기능을 강조한 유형이다. 道別로는 黃海道 연안도호부의 봉수에 서만 확인된다.『여지도서』에서 유일하게 확인되는 표기양식이며 사례가 많지 않다.

요새형 봉수표기의 사례인 황해도 연안도호부 看月山烽燧[57]는 산정의

---

53) 노선과 성격상 부산 多大浦 鷹峰에서 초기하는 제2거 직봉의 內地烽燧이다. 대응봉수는 영천 吐乙山烽燧, 군위 繩木山烽燧에 응하였다.

54) 경북 의성군 의성읍 팔성리 구봉산 성산산성 내에 있다. 구봉산은 남에서 북으로 아홉 봉 우리가 연하여 있는데 봉수는 9봉 중 가장 높은 해발 207.3m의 봉우리로 남쪽에서 둘째 봉우리이다. 노선과 성격상 부산 多大浦 鷹峰에서 초기하는 제2거 직봉의 內地烽燧이다. 대응봉수는 남으로 의성 大也谷烽燧, 북으로 鷄卵山烽燧에 응하였다.

55) 경북 군위군 의흥면 이지리의 해발 252m인 산정에 있다. 노선과 성격상 부산 多大浦 鷹 峰에서 초기하는 제2거 직봉의 內地烽燧이다. 대응봉수는 군위 甫只峴烽燧, 의성 繩院烽 燧에 응하였다.

56) 경남 밀양시 밀양읍 교동의 해발 243.4m인 추화산의 서쪽 해발 227.4m인 산정에 있다. 노선과 성격상 부산 天城堡에서 초기하는 제2거 간봉(8)의 內地烽燧이다. 대응봉수는 남 으로 밀양 南山烽燧, 북으로 盆項烽燧에 응하였다.

57) 義州 古靜州에서 초기하는 제4거 직봉의 봉수이자 제4거 간봉(3)이 초기하는 봉수이다. 대응봉수는 定山에서 보내는 신호를 받아 白石山에 응하였으며, 교동 修井山에 응하기도 하였다.

요새형 표기 위에 횡으로 "看月山"이라 기입하였다.

● 菊花形[표III-9. 20]

국화형은 봉수가 위치하는 산정을 국화 모양으로 표현된 형태이다. 앞에서 언급한 성곽형·요새형과 마찬가지로 봉수의 여러 기능 중 방호기능을 강조한 유형으로 여겨진다. 道別로는 黃海道·咸鏡道의 소수 봉수에서만 확인된다. 앞의 요새형과 마찬가지로 『여지도서』에서 유일하게 확인되는 사례이다.

국화형 봉수표기의 사례는 함경도 종성부 소속의 新岐伊烽燧[58]·防垣南烽燧[59]·烏碣巖烽燧[60]·三峯烽燧[61]·南烽烽燧[62] 등 5기의 봉수에서 찾아볼 수 있다. 모두 산정에 국화 형태를 표기 후 상부에 봉수명칭을 기입하였다.

● 불꽃형[표III-9. 21~22]

불꽃형은 산정상의 피어 오르는 불꽃 모양으로 단순하게 한 개만 표현된 형태이다. 道別로는 忠淸道·慶尙道의 소수 봉수에서만 확인된다. 표현상 내지·연변봉수에 공통적으로 표기되어 있다.

불꽃형 봉수표기의 사례인 홍해 知乙烽燧[63]는 불꽃을 가늘고 길게 표

---

58) 慶興 西水羅 牛巖에서 초기하는 제1거 직봉의 봉수로서 防垣堡에 속하였다. 대응봉수는 북으로 防垣, 남으로 細川堡浦項에 응하였다.
59) 제4거 노선의 봉수로서 대응봉수는 북으로 烏曷巖, 남으로 新岐伊에 응하였다.
60) 慶興 西水羅 牛巖에서 초기하는 제1거 직봉의 봉수이다. 대응봉수는 북으로 三峰, 남으로 防垣烽燧에 응하였다.
61) 慶興 西水羅 牛巖에서 초기하는 제1거 직봉의 봉수이다. 대응봉수는 북으로 南烽, 남으로 烏碣巖烽燧에 응하였다.
62) 慶興 西水羅 牛巖에서 초기하는 제1거 직봉의 봉수이다. 대응봉수는 북으로 北峯, 남으로 三峰에 응하였다.

현한 반면, 삼가 金城山烽燧[64]는 두텁게 표현한데서 차이가 있다.

●촛불형[표Ⅲ-9. 23]

촛불형은 봉수가 위치한 산정을 촛불모양으로 단순화시켜 표현된 형태이다. 道別로는 江都府·京畿道·忠淸道·慶尙道·平安道·黃海道·咸鏡道 소재의 봉수에서 확인된다. 촛불형 봉수표기의 사례는 진주목 角山烽燧[65], 남해현 臺方山烽燧[66] 등에서 확인되는데, 촛대 위의 불꽃만 없으면 연대형으로 간주하기 쉬운 형태이다. 본 절에서 소개하는 고지도에서 공통적으로 확인되는 표기형태이다.

●圓形[표Ⅲ-9. 24]

원형은 봉수가 위치하는 산정을 원형으로 단순하게 표기한 형태이다. 달리 성곽 내 산정에 성곽＋원형으로 표현되기도 하였다. 道別로는 忠淸道·慶尙道·咸鏡道의 소수 봉수에서만 확인된다.

원형 봉수표기의 평안도 삭주부 件田洞烽燧[67]와 吾里洞烽燧[68]는 산

---

63) 경북 포항시 북구 흥해읍 죽천리와 우목리 경계의 지을산에 있다. 노선과 성격상 부산 干飛烏에서 초기하는 제2거 간봉(1)의 沿邊烽燧이다. 대응봉수는 남으로 포항 冬乙背串烽燧, 북으로 烏峰烽燧 응하였다.

64) 경남 합천군 대병면 장단리의 해발 592.1m인 錦城山 정상부에 있다. 노선과 성격상 남해 錦山에서 초기하는 제2거 간봉(9)의 內地烽燧이다. 대응봉수는 남으로 산청 笠巖山烽燧, 북으로 합천 所峴山烽燧에 응하였다.

65) 경남 사천시 대방동의 해발 412m인 산정에 있다. 노선과 성격상 남해 錦山에서 초기하는 제2거 간봉(9)의 沿邊烽燧이다. 대응봉수는 남으로 남해 臺防山烽燧, 북으로 사천 鞍峴山烽燧에 응하였다.

66) 경남 남해군 창선면 옥천리의 해발 446m인 산정에 위치하고 있다. 노선과 성격 및 대응봉수는 제2거 간봉(9)의 沿邊烽燧가 초기하는 남해 錦山烽燧에서 신호를 받아 진주 角山烽燧에 응하였다.

67) 평안도 二峰山에서 一路로 오는 제3거 간봉(2)의 봉수이다. 대응봉수는 북으로 延坪嶺烟臺, 남으로 五里洞烽燧와 응하였다. 烽軍 10명, 烽軍保 20명이 守番하였다.

정의 원형을 선으로 연결하여 놓았다. 따라서 원형의 표기형태는 실제 봉수의 구조·형태는 알 수 없지만 대응봉수간 연락관계를 명확히 알 수 있다는 장점이 있다.

● ⌐形[표Ⅲ-9. 25]

⌐形은 봉수가 위치하는 산정을 ⌐形으로 표기한 형태이다. 道別로는 江都府·忠淸道의 소수 봉수에서만 확인된다. 『여지도서』에서 유일하게 확인되는 표기형태이다.

⌐형 봉수표기는 교동부 소속 華盖山烽燧[69]이다. 이전에 발간된 『해동지도』와 비교하여 석축의 연대위에 적색의 깃발을 꽂아 놓은 것과 같은 연대+깃발형으로 표현되어 있었던 반면, 단순화시킨 차이점이 있다.

● 凸형[표Ⅲ-9. 26]

凸形은 봉수가 위치하는 산정에 봉수의 표기를 凸形으로 단순화시켜 표기한 형태이다. 봉수표현상 연변봉수로서 연대와 상부의 거화를 위한 연통시설을 형상화한 듯한 형태이다. 道別로는 忠淸道 서천 소재의 봉수에서 유일하게 확인된다. 『여지도서』에서 처음으로 나타나는 표기형태이며 사례가 많지 않다.

凸형 봉수표기의 사례인 서천 雲銀山烽燧[70]는 산정에 검게 凸형으로 표기 및 산 아래에 종2열로 봉수명칭을 기입하였다.

---

68) 평안도 二峰山에서 一路로 오는 제3거 간봉(2)의 봉수이다. 대응봉수는 북으로 件田洞烽燧, 남으로 古城頭烟臺에 응하였다. 烽軍 10명, 烽軍保 20명이 守番하였다.
69) 인천광역시 강화군 교동면 교동도내 대룡리의 해발 259.5m인 華盖山 정상에서 서쪽으로 약 300m의 거리를 두고 이보다 낮은 해발 250m 가량의 봉우리에 있다. 노선과 성격상 여수 防踏鎭 突山島에서 초기하는 제5거 직봉의 沿邊烽燧이다. 대응봉수는 남쪽의 望山에 응하고 동으로 河陰城山에 응하였다.

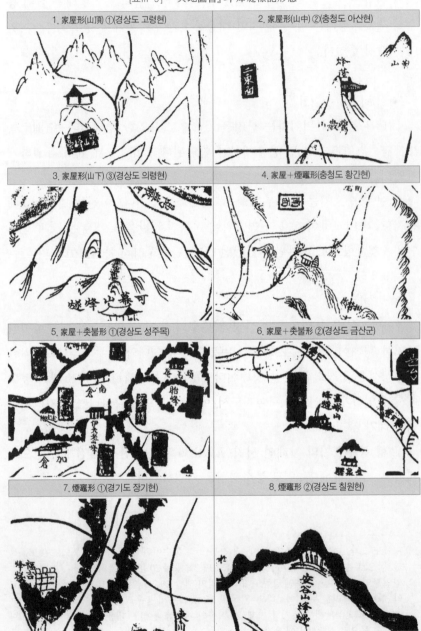

1. 家屋形(山頂) ①(경상도 고령현)	2. 家屋形(山中) ②(충청도 아산현)
3. 家屋形(山下) ③(경상도 의령현)	4. 家屋+煙竈形(충청도 황간현)
5. 家屋+촛불形 ①(경상도 성주목)	6. 家屋+촛불形 ②(경상도 금산군)
7. 煙竈形 ①(경기도 장기현)	8. 煙竈形 ②(경상도 칠원현)

17. 城郭+불꽃形(경상도 의흥현)	18. 城郭+圓形(경상도 밀양도호부)
19. 要塞形(황해도 연안도호부)	20. 菊花形(함경도 종성부)
21. 불꽃形 ①(경상도 흥해)	22. 불꽃形 ②(경상도 삼가)
23. 촛불形(경상도 진주목)	24. 圓形(평안도 삭주부)

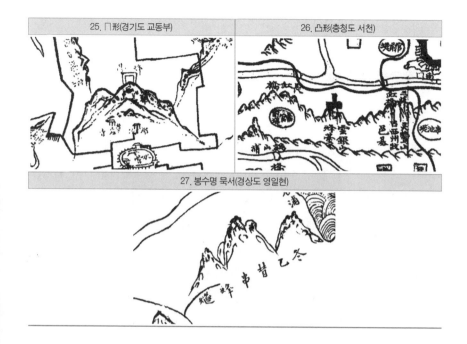

| 25. 冂形(경기도 교동부) | 26. 凸形(충청도 서천) |

| 27. 봉수명 묵서(경상도 영일현) |

● 烽燧名 記入[표Ⅲ-9. 27]

마지막으로 어떤 특정한 형태의 표현이 없이 단순히 봉수가 위치하였던 산정, 산중 혹은 산하에 봉수명만 기입하는 사례이다. 표기의 용이성 때문인지 『여지도서』에 수록된 全 道에서 확인되고 있다.

이러한 표현사례인 영일현 冬乙背串烽燧[71]는 산 아래에 횡으로 길게

---

70) 충남 서천군 마서면 봉남리와 남산리 경계의 해발 146.9m인 南山의 서쪽 봉우리 烽火山 정상부에 있다. 노선과 성격상 沃溝 花山에서 초기하는 제5거 간봉(2)의 沿邊烽燧이다. 대응봉수는 남쪽의 옥구 占方山烽燧, 북쪽의 서천 漆枝山烽燧에 응하였다.

71) 경북 포항시 남구 동해면 동해면 대동배리 학달비 뒤에 있는 해발 154m의 산정에 있다. 달리 大冬背烽燧로도 지칭된다. 노선과 성격상 부산 多大浦 鷹峰에서 초기하는 제2거 직봉의 沿邊烽燧이다. 대응봉수는 조선전기에 남으로 長鬐縣 獐谷烽火, 북으로 興海郡 知乙烽火에 응하였다. 후기에는 남쪽으로 응하던 장곡봉수가 폐지되고 鉢山烽燧가 새롭게 신설되면서 이에 응하였다.

봉수명칭을 기입하였다.

3) 朝鮮後期 地方地圖

(1) 개요

朝鮮은 19세기 중엽 이후 본격화된 서구열강의 문호개방 요구에 鎖國政策으로 맞섰으나, 高宗 3年(1866)의 丙寅洋擾, 동왕 8년(1871)의 辛未洋擾를 겪게 되었다. 朝鮮後期 地方地圖는 서양의 東漸에 대한 적극적인 대응의 필요성에서 제작에 착수하였다. 따라서 1871년 전국 각 군현의 邑誌 편찬과 1872년 地圖의 제작이 이루어졌다. 이는 전국 각 지역의 군사시설 및 제반시설에 대한 중앙의 파악 강화 노력의 소산물이다. 기본적으로 군사적인 측면 특히 海防이 강조된 지도로 군현에 설치되어 있는 鎭堡 등 군사시설의 지도를 별도로 작성하였다. 특히, 전라도의 군현과 진보 지도는 회화적인 표현수법을 지니면서도 내용이 매우 상세하다.

조선후기 지방지도에는 이전시기의 海東地圖·輿地圖書와 다르게 봉수의 표기가 다양한 형태로 확인된다. 주된 표기양식은 봉수군의 생활시설인 家屋, 봉수의 거화시설인 煙窟·煙竈·煙臺·煙筒, 봉수의 거화모습을 표기한 불꽃·촛불, 봉수의 신호수단인 깃발 및 봉수가 성곽 내에 있을 경우 城郭으로 표기한 형태 등이다. 표기양식상 생활, 거화, 신호수단, 방호와 관련된 여러 요인들이 다양하게 혼합되어 복합적으로 표현되어 있다. 이렇게 다양하게 표현된 형태는 이전 시기와는 다르게 좀더 봉수의 실체에 접근할 수 있는 단서가 된다. 반면, 봉수의 실제 형태와는 다르게 원형, 방형, 凸形외 봉수명만 기입한 단순한 경우도 있다.

본 절에서는 조선후기 지방지도에 표기된 각종 봉수를 형태별로 분류하여 대표적인 봉수를 중심으로 소개하고자 한다. 이를 통해 앞서 발간된 고지도·지지와의 비교검토를 통해 지도에 표기된 봉수의 형태와 실제 잔존하고 있는 봉수 관련 유지의 차이점과 유사점을 상호 비교하고자 한다. 따라서 이러한 시도는 조선시대 봉수의 실체에 접근할 수 있는 단서가 되며, 조선후기 봉수의 운영에 대한 이해를 도모하는 기회이기도 하다.

⑵ 烽燧標記形態

● 家屋形[표Ⅲ-10. 1~13]

가옥형은 조선후기 지방지도에서 가장 많은 구성 요소가 다양하게 결합되어 표현된 형태이다. 세부적으로는 첫째, 가옥이 단독으로 표현된 경우 瓦家와 草家로 구분되며, 와가는 위치에 따라 산정·산중·산하로 구분된다. 둘째, 가옥이 여러 요인과 결합된 형태로 가옥 옆에 깃발을 표기한 가옥+깃발형, 가옥 옆에 불꽃을 표기한 가옥+불꽃형, 촛불 모양으로 형상화한 봉수 인근이나 아래에 가옥을 표기한 가옥+촛불형 등이다. 이외에 연굴·연조·성곽 등의 여러 요인이 가옥과 결합된 채 표현되어 있다.

본 절에서는 가옥과 관련된 형태로 깃발·불꽃·촛불을 중심으로 살펴보고자 한다. 아울러 가옥과 같이 표현되어 있는 연굴·연조·성곽 등은 이들 요인이 봉수의 주요 거화·방호시설인 만큼 이와 관련된 별도 표기형태로 살펴 볼 것이다.

각 형태별 유형은 가옥형으로 초가는 나주 지도진 鐵馬山 瞭望臺[72], 와가로서 산정은 언양 夫老山烽燧[73], 산중은 천안 大鶴寺烽燧[74], 산하는

---

72) 지지에 기록이 없으며 군사적으로 중요하였던 해당 營·鎭에서 임시방편적으로 운영하기 위하여 설치하였던 權設烽燧이다.
73) 울산시 울주군 삼남면 교동리의 해발 391.7m인 산정에 있다. 노선과 성격상 부산 다대포진 鷹峰에서 초기하는 제2거 직봉의 內地烽燧이다. 대응봉수는 남으로 양산 渭川烽燧, 북으로 울산 蘇山烽燧에 응하였다.
74) 충남 천안시 풍세면 삼대리의 해발 455.5m인 大鶴山 정상에 있다. 노선과 성격상 여수 防踏鎭 突山島에서 초기하는 제5거 직봉의 內地烽燧이다. 대응봉수는 남으로 공주 雙嶺山烽燧, 북으로 아산 鷲菴山烽燧에 응하였다.

거창 金貴山烽燧⁷⁵⁾ 등이다. 모두 봉수군이 실제 상주하면서 생활하였던 가옥의 기능을 강조하여 가옥 단독의 형태를 각 봉수마다 특징적으로 표현하였다.

가옥+깃발형은 거제 加羅山烽燧⁷⁶⁾가 대표적이다. 산정의 초가로 여겨지는 소규모 가옥 좌측에 우측으로 펄럭이는 깃발을 적색으로 표현하였다. 깃발 상부에 봉수명칭을 기입하였다.

가옥+불꽃형은 서산 都飛山烽燧⁷⁷⁾·의성 繩院山烽燧⁷⁸⁾ 등이다. 모두 와가로서 도비산봉수는 산정에 가옥을 표시하고 그 좌측에 뾰족하고 길쭉한 삼각형태의 적색불꽃이 피어 오르는 모습을 작게 표현하였다. 승원산봉수는 산봉우리 정상 가옥 좌측에 적색 불꽃이 길게 피어 오르는 모습을 선명하게 표현한 후 명칭을 기입하였다.

가옥+촛불형은 초가가 광양 件對山烽燧⁷⁹⁾·영암 추자도 達摩山烽燧⁸⁰⁾·임치진 瓮山烽燧⁸¹⁾·진도 尖察山烽燧⁸²⁾ 등이며, 와가는 강진 佐谷

---

75) 경남 거창군 거창읍 양평리 당동의 해발 836.4m인 金貴山 정상에 있다. 노선과 성격상 남해 錦山에서 초기하는 제2거 간봉(9)의 內地烽燧이다. 대응봉수는 남으로 합천 所峴山烽燧, 북으로 거창 渠末屹山烽燧에 응하였다.

76) 경남 거제시 남부면 다대리의 해발 585m인 加羅山 정상에 있다. 노선과 성격상 제2거 간봉(2)가 초기하는 沿邊烽燧로서 서쪽으로 彌勒山烽燧에 응하였다.

77) 충남 서산시 부석면 산동리와 지산리 경계의 해발 351.6m인 都飛山 정상에 있다. 노선과 성격상 옥구 花山에서 초기하는 제5거 간봉(2)의 沿邊烽燧이다. 대응봉수는 동남쪽으로 홍성 高丘烽燧, 서북쪽으로 태안 白華山烽燧에 응하였다.

78) 경북 의성군 금성면 청로리 원골의 해발 164.6m인 산봉우리에 있다. 노선과 성격상 부산 다대포 鷹峰에서 초기하는 제2거 직봉의 內地烽燧이다. 대응봉수는 남으로 義興縣 繩木山烽燧, 북으로 大也谷烽燧에 응하였다.

79) 전남 광양시 골약동과 광양읍 경계의 해발 472.7m인 件對山 정상에 위치하는 제5거 간봉(1)의 沿邊烽燧이다. 대응봉수는 남으로 여수 進禮山烽燧, 서로 여수 城隍堂烽燧에 응하였다.

80) 전남 해남군 송지면 서정리의 해발 485m인 達磨山 정상에 있다. 노선과 성격상 여수 防踏鎭 突山島에서 초기하는 제5거 직봉의 沿邊烽燧이다. 대응봉수는 동으로 莞島烽燧, 서로 해남 館頭山烽燧에 응하였다.

山烽燧[83] · 의흥 甫只峴烽燧 등이다. 먼저 초가는 위치가 산정의 옹산봉수와 산중의 건대산 · 달마산 · 첨찰산봉수로 구분된다. 이중 건대산봉수는 정면 2칸, 측면 1칸 규모의 초가 상부에 "烽臺直家"라 기입된 유일한 사례이다. 따라서 당시 봉수에는 봉수군이 교대로 番을 서면서 상주하기 위한 초가를 마련하고 있었음을 뚜렷하게 알 수 있다. 촛불의 표현에 있어 건대산봉수는 마치 붓과 같은 모양이며 촛불 옆에 "烽火臺"라 기입하였다. 달마산봉수는 촛대에서 불꽃이 여러 갈래로 찢어져서 타 오르는 모습이며, 옹산 · 첨찰산 두 봉수는 불꽃을 한 갈래의 적색으로 표현하였다. 다음 와가는 위치가 모두 산정이며 의흥 甫只峴烽燧는 가옥 우측의 촛불 모양에 심지까지 사실적으로 표현하고 있다.

● 煙窟形[표Ⅲ-10. 14~15]

연굴은 내지 · 연변봉수에서 연조와 동일한 기능과 역할을 하였던 거화시설이며, 조선후기 지방지도에서 처음으로 확인된다. 비록 연조와 동일한 의미로 판단되지만 표기방식은 차이가 있다. 평안도 西城鎭 藥山烽燧[84], 함경도 고원군 熊望山烽燧[85] 등 2기에서만 확인된다.

---

81) 전남 무안군 현경면 용천리의 해발 82m인 烽臺山 정상에 있다. 노선과 성격상 여수 防踏鎭 突山島에서 초기하는 제5거 직봉의 沿邊烽燧이다. 대응봉수는 남으로 高林山烽燧, 서남으로 海際烽燧에 응했다.
82) 전남 진도군 고군면 고성리와 의신면 사천리 경계의 해발 485.2m인 산정에 있다. 노선과 성격상 여수 防踏鎭 突山島에서 초기하는 제5거 직봉의 沿邊烽燧이다. 대응봉수는 남으로 女貴山烽燧, 북으로 黃原城烽燧에 응하였다.
83) 전남 해남군 북일면 내동리의 해발 101m인 봉대산 정상에 있다. 노선과 성격상 여수 防踏鎭 突山島에서 초기하는 제5거 직봉의 沿邊烽燧이다. 대응봉수는 동으로 강진 垣浦烽燧, 해남 莞島烽燧에 응하였다.
84) 정조 17년(1793) 평안도 영변부사 閔台爀의 건의에 따라 영변부 약산 東臺에 설치되었던 봉수이다.
85) 慶興 西水羅 牛巖에서 초기하는 제1거 직봉의 봉수이다. 대응봉수는 북으로 城隍峙烽燧, 남으로 天佛山烽燧에 응하였다.

약산봉수는 연굴+불꽃형으로 평안도 서성진 藥山城 내 西將臺 우측에 土饅頭 형태의 연굴 5기와 적색의 불꽃모양이 표현되어 있다. 아울러 연굴 상부에 종으로 烟窟五 및 불꽃 모양 우측에 종으로 "藥山烽燧"라고 기입하였다. 웅망산봉수는 연굴+가옥형으로 정면 2칸, 측면 1칸의 와가 아래에 원형의 작은 연굴 5기가 표현되어 있다. 가옥과 연굴 우측에 종으로 烽臺라고 기입하였다.

● 煙竈形[표Ⅲ-10. 16~21]

연조는 육지 내륙의 내지봉수에서 횃불과 연기를 이용하여 상시적으로 1거를 하였던 거화시설이다. 위의 연굴과 동일한 기능 및 역할을 하였으나, 표기방식의 차이가 있다. 이전시기 발간의 고지도와 조선후기 지방지도에서 소수이지만 봉수 표기의 한 유형으로 표현되었던 방식이다. 또한, 연조 단독으로 표현되기도 하지만, 가옥·성곽·불꽃 등의 여러 요인이 다양하게 결합된 채 표현되어 있다. 따라서 조선후기 지방지도에는 내지·연변봉수의 구분 없이 연조형으로 표기되어 있다.

각 형태별로 연조만 표현한 형태로는 청도 南烽燧[86]와 함경도 함흥부 埶三烽[87]·倉嶺烽·草古坮烽 등이다. 남봉수는 방호벽으로 여겨지는 대위에 방형으로 5기의 연조를 표현하였다. 언뜻 城郭 모양과 유사한 형태이다. 좌측에는 종으로 "南烽臺"라 기입하였다. 다음 함경도 함흥부 소속

---

86) 경북 청도군 화양읍 범곡리와 청도읍 원리 경계 해발 804m의 남산 봉우리에 있다. 노선과 성격상 부산 天城堡에서 초기하는 제2거 간봉(8)의 內地烽燧이다. 대응봉수는 남으로 밀양 盆項烽燧, 북으로 청도 北山烽燧에 응했다.

87) 慶興 西水羅 牛巖에서 초기하는 제1거 직봉의 봉수이다. 초축시기는 『輿地圖書』의 발간을 전후하여 신설되었다. 대응봉수는 북으로 洪原 南山烽燧, 서로 倉嶺烽燧에 응하였으며 烽武士 100명이 輪番守直하였다. 『增補文獻備考』에는 藁三仇味 명칭으로 표기되어 있다.

의 세 봉수는 읍치의 배후 純陵이 위치한 북쪽 산 능선에 백색으로 모두 5
기씩의 연조를 길쭉한 작대기 모양으로 표현하였다.

연조+가옥형으로는 서천 雲銀山烽燧[88] · 함경도 문천군 天佛山烽燧
[89] 등이 있다. 운은산봉수는 해발고도가 높게 표현된 산정의 와가 좌측에
연조 5기를 작게 표현하였다. 실제 위치와 잔존 형태를 비교하면 봉수는
연변봉수로서 해발고도가 그리 높지 않은 곳에 있으며 연조 5기는 남아
있지 않다. 그러므로 사실과 다르게 표현된 사례로 볼 수 있다. 천불산봉
수는 산정에 5기의 연조 및 산 중턱에 초가를 표현 후 종으로 봉수명칭을
기입하였다.

연조+불꽃형으로는 함경도 종성부 潼北[90] · 甫青浦烽燧[91] · 경흥부
牛巖烽燧[92] 등이 있다. 표현상 함경도 종성부 소속의 봉수는 가장 앞에 1
기의 연조를 적색으로 크게 표현 후 그뒤에 작게 4기의 연조를 표기하였
으며 각 연조 상부에 봉수명칭을 기입하였다. 다음 경흥부 우암봉수 역시
종성부 소속 봉수와 동일한 표현이다. 조선시대 제1거 직봉노선의 초기
연변봉수인 만큼 주변 러시아와 국경을 마주 보고 있는 강변으로 다수의
把守가 배치되어 있다.

---

88) 충남 서천군 마서면 봉남리와 남산리 경계의 해발 146.9m인 南山의 서쪽 봉우리 烽火山
   정상부에 있다. 노선과 성격상 옥구 花山에서 초기하는 제5거 간봉(2)의 沿邊烽燧이다.
   대응봉수는 남쪽의 옥구 占方山烽燧, 북쪽의 서천 漆枝山烽燧에 응했다.
89) 함경남도 문천시와 천내군 경계의 天佛山에 있다. 노선과 성격상 慶興 西水羅 牛巖에서
   초기하는 제1거 직봉의 봉수이다. 대응봉수는 조선전기에 북으로 高原 熊望山, 남으로 宜
   川 戌岾에 응하였다. 중기에는 북으로 고원군 웅망산, 남으로 德源府 楡峴에 응하였다.
   조선후기에는 북으로 고원 웅망산봉수, 남으로 덕원 蘇達山烽燧에 응했다.
90) 慶興 西水羅 牛巖에서 초기하는 제1거 직봉의 봉수이다. 대응봉수는 潼關鎭 甫清浦烽燧,
   長城門烽燧에 응했다.
91) 慶興 西水羅 牛巖에서 초기하는 제1거 직봉의 봉수이다. 대응봉수는 온성 永達堡 小童建
   烽燧, 潼關鎭 北峰烽燧에 응했다.
92) 조선시대 제1거 직봉노선의 초기 沿邊烽燧이며 造山鎭 南山烽燧에 응했다.

● 煙臺形[표Ⅲ-10. 22~32]

연대는 조선시대 봉수제가 운영되던 당시 변경이나 해안 沿邊烽燧에서 횃불과 연기를 이용하여 상시적으로 1거를 하던 거화시설이다. 높이 3m 내외의 토축, 석축 혹은 토·석 혼축의 인공적인 시설물로 연변봉수 그 자체를 의미한다. 아울러 연대 상부에는 원형 혹은 방형의 燃燒室이 마련되어 있다. 따라서 조선후기 지방지도에 연대형으로 표현된 봉수는 모두 연변봉수라는 공통점이 있다.

연대형 표기의 사례는 순수하게 煙臺만 표기된 형태와 연대 상부 중앙부에 별도로 연통을 마련한 연대+연통형, 연대 상부에서 불꽃이 피어 오르는 모습을 표현한 연대+불꽃형, 성곽처럼 표현한 연대 상부에서 촛불이 피어오르는 듯한 모습을 표기한 연대+촛불형의 네가지가 있다.

각 형태별로 소개하면 연대 단독형은 양양 草津山烽燧[93]·강화 鎭江山烽燧[94]·기장 阿尓烽燧[95]·영종 白雲山烽燧[96] 등이다. 이중 초진산·진강산봉수는 해안과 산정에 모두 원통형으로 연대를 표기하였다. 다음 영종 백운산봉수는 산 능선으로 표기된 3개소의 연대 상부에 봉수명칭을 기입하였다. 고지도의 표현형태와 실제 잔존 유지의 수량 및 형태가

---

93) 강원도 양양군 현북면 하광정리의 河趙臺가 봉수터이다. 대응봉수는 남으로 陽野山烽燧, 북으로 水山烽燧에 응하였다.

94) 인천광역시 강화군 양도면 삼흥리의 해발 443.1m인 鎭江山 정상에 있다. 노선과 성격상 여수 防踏鎭 突山島에서 초기하는 제5거 직봉의 沿邊烽燧이다. 대응봉수는 동으로 大母城山烽燧, 서로 望山烽燧에 응하였다.

95) 부산광역시 기장군 장안읍 효암리의 해발 129.2m인 烽台山 정상부에 있다. 노선과 성격상 부산 干飛烏에서 초기하는 제2거 간봉(1)의 沿邊烽燧이다. 대응봉수는 남쪽의 부산 南山烽燧, 북쪽의 울산 尓吉烽燧에 응하였다.

96) 인천광역시 중구 영종면 운남동·운서동 일원의 해발 255.5m인 백운산 정상에 3기의 煙臺가 있다. 조선 全 시기 발간된 각종 地誌에 기록이 없는 대신 1872년 제작의 永宗防禦營『永宗地圖』(奎 10347)에 비로소 보인다. 여기에는 瞿曇寺 뒤의 높다란 산 봉우리에 白雲山烽臺 명칭으로 3개소의 연대시설이 뚜렷하게 채색되어 있다. 19세기 말을 전후하여 구한말 흥선대원군의 鎭國政策 강화에 따라 연대를 설치한 권설봉수이다.

유사한 경우이다.

연대＋연통형은 교동부 華盖山烽燧·장흥부 億佛山烽燧[97)]·보성군 正興山烽燧 등이다. 이중 교동 화개산봉수는 산정의 석축 연대 상부에 2단의 길쭉한 煙筒시설을 사실적으로 표기하였다. 따라서 실제 연대 상부에는 거화시 연기가 바람에 흐트러지는 것을 방지하기 위한 연통시설이 있었던 것으로 여겨진다. 장흥 억불산봉수는 산정 2단으로 설치한 연대 상부의 연통에서 불이 피어 오르는 모습을 적색으로 표기하였다. 보성 전일산봉수는 억불산봉수와 표현이 유사하나 연대 하부 중앙에 방형의 火口施設을 표현한 차이가 있다. 따라서 연대 하부의 방형 화구에서 거화를 하였을 것으로 추정된다.

연대＋불꽃형은 녹도진 帳機山烽燧[98)]·평안도 薪島鎭烽燧 등이다. 모두 繪畵式으로 산정과 해안에 설치되어 있던 연대에서 피어 오르는 불꽃을 단순하게 표기하였다.

연대＋촛불형은 황해도 서흥부 소이진 所乙山烽燧[99)]·황해도 해주 용매진 延坪烽燧[100)] 등이다. 소마산봉수는 산중의 방형 연대 위에 높이가

---

97) 전남 장흥군 장흥읍 우목리의 해발 518.2m인 억불산 정상에 있다. 노선과 성격상 제5거 간봉(1)의 沿邊烽燧이다. 대응봉수는 시대에 따라 다소 차이가 있지만 최종 동쪽의 全日山烽燧, 북쪽의 강진 修仁山烽燧에 응하였다.

98) 전남 고흥군 도양읍 용정리의 해발 226.8m인 장계산 정상에 있다. 노선과 성격상 여수 防踏鎭 突山島에서 초기하는 제5거 직봉의 沿邊烽燧이다. 대응봉수는 동쪽의 天燈山烽燧, 북쪽의 보성 正興寺烽燧에 응하였다.

99) 江界 餘屯臺에서 초기하는 제3거 직봉의 沿邊烽燧이다. 봉수명칭과 대응봉수는 조선전기에 所乙麽山烽火 명칭으로 북으로 鳳山 巾之山烽燧, 남으로 本府의 回山烽燧에 응하였다. 조선후기에는 所卜山烽臺 명칭으로 烽燧監官 3명, 烽燧軍戶保 100명이 배속되어 있었다. 『增補文獻備考』에 소변산이 『輿覽』에는 소을마산으로 되어 있고, 『備局謄錄』에는 所乙山으로 되어 있다고 하였다.

100) 서해안 경기만에 소재하는 다수 列島 중 하나인 延坪島에 있다. 노선과 성격상 義州 古靜州에서 초기하는 제4거 직봉의 沿邊烽燧이다. 초축 시기는 『輿地圖書』의 발간을 전후한 조선후기이다. 대응봉수는 북으로 睡鴨烽燧, 동으로 龍媒烽燧에 응하였다.

낮은 촛불 표기를 통해 거화모습을 표현하고 그 및 우측에 봉수명칭을 기입하였다. 연평봉수는 용매진이 위치한 延坪島 내에 소마산봉수와 유사한 형태로 표기되어 있다. 다만 연대 상부에 표기한 촛불 모습의 촛대 길이와 화연을 길쭉하게 한 차이가 있다.

● 城郭形[표Ⅲ-10. 33~37]

성곽형은 봉수가 위치한 곳이 성곽일 경우 산정이나 사면에 별도로 성곽모양을 표기한 형태이다. 위의 가옥형과 마찬가지로 성곽형에는 연조·가옥·불꽃·촛불 등의 여러 요인이 다양하게 결합된 채 표현되어 있다.

각 형태별로 소개하면 성곽+가옥형은 노성현 魯城山烽燧[101]이다. 산하에 성곽형태와 산중에 가옥을 표기하였다.

성곽+연조형은 수원부 華城烽墩[102] · 김해부 盆山城烽燧[103] 등이다. 화성봉돈은 조선후기 甎築의 초축연도가 확실한 봉수로서 고지도의 표기형태와 잔존 모습이 사실적이다. 또한 5기의 연조 중 중간 연조에서 적색의 불꽃이 피어 오르는 표현을 통해 평상시 1거의 거화는 중간 3연조에서 하였음을 입증하는 좋은 사례이다. 분산성봉수는 분산성 내 봉수를 상징하는 5기의 연조 표기 후 종으로 "烽臺"라 기입하였다.

성곽+가옥+불꽃형은 옥구현 花山烽燧[104] · 율포진 加羅山烽燧 등이

---

101) 충남 논산시 노성면 송당리의 해발 348m인 노성산 정상부의 將臺址에서 남쪽으로 35m 떨어진 동벽 가까이에 있다. 노선과 성격상 여수 防踏鎭 突山島에서 초기하는 제5거 직봉의 沿邊烽燧이다. 대응봉수는 남으로 논산 皇華臺烽燧, 북으로 공주 月城山烽燧에 응하였다.
102) 경기도 수원시 팔달구 남수동 수원성곽 내 팔달문과 창룡문 사이에 있다. 초축연도는 조선후기 정조 20년(1796)이다. 대응봉수는 서남쪽으로 화성 乾達山烽燧, 동으로 용인 石城山烽燧에 응하였다.
103) 경남 김해시 어방동 盆山城내에 있다. 노선과 성격상 부산 天城堡에서 초기하는 제2거 간봉(8)의 沿邊烽燧이다. 대응봉수는 부산 省火也, 김해 子菴烽燧에 응하였다.

다. 화산봉수는 산하에 원형의 성곽 표기 후 산중에 와가와 적색의 불꽃표기를 하였다. 아울러 좌측에 명칭과 대응노선의 봉수를 기입하였다. 가라산봉수는 산정에 둥글게 원형의 성곽과 불꽃을 표기한 후 산중 가운데에 와가를 표기하였다. 아울러 우측에 종으로 명칭과 거리를 기입하였다. 한편 동일시기에 작성된 경상도 거제부 지도에는 가옥＋깃발[旗]형으로 표기되어 있는 차이점이 있다.

● 불꽃형[표Ⅲ-10. 38]
불꽃형은 봉수의 실제 거화모습을 불꽃으로 상징화한 표기형태이다. 불꽃 단독형으로 표현되기도 하지만, 가옥·성곽·연굴·연조·연대 등의 여러 요인과 결합된 채 다양하게 표현되어 있다. 이중 불꽃 단독형 봉수의 사례는 안동 峯枝山烽燧[105]이다. 산정에 적색으로 표기된 불꽃을 두텁게 표현하였다. 이외에 광주(현 성남) 天臨山烽燧는 가느다랗게 한 줄로 표현하기도 하였다.

● 촛불형[표Ⅲ-10. 39~41]
촛불형은 이전시기 발간의 고지도에서 봉수 표기의 한 방법으로 내지·연변봉수에 공통적으로 표기된 사례이다. 앞의 불꽃형과 마찬가지로 봉수의 실제 거화모습을 촛불형태로 상징화한 표기형태이다. 촛불 단독형으로 표현되기도 하지만 가옥·성곽 등의 요인과 결합된 채 표현되어

---

104) 전북 군산시 옥서면 군산비행장 내 해발 50.9m인 화산 정상에 위치하는 沿邊烽燧이다. 조선시대 제5거 간봉(2)노선의 초기 봉수이며 서천 雲銀山烽燧에 응하였다.
105) 조선시대 安東大都護府 소재의 봉수로서 동으로 申石山烽燧, 남으로 一直縣 甘谷山烽燧, 서로 豊山縣 南山烽燧, 북으로 開目山烽燧에 응했다. 일명 南山烽燧로도 지칭된다. 노선상 부산 干飛烏에서 초기하는 제2거 간봉(1)의 봉수가 峰枝山烽燧에서 합하여져 제2거 직봉으로 연결되었다.

있다. 촛불 단독형 표기의 사례는 경기도 장단부 都羅山烽燧[106] · 평안도 증산현 봉수[107] · 함경도 무산 峴西[108] · 錚峴烽燧[109] 등이다.

이중 장단부와 증산현 소속의 봉수는 산정과 해안가의 절벽에 굵고 뚜렷한 촛불표기를 통해 봉수를 표현하였다. 반면 함경도 무산현 소속의 봉수는 두만강변 해발고도가 높게 표현된 산정에 가느다랗고 짧은 촛불표기 후 상부에 봉수명칭을 기입하였다.

● 圓形[표III-10. 42]

원형은 봉수가 위치하는 산정을 원형으로 단순하게 표기한 형태이다. 따라서 봉수의 실제적인 모습을 알 수 없으며 위치만 표현한 형태이다. 원형 봉수표기의 사례는 인천부 文鶴山烽燧에서 볼 수 있는데 산정에 봉수를 원형으로 표시하고 좌측에 文鶴山 및 상부에 "烽臺"라 기입하였다.

● 方形[표III-10. 43]

방형은 봉수가 위치하는 산정을 방형으로 단순하게 표기한 형태이다. 따라서 위의 원형과 마찬가지로 봉수의 실제적인 모습을 알 수 없는 표현 형태이다. 이 형태의 사례는 鷄立嶺路의 연풍현 麻骨烽燧[110]로 방형으로

---

106) 경기도 파주시 장단면 도라산리의 해발 167m인 都羅山 정상에 있다. 노선과 성격상 강계 餘屯臺에서 초기하는 제3거 직봉의 內地烽燧이다. 대응봉수는 시기별로 변동이 심하였으나 최종 서로 개성 松嶽烽燧, 동으로 파주 大山烽燧에 응하였다.

107) 조선후기 함경도 증산현에는 炭串立所 · 兎山 · 西山등 3기의 烽燧가 있었으나, 명칭의 미 표기로 인해 고지도에 표기된 봉수 원래의 명칭은 미상이다.

108) 제1거 간봉(2)노선의 봉수로서 梁永堡에 속하였다. 대응봉수는 남으로 錚峴烽, 북으로 大巖烽에 응하였다. 會寧 雲頭峰에 집결하였다.

109) 제1거 간봉(2)노선의 봉수로서 梁永堡에 속하였다. 대응봉수는 남으로 南嶺烽, 북으로 西峴烽에 응하였다. 會寧 雲頭峰에 집결하였다.

110) 충북 충주시 상모면 사문리와 미륵리 경계의 지릅재 남쪽 해발 640m의 산봉우리에 있다. 노선과 성격상 거제 加羅山烽燧에서 초기하는 제2거 간봉(2)의 內地烽燧이다. 대응봉수는 동쪽의 문경 炭項烽燧, 서쪽의 충주 周井山烽燧에 응하였다.

붉게 표기한 산정 상부에 "麻骨烽"이라 기입하였다.

●凸形[표Ⅲ-10. 44]
凸形은 봉수가 위치하는 산정에 凸形으로 단순하게 표기한 형태이다. 표현상 연변봉수로서 연대와 상부의 거화를 위한 연통시설을 형상화한 형태로 여겨진다. 이전시기 발간의 『여지도서』에서도 봉수 표현의 한 형태로 쓰인 표기형태이다. 이 형태의 사례는 홍양현 呂島鎭 瞭望臺에서 확인된다. 봉수가 위치한 산정에 붉게 凸형으로 표기 및 상부에 "瞭望臺"라 기입하였다.

●烽燧名 墨書[표Ⅲ-10, 45]
마지막으로 어떤 특정한 형태의 표현이 없이 단순히 봉수가 위치하였던 산정에 봉수명만 기입한 사례이다. 따라서 봉수의 실제적인 모습을 알 수 없으며 위치만 표현한 형태이다. 이러한 표기의 사례는 태안 白華山烽燧[111]로 봉수가 위치한 산정 사면으로 엇비슷하게 "烽火臺"라 기입하였다.

[표Ⅲ-10] 『조선후기 지방지도』의 봉수표기형태

1. 家屋形(草家)(전라도 나주 지도진)	2. 家屋形(瓦家 - 山頂) ①(경상도 언양현)

---

111) 충남 태안군 태안읍 동문리의 해발 284.1m인 백화산 정상에 있다. 노선과 성격상 옥구 花山에서 초기하는 제5거 간봉(2)의 沿邊烽燧이다. 대응봉수는 동으로 서산 北山烽燧, 남으로 都飛山烽燧에 응하였다.

3. 家屋形(瓦家 - 山中) ②(충청도 천안군)

4. 家屋形(瓦家 - 山下) ③(경상도 양산현)

5. 家屋＋깃발(旗形)(경상도 거제부)

6. 家屋＋불꽃形 ①(충청도 서산군)

7. 家屋＋불꽃形 ②(경상도 문소지도)

8. 家屋＋촛불形(草家) ①(전라도 광양현)

9. 家屋＋촛불形(草家) ②(전라도 영암 추자도)

10. 家屋＋촛불形(草家) ③(전라도 임치진)

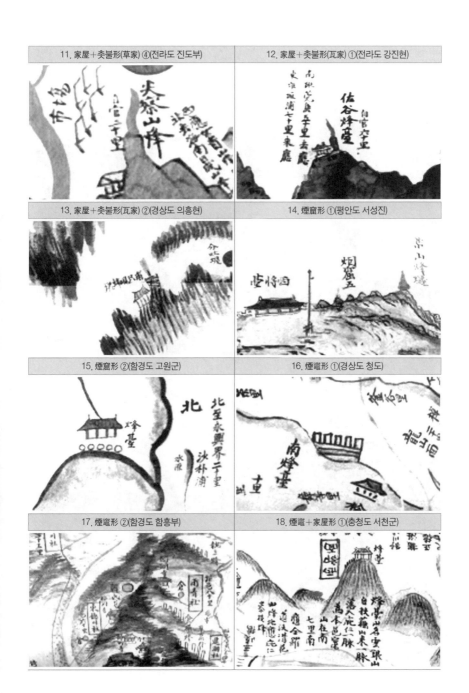

11. 家屋＋촛불形(草家) ④(전라도 진도부)	12. 家屋＋촛불形(瓦家) ①(전라도 강진현)
13. 家屋＋촛불形(瓦家) ②(경상도 의흥현)	14. 煙窟形 ①(평안도 서성진)
15. 煙窟形 ②(함경도 고원군)	16. 煙竈形 ①(경상도 청도)
17. 煙竈形 ②(함경도 함흥부)	18. 煙竈＋家屋形 ①(충청도 서천군)

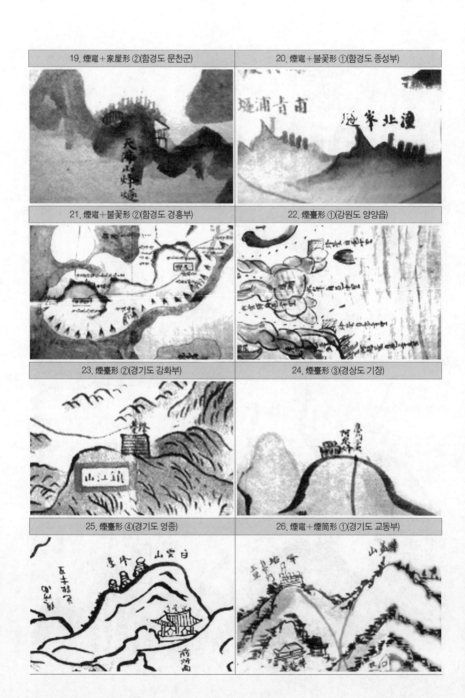

19. 煙竈+家屋形 ②(함경도 문천군)

20. 煙竈+불꽃形 ①(함경도 종성부)

21. 煙竈+불꽃形 ②(함경도 경흥부)

22. 煙臺形 ①(강원도 양양읍)

23. 煙臺形 ②(경기도 강화부)

24. 煙臺形 ③(경상도 기장)

25. 煙臺形 ④(경기도 영종)

26. 煙竈+煙筒形 ①(경기도 교동부)

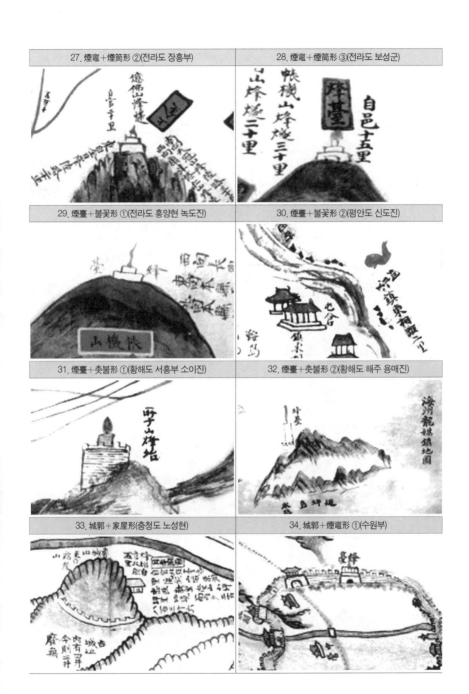

27. 煙竈+煙筒形 ②(전라도 장흥부)	28. 煙竈+煙筒形 ③(전라도 보성군)
29. 煙臺+불꽃形 ①(전라도 흥양현 녹도진)	30. 煙臺+불꽃形 ②(평안도 신도진)
31. 煙臺+촛불形 ①(황해도 서흥부 소이진)	32. 煙臺+촛불形 ②(황해도 해주 용매진)
33. 城郭+家屋形(충청도 노성현)	34. 城郭+煙竈形 ①(수원부)

35. 城郭＋煙竈形 ②(경상도 김해부)   36. 城郭＋家屋＋불꽃形 ①(전라도 옥구현)

37. 城郭＋家屋＋불꽃形 ②(경상도 율포진)   38. 불꽃形(경상도 안동)

39. 촛불形 ①(경기도 장단부)   40. 촛불形 ②(평안도 증산현)

41. 촛불形 ③(함경도 무산)   42. 圓形(경기도 인천부)

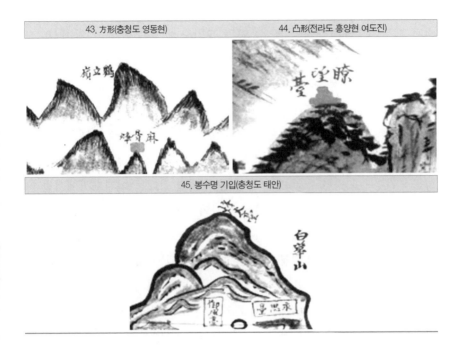

| 43. 方形(충청도 영동현) | 44. 凸形(전라도 흥양현 여도진) |

| 45. 봉수명 기입(충청도 태안) |

4) 烽燧 標記樣式의 考察

지금까지 조선후기 발간 고지도와 지지의 다양한 봉수 표기형태와 의
미에 대해 사례를 들어 검토하였다. 용도별로 다양하게 표기된 형태는 각
각 봉수군의 생활, 봉수의 거화, 신호전달, 방호시설, 거화모습, 위치, 형
태, 명칭 등을 함축적으로 표기한 것이다. 따라서 [표Ⅲ-11]은 조선후기 발
간의 고지도와 지지의 봉수표기를 각 유형별로 표로 작성한 것이다. 이를
통해 얻은 결과는 다음과 같다.

첫째, 海東地圖에는 봉수의 표기가 家屋 · 煙臺 · 깃발[旗] · 城郭 · 횃
불 · 烽燧名稱 墨書의 6가지 10형태로 나타난다. 이런 원인은 지도를 제작
한 화공마다 봉수의 표현시 가장 일반적이고 특징적인 속성을 단순화시켜

표현했기 때문이다. 이중 연대+깃발·성곽+깃발·성곽+연대의 세 형태는 해동지도에서만 찾아볼 수 있는 표기사례이다. 특히, 깃발[旗]은 신호전달시 주로 視覺에 의지하여 晝間에만 사용할 수 있는 비품이다. 그러므로 조선후기의 봉수는 대응봉수간 효율적인 신호전달을 위해 횃불과 연기 외에 깃발이 보조수단으로 널리 활용되었음을 확인할 수 있다.

둘째, 輿地圖書에는 봉수의 표기가 총 14가지 21형태로 세분되어 나타난다. [표Ⅲ-11]을 통해 가옥+연조·연대+불꽃·장대형·성곽+불꽃·성곽+원형·요새형·국화형·∏형 등의 여덟 형태는 여지도서에서만 확인되는 표기양식이다. 이중 家屋形 표기의 사례를 통해 당시 존재하고 있었던 가옥의 종류와 위치를 추정하였다. 道別로는 충청도·경상도·전라도 등 한반도 남부의 내지봉수에서 주로 확인되는 표기양식이다. 그러면 가옥형 표기는 무슨 이유로 남부 지역의 내지봉수에 주로 표기되었을까하는 의문이 든다. 이는 가옥형으로 표기된 봉수가 주로 육지내륙의 후방에 위치하고 있다. 따라서 성격상 봉수군의 생활과 밀접한 관련이 있는 생활기능을 강조한 표기양식으로 여겨진다. 이어 長臺形 표기의 사례는 道別로 慶尙道 남해현 소재의 錦山·猿山 등 소수의 봉수에서 확인되고 있다. 이는 이들 極邊初面에 위치하였던 초기봉수가 이른 시간에 거화를 해야 했으므로 연대외에 장대를 마련하여 주야에 깃발[旗]이나 燈을 달아 거화기능을 강조한 표기양식으로 추정된다. 다음으로 要塞形과 菊花形은 성곽형과 마찬가지로 방호기능을 강조하여 상징화한 유형이다. 道別로는 황해도 연안도호부와 함경도 종성부 소수 봉수에서만 확인된다. 이는 그만큼 이들 지역이 국방상 중요 지역이었기에 봉수의 여러 일반적인 표기형태와는 달리 특수 형태로 표기된 것으로 여겨진다. 즉, 봉수군의 생활, 봉수의 거화 및 신호, 거화모습, 봉수형태의 표기외에 국방상 중요 지역의 봉수는 사례가 소수지만 城郭·要塞·菊花形 등으로 표기하였던 것이다. 따라서 여지도서의 봉수표기는 그 의미하는 바가 앞서 발간된 해동지도와는 달리 여러 가지 상징성을 내포하면서 다양하게 표기되었음을 알 수 있다.

셋째, 朝鮮後期 地方地圖는 19세기 서양세력의 東漸에 대한 조선정부의 집권력 강화 노력의 일환으로 高宗 9年(1872) 완성되었다. 여기에는 봉수의 표기를 총 11가지 23형태로 표현하였다. 이전시기 발간의 海東地圖와 輿地圖書에 비해 봉수의 표기가 훨씬 더 다양하다. 따라서 조선후기 봉수의 실제적인 구조·형태와 당시까지 잔존하고 있었던 봉수의 형태를 추정하는데 중요한 자료이다. 이렇듯 용도별로 다양하게 표기된 형태는 봉수제가 운영되던 당시 烽燧軍의 生活, 烽燧의 炬火 및 防護施設 등 운용과 구조·형태에 대한 실제적인 자료를 제공해 준다. 이외에 불꽃·촛불·원형·방형 등으로 표기된 其他形態는 봉수의 대응관계·위치·형태 등을 함축적으로 표기한 것이다. 봉수의 표기상 이전시기 발간의 海東地圖와 輿地圖書에 비해 다양성을 띠는 만큼 신유형의 표기형태도 확인된다. 그러나, 이전시기에 주로 쓰이던 표기형태가 이때에 이르러서는 확인되지 않는 경우도 있다. 이중 무엇보다도 煙窟·煙竈·煙臺·불꽃·촛불형태의 봉수표기는 봉수제가 폐지되기 이전의 거화시설과 거화모습을 반영하고 있는 것이다. 특히, 煙臺形의 봉수에서 연대 상부에 煙筒을 마련한 것은 成宗 6년(1475) 晝煙시 바람에 의해 대응봉수에서 후망이 곤란함을 방지하기 위해 의무화되었던 연통시설이 조선후기 지방지도에 표기된 좋은 사례이다. 따라서 당시까지도 본문에서 사례로 들은 각 봉수에는 연대 상부에 연통이 설치되어 있었음을 보여준다. 이외에 凸形은 봉수가 위치하는 산정에 적색으로 표기한 형태이다. 표현상 연대와 상부의 거화를 위한 연통시설을 형상화한 형태로 여겨진다.

이상으로 조선후기 제작된 古地圖와 地誌의 烽燧標記에 대한 검토를 통해 실제 형태가 유사한 경우도 있지만 그렇지 않은 경우도 있음을 확인하였다. 이러한 원인은 지도를 제작한 畵工마다 봉수의 표현시 가장 일반적이고 특징적인 속성을 단순화시켜 표현하는 과정에서 생긴 것으로 여겨진다. 또한, 그 과정에서 일부 봉수는 특수한 형태로 표기되었다. 이외에도 충청도·경상도·전라도 등 육지내륙의 후방에 위치하는 內地烽燧는 家屋形으로 표기되었다. 반면, 국방상 중요 지역의 경우 봉수의 여러 일반적인 표기형태와는 달리 要塞·菊花 모양 등의 특수한 형태로 표기되기도 하였다. 그러므로 지금까지 소개한 자료는 조선후기 봉수의 구조·형태와 운용 등을 추정하는데 매우 유용한 자료가 될 것이다.

[표III-11] 고지도의 봉수표기 형태

標記形態	細部形態	海東地圖	輿地圖書	朝鮮後期 地方地圖	備考
家屋形	가옥(초가)	×	●	●	生活施設
	가옥(와가)	●	●	●	
	가옥＋깃발	●	×	●	
	가옥＋연조	×	●	×	
	가옥＋촛불	×	●	●	
	가옥＋불꽃	×	×	●	
煙窟形	연굴＋불꽃	×	×	●	炬火施設
	연굴＋가옥	×	×	●	
煙竈形	연조	×	●	●	炬火施設
	연조＋가옥	×	●	●	
	연조＋불꽃	×	×	●	
煙臺形	연대	●	●	●	炬火施設
	연대＋깃발	●	×	×	
	연대＋불꽃	×	●	×	
	연대＋연통	×	×	●	
	연대＋불꽃	×	×	●	
	연대＋촛불	×	×	●	
깃발[旗]形		●	●	×	信號傳達
長臺形		×	●	×	信號傳達
城郭形	성곽	●	●	×	防護施設
	성곽＋깃발	●	×	×	
	성곽＋연대	●	×	×	
	성곽＋불꽃	×	●	×	
	성곽＋원형	×	●	×	
	성곽＋가옥	×	×	●	
	성곽＋연조	×	×	●	
	성곽＋가옥＋불꽃	×	×	●	

要塞形	×	●	×	防護施設
菊花形	×	●	×	防護施設
불꽃형	×	●	●	炬火모습 표기
촛불形	●	●	●	炬火모습 표기
圓形	×	●	●	對應·位置 표기
方形	×	×	●	位置 표기
冂形	×	●	×	烽燧形態 표기
凸形	×	●	●	烽燧形態 표기
墨書	●	●	●	烽燧名稱 표기

3. 小結

지금까지 문헌상의 봉수시설과 조선후기 고지도 및 지지의 봉수 표기에 대해 분석한 결과를 요약하면 다음과 같다.

첫째, 조선시대의 봉수가 제대로 기능을 발휘하기 위해서 炬火·防護施設외에 봉수의 실제 운용자였던 烽燧軍의 生活에 필요한 각종 시설을 갖추고 있었다. 또한, 이에 필요한 다수의 備品을 종류별로 구비하고 있었다. 아울러 대응봉수간 신호불통에 대비한 신호전달체계를 갖추고 있었다. 이중 地誌의 炬火備品 및 材料의 수량이 대부분 5단위이다. 이를통해 조선의 봉수제가 5炬를 근간으로 하였던 만큼 평상시의 1거 외에 비상시의 5거를 위한 다수의 거화재료를 상시적으로 비축해 놓고 있었음을 알 수 있다.

봉수군이 番을 서는 동안 휴대하였던 개인 호신용 防護備品으로 조선후기 일부 지역의 봉수에서는 공통적으로 鳥銃·고리칼[還刀]을 비치하고 있었다. 이들 무기는 모든 봉수에 같은 수량이 지급된 것이 아니었다. 따라서 봉수마다 1인 내지 2인의 최소 인원이 조총을 들고 환도를 패용한 채 번을 섰다. 그리고 나머지 인원은 교대로 휴식을 취하거나 취사를 위한 준비 혹은 봉수 인근에서 매일 1거의 거화를 위한 소모성 거화재료의 채집과 비축 및 운반에 종사하였다.

봉수군의 생활관련 비품 중 모든 봉수에서 공통적으로 확인되는 솥[鼎]은 필수비품이었다. 이는 봉수군이 番을 서는 동안 가족과 떨어진 채 봉수에 상주하면서 솥을 사용한 取食을 하였다는 증거이다. 또한, 봉수에 상주하면서 교대로 번을 섰던 봉수군 인원은 5人이었다. 이는 개인생활 비품인 수저[匙子]·沙鉢·물독[水瓮·水缸]·표주박[(懸)瓢子] 등의 개인 생활비품 단위가 5인 것을 통해 뚜렷이 알 수 있다. 즉, 매 봉수마다 5日씩 월 6番 교대로 번을 섰던 5인의 봉수군은 번을 서는 동안 공동으로 取食을 해결하였다.

봉수는 성립초기 연기와 횃불 외에 信砲의 비치와 煙筒施設의 마련을 통해 효율적인 신호전달체계를 강구하였다. 그러나, 후기에는 화살[箭]·깃발[旗] 외에 북[鼓], 징[鉦], 꽹가리[錚], 놋꽹가리[鑼錚], 喇叭[戰角·竹吹螺] 등의 악기를 비치하고 있었다. 따라서 조선후기 봉수의 신호전달체계는 신호불통을 우려하여 주·야간의 視覺과 聽覺에 의지한 깃발과 각종 악기류를 각 봉수마다 형편에 맞게 비치하고 있었다.

둘째, 조선후기 발간의 地誌와 古地圖에는 봉수의 다양한 標記樣式이 확인된다. 여기에는 봉수군의 생활과 밀접한 관련이 있는 家屋(瓦家·草家), 내지·연변봉수의 주요 거화시설인 煙竈·煙窟·煙臺·煙筒, 봉수 신호의 수단으로 활용되었던 깃발[旗]·長臺, 봉수가 위치한 곳이 성곽 내이거나 요새지일 경우 城郭·要塞·菊花, 봉수에서 불이 피어 오르는 모습을 형상화 한 불꽃·촛불과 산정에 위치한 봉수의 표기를 원형·방형·∏·凸형으로 단순화 하거나, 봉수명만 기입한 경우 등 약 20여가지 형태로 구분된다. 따라서 이를통해 조선시대 봉수의 실제적인 구조·형태와 당시까지 잔존하고 있었던 봉수의 형태를 추정하는데 중요한 자료이다. 또한, 용도별로 다양하게 표기된 형태는 조선시대 烽燧軍의 生活, 烽燧의 炬火 및 防護施設 등 운용과 구조·형태에 대한 실제적인 자료이다.

IV. 內地烽燧의 構造·形態와 施設

봉수는 성격에 따른 구분상 내지·연변봉수가 구조·형태를 달리 하며 규모의 차이가 있다. 이 원인은 봉수가 육지내륙의 후방 혹은 변경이나 해안의 극변초면에 위치하느냐에 따른 입지와 지형적 여건에서 기인한다. 이중 내지봉수는 연변봉수와 경봉수를 연결하는 육지 내륙지역 소재의 봉수를 일컫는 용어이다. 조선시대 5거제의 노선상 『萬機要覽』(1808)의 편찬부터 직봉·간봉의 구분은 두었지만 규모의 차이가 있는 것은 아니었다. 연변봉수와 비교하여 防護壁 내·외 煙竈의 配置와 出入施設의 형식에서 나름대로의 공통점과 차이점 및 특징이 있다.

본 장은 내지봉수를 중심으로 구조·형태와 각종 시설에 대해 각 절별로 살펴 볼 것이다. 따라서 본 논문에서 筆者가 조선시대의 내지봉수에 대해 소개하고자 하는 가장 핵심이다. 이를통해 종전 실록이나 지지의 기록을 통해 단편적으로만 이해하여 왔던 조선시대 내지봉수의 실체를 좀 더 구체적으로 이해하고자 한다. 또한, 연변봉수와의 비교를 통해 이들 봉수의 성격에 따른 공통점과 차이점 및 특징을 이해하는 계기가 되고자 한다.

1. 構造 · 形態

1) 路線別

현재 한반도 남부지역에는 약 500여기의 봉수가 있는 것으로 추정된다.[1] 路線別로는 한반도 북부에서 초기하는 1 · 3 · 4거 등 3개 노선의 일부 봉수가 포함된다.[2] 또한, 부산 多大浦鎭 鷹峰에서 초기하는 제2거와, 여수 防踏鎭 突山島에서 초기하는 제5거 직봉과 간봉 전체를 포함한다. 그러나, 조선 全 시기를 통하여 일부 봉수는 노선의 변동으로 인한 置廢와 移設 및 復設을 통해 초축시기와 대응봉수를 달리한다. 따라서 일관된 시기 및 동일한 노선이 유지된 것은 아니었다.

그러므로 본 절에서는 우선 한반도 동남부 지역 소재 제2거의 봉수를 路線別로 검토를 통해 이들 極邊初面의 초기 연변봉수가 노선별로 구조 · 형태가 어떻게 변화하는지를 검토하고자 한다. 제2거는 직봉과 10개소의 간봉으로 이루어져 있다. 소백산맥의 주요한 嶺路를 넘는 노선이 모두 烽燧路가 되었으며, 가장 동쪽의 竹嶺을 넘는 노선이 直烽이 되고, 중앙의 통로인 鷄立嶺을 넘는 노선과 보다 서쪽의 秋風嶺을 넘는 노선이 주요 間烽이었다. 따라서 제2거 노선의 경우 直烽과 間烽은 그 중요성에 있어서 구분의 여지가 적었으며, 동남쪽 해안지역에서 최대한 빨리 경보를 서울 漢陽 都城으로 연락하기 위한 방법이었다.[3]

---

1) 한반도 북부 지역에는 조선 전시기 발간 지지의 기록의 검토를 통해 世宗대 압록강과 두만강변의 4郡6鎭 지역을 대상으로 다수 설치되었던 煙臺를 포함하여 약 660기 내외의 봉수가 있는 것으로 추산된다.
2) 『증보문헌비고』에 의하면 한반도 남부지역에는 제1거 8기, 제3거 5기, 제4거 3기의 봉수가 있다.
3) 忠北大學校 中原文化研究所, 『聞慶 炭項烽燧 地表調査報告書』, 2002, p.21.

제2거 각 노선의 봉수가 初起하거나 소재하였던 곳은 울진·삼척·영덕·포항·울산·부산·창원·진해·마산·거제·고성·통영·사천·남해 등 경상도의 동·남해 연안이다. 이들 지역에는 沿邊烽燧와 權設烽燧가 혼재하고 있다. 또한, 시기적으로 置廢와 移設 및 復設을 통해 초축시기와 대응봉수를 달리한다. 이외에도 동·남해안 별로 해발고도와 구조 및 평면형태에서 차이가 뚜렷하다. 신호전달 체계상 중앙으로 연결되는 노선의 봉수는 경상 → 충청 → 경기 등 산지가 많은 내륙의 고지로 북상하면서 구조·형태가 점차 內地化 하고 있다. 아울러 연변과 내지의 接點地域에 있는 봉수는 입지·형태적으로 연변과 내지의 複合形態를 띠고 있다. 그러나, 일부 간봉노선은 단지 본읍·본진에만 응하였던 소수 연변·권설봉수만이 속하기도 하였다. 이에 대해서는 곧이어 자세히 살펴볼 것이다.

따라서 『增補文獻備考』(1908)에 의거하여 제2거 각 노선별로 極邊初面의 초기 연변봉수가 내지화하는 단계와 그렇지 않은 경우를 살펴보고자 한다. 우선 제2거 直烽은 부산 多大浦鎭 鷹峰에서 초기하는 沿邊烽燧로 총 44기가 있다. 龜峰 → 荒嶺山을 거쳐 鷄鳴山에 이르면 내지화가 시작된다. 그다음 양산 渭川부터 성남 天臨山에 이르기까지의 40기는 석축의 연조와 방호벽을 갖춘 내지봉수의 형태이다.

間烽(1)은 부산 干飛烏에서 초기하는 연변봉수로 총 24기이다. 부산·울산·경주·포항 소재의 봉수를 거쳐 영덕 廣山에 이르면 입지적으로 해안에서 멀리 떨어진 채 육지 내륙의 높은 곳에 위치하게 된다. 이후 다음 봉수인 진보(현 청송) 神法山부터 안동 峰枝山에 합쳐지는 4기는 내지봉수의 형태이며 제2거 직봉으로 연결되었다.

間烽(2)는 거제 加羅山에서 초기하는 연변봉수로 총 30기이다. 통영·고성·마산 소재 봉수를 거쳐 함안 巴山에 이르면 입지적으로 해발고도가 높거나 육지내륙에 위치하기 시작하면서 내지화가 시작된다. 이후 다음

봉수인 의령 可幕山부터 충주 馬山에 합쳐지는 23기는 내지봉수의 형태이다. 충주(현 음성) 望夷城에서 합쳐진 후 제2거 직봉으로 연결되었다. 이상 간봉(2) 노선 연변·내지의 접점에 위치한 영덕 광산·함안 파산 2기의 봉수는 모두 석축의 방호벽 내에 煙臺를 공통적으로 갖추고 있다.

間烽(3)은 唐浦鎭 閑背串, 助羅浦鎭 柯乙串, 知世浦鎭 訥逸串, 玉浦鎭 玉山, 栗浦鎭 別望 등 5기이다. 이들 봉수는 성격상 本鎭에만 응하였던 權設烽燧이다. 거제 加羅山에 합해져서 다시 간봉(2)로 연결되어 졌다.

間烽(4)는 晉州 角山, 佐耳山, 蛇梁鎭 主峰, 牛山 등 4기이다. 성격상 권설봉수인 사량진 주봉을 제외하면 모두 연변봉수이다.

間烽(5)는 加背梁鎭 別望, 所非浦堡 別望 등 2기이다. 外洋에 일이 있는지 없는지를 本鎭에 알리는 역할을 하였던 권설봉수이다. 모두 固城에 소재하였다.

間烽(6)은 부산 天城堡에서 초기하는 연변봉수로 총 13기이다. 진해·창원 소재의 장복산을 거쳐 함안 安谷山에 이르면 입지적으로 내지화가 시작된다. 이후 창녕 所山부터 성주 角山에 이르기까지의 8기는 내지봉수의 형태이다.

間烽(7)은 鎭海(현 마산) 加乙浦, 昌原 餘浦, 沙火郎 등 3기이다. 성격상 모두 연변봉수로서 가을포에 합해진 후 간봉(2)로 연결되어 충주 馬山에서 합해졌다가 다시 제2거 직봉으로 연결되었다.

間烽(8)은 부산 天城堡에서 초기하는 연변봉수로 총 14기이다. 省火也 → 山城 → 子庵 등 김해 소재 연변봉수를 거쳐 밀양 栢山에 이르면 내지화가 시작된다. 이후 청도·대구·경산 소재 봉수를 거쳐 영천 城隍堂에 합쳐지는 10기는 모두 내지봉수의 형태이며, 제2거 직봉으로 연결되었다.

間烽(9)는 남해 錦山에서 초기하는 연변봉수로 총 23기이다. 臺防山 → 角山을 거쳐 사천 鞍峴山에 이르면 입지적으로 내지화된다. 다음 봉수인 진주 望晉부터 충주(현 음성) 望夷城에 이르기까지의 19기는 내지봉수의 형태이며 제2거 직봉으로 연결되었다.

間烽(10)은 南海 猿山, 錦山, 彌助項鎭 別烽臺, 泗川 三千堡 別望 등 4
기이다. 성격상 本邑·本鎭에만 응하였던 연변·권설봉수이다.

이상으로 조선 최후기까지 잔존하고 있었던 봉수의 운영현황을 보여
주는 『增補文獻備考』를 통해 제2거 직·간봉의 수와 내지화하는 단계를
살펴 보았다. 아울러 이를 정리한 것이 다음의 [표IV-1]이다. 표를 보면 제
2거 총 166기의 봉수 중 직봉 44기, 간봉 122기이다. 이중 가장 많은 간봉
이 속한 노선은 거제 加羅山에서 초기하는 간봉(2)이다. 각 노선별로 극변
초면에서 초기하는 연변봉수가 구조·형태상 내지화 하는 수는 직봉이
40기로 가장 많다. 다음이 간봉(2)의 23기이며 간봉(9) → 간봉(8) → 간봉
(6)의 순서이다. 반대로 간봉(1)은 내지봉수보다 연변봉수가 월등히 많은
수치이다. 전체적으로는 내지봉수 104기로서 연변봉수 62기에 비해 많은
수치이다.

[표IV-1] 『증보문헌비고』의 제2거 노선별 봉수 수

區分	直烽	間烽(1)	間烽(2)	間烽(3)	間烽(4)	間烽(5)	間烽(6)	間烽(7)	間烽(8)	間烽(9)	間烽(10)	合計
總數	44	24	30	5	4	2	13	3	14	23	4	166
沿邊	4	20	7	5	4	2	5	3	4	4	4	62
內地	40	4	23	·	·	·	8	·	10	19	·	104

그러면 여기에서 제2거는 전체 5거의 노선 중 가장 많은 10개소의 간
봉을 두었을까 하는 의문이 든다. 이는 무엇보다도 제2거 노선이 영덕 大
所山을 북방 한계선으로 하고, 남해 雪屹山을 남방 한계선으로 하는 동해
안과 경남 남해안의 긴 해안선을 감시·조망해야 했기 때문이다. 특히, 南
海岸은 한반도의 동남쪽에 위치하고 있다. 지형상 크고 작은 半島와 灣·
串·島嶼가 많아서 해안선이 매우 복잡한 곳이다. 이중 남해안 대부분의
연변봉수가 밀집된 채 분포하고 있는 부산광역시의 가덕도와 거제·통

영·남해는 육지와 인접하여 바다를 향해 돌출되어 있는 도서이다.

이중 加德島는 남해로 흘러드는 낙동강 하구의 오른쪽에 있는 도서이다. 고려시대부터 對馬島 방면에서 침입하는 왜구의 동태를 감시하기 위해 최고봉인 동쪽 연대봉(459.4m)의 남과 북에 2기의 봉수가 설치되어 운용되었다.

다음 巨濟島는 鎭海灣의 입구에 있다. 주위 가조도·산달도·칠천도 등의 유인도와 무인도를 포함한 60여 개의 작은 도서들이 흩어져 있다. 고려~조선시대 왜구들이 고성·마산·진해 방면으로 침입하기 위해서는 반드시 거쳐 지나가야 하는 곳이었다. 따라서 이른 시기부터 다수의 봉수가 설치되어 운용되었다.

統營은 동으로 거제도와 바로 인접한 곳이며, 고성반도와 한산도·미륵도 등의 도서로 이루어져 있다. 임진왜란 때 한산대첩 등 해상전투의 격전지였다. 따라서 이른 시기부터 조선후기 축조의 권설봉수 등 다양한 형태의 봉수가 분포하고 있다.

끝으로 南海는 사량도를 사이에 두고 동으로 거제도를 바라 보며 서로는 전라남도 여수시와 경계를 이루고 있다. 주위 鳥島·虎島·櫓島 등 3개의 유인도와 63개의 무인도가 흩어져 있다. 남해읍을 중심으로 한 남해도와 창선도 두 섬으로 이루어져 있는데, 남해도에는 望雲山(786m)·錦山(681m)·松登山(617m), 창선도에는 臺芳山(446m)·雪屹山(488m) 등의 해발고도가 높은 산지로 되어 있다. 고려~조선시대 왜구들이 여수·순천·광양·하동·사천·고성 방면으로 침입하기 위해서는 반드시 거쳐 지나가야 하는 곳이었다. 그러므로 이른 시기부터 해발고도가 높은 산지마다 봉수가 설치되어 운용되었다.[4]

---

4) 김주홍, 「南海岸 지역의 沿邊烽燧」, 『慶南研究』創刊號, 경남발전연구원 역사문화센터, 2009, pp.179~180.

따라서 고려~조선시대 긴 해안선을 따라 크고 작은 반도와 만 및 도서로 이루어진 남해안으로 침입하려는 왜구의 방어를 위해서는 직봉외에 다수 간봉노선의 봉수 설치가 불가피 하였던 것이다.

지금까지 제2거 각 노선별로 極邊初面의 초기 연변봉수가 내지화하여 중앙으로 연결되거나, 각자 거화를 통해 본읍·본진으로만 응하였던 봉수를 살펴보았다. 또한, 각 노선별로 연변·내지봉수의 수량을 표로 정리 및 다수 간봉 설치의 목적을 검토하였다.

이중 극변초면의 초기 연변봉수가 내지화하여 중앙으로 연결되는 노선은 [표Ⅳ-2]처럼 제2거 직봉과 5개 간봉이다. 이들 6개 노선의 초기봉수는 지역적으로 부산·거제·남해 등 경남 남해안이다. 또한, 연변과 내지의 접점 봉수는 부산·영덕·함안·밀양·사천 등이다. 지역적으로 경남 남해안이며 경북 내륙지역을 일부 포함한다. 그리고 제2거 간봉(1)의 영덕 廣山, 간봉(2)의 함안 巴山, 간봉(6)의 함안 安谷山 등 3개 노선의 연변·내지 접점에 위치한 봉수는 煙臺를 공통적으로 갖추고 있다. 따라서 각 노선별 극변초면의 초기 연변봉수가 완전히 내지화하는 지역은 양산·진보(현 청송)·의령·창녕·밀양·진주 등이다. 그러므로 양산외 5개 지역은 2거 노선 봉수의 구조·형태상 연변과 내지봉수를 구분하는 분기점이 되는 곳이다.

[표Ⅳ-2] 제2거 노선 봉수의 내지화단계 현황표

連番	路線	初起 沿邊烽燧	沿邊·內地 接點烽燧	內地化 烽燧	連番	路線	初起 沿邊烽燧	沿邊·內地 接點烽燧	內地化 烽燧
1	제2거	부산	부산	양산	2	제2거	부산	영덕	진보
	直烽	多大浦鎭 鷹峰	鷄鳴山	渭川		間烽(1)	干飛烏	廣山	神法山
3	제2거	거제	함안	의령	4	제2거	부산	함안	창녕
	間烽(2)	加羅山	巴山	可幕山		間烽(6)	天城堡	安谷山	所山
5	제2거	부산	밀양	밀양	6	제2거	남해	사천	진주
	間烽(8)	天城堡	栢山	南山		間烽(9)	錦山	鞍峴山	望晉

다음 각자 거화를 통해 本邑 · 本鎭에만 응하였던 노선은 [표IV-3]처럼 제2거 간봉의 5개 노선이다. 특히, 간봉(3)의 5개 봉수는 본진에 응하는 것 외에 모두 거제 加羅山烽燧에서 합해졌다가 다시 간봉(2)노선으로 연결되어 졌다. 각 노선별 봉수의 性格은 권설봉수만 속한 노선이 간봉(3)과 간봉(5)이며, 연변 · 권설봉수가 속한 노선이 간봉(4) · 간봉(10)으로 구조 · 형태상 내지봉수는 아니다. 地域別로 간봉(3)은 통영 · 거제, 간봉(4)는 통영 · 진주 · 고성, 간봉(5)는 고성, 간봉(7)은 진해 · 마산, 간봉(10)은 남해이다.

그러면 이들 지역에는 무슨 목적에서 본읍 · 본진에만 응하는 다수의 봉수를 설치하였을까 하는 의문이 든다. 이는 이들 지역이 여말~선초 대마도 방면에서 침입하는 왜구의 주요 루트였기 때문이다. 또한, 선조 대에 壬辰倭亂을 겪으면서 조선 수군의 주요 사령부와 營 · 鎭 · 堡 등이 이들 지역에 위치하였기에 주위로 자체방어를 위한 신호전달의 목적에서 임시 봉수를 설치하였던 것이다.

[표IV-3] 제2거 간봉노선의 연변 · 권설봉수 현황표

連番	路線	烽燧名稱	烽燧性格	終着處
1	제2거 間烽(3)	唐浦鎭 閑背串, 助羅浦鎭 柯乙串, 知世浦鎭 訥逸串, 玉浦鎭 玉山, 栗浦鎭 別望	權設	本鎭 加羅山烽燧
2	제2거 間烽(4)	角山, 佐耳山, 蛇梁鎭 主峰, 牛山	沿邊(權設)	·
3	제2거 間烽(5)	加背梁鎭 別望, 所非浦堡 別望	權設	本鎭
4	제2거 間烽(7)	加乙浦, 餘浦, 沙火郎	沿邊	·
5	제2거 間烽(10)	猿山, 錦山, 彌助項鎭 別烽臺, 三千堡 別望	沿邊(權設)	本邑 · 本鎭

이상으로 제2거의 봉수를 각 노선별로 極邊初面의 초기 연변봉수가 내지화하는 단계와 그렇지 않은 경우를 살펴보았다. 이를통해 설치목적과 봉수의 구조 · 형태상 연변과 내지봉수를 구분하는 주요 분기점이 되는 지역을 언급하였다.

그러면 이제부터는 제2거 노선을 중심으로 地域別 現況을 살펴보고자 한다. 다음에서 언급하는 경남 · 경북 · 충북 소재의 16개 지역은 동일지역임에도 각자 다른 노선의 봉수가 초기하거나 지나던 곳이었다. 특히, 경상도 내 안동 · 영천 · 성주 · 진주 · 마산과 충청북도 내 충주 · 음성 등 7개 지역은 제2거 간봉이 해당 지역 소재의 봉수에서 합해진 후 다시 직봉으로 연결되는 분기점이었다.

釜山은 多大浦鎭 鷹峰에서 초기하는 제2거 직봉과 간봉(1) · (6) · (8) 등 3개 노선의 간봉이 初起하던 곳이었다. 이렇듯 다수 초기 노선의 봉수를 둔 것은 對馬島 방면에서 침입하려는 倭寇의 방어가 최우선적으로 고려되었기 때문이다. 노선별로 간봉(1)은 안동 峰枝山에서 합쳐진 후 제2거 직봉으로 연결되었다. 간봉(6)은 성주 角山에서 합쳐진 후 간봉(2)노선과 만나 충주 馬山에서 합쳐진 후 다시 간봉(9)노선이 만나는 충주(현 음성) 望夷城에서 합쳐진 후 직봉으로 연결되었다. 간봉(8)은 영천 城隍堂에서 합쳐진 후 직봉으로 연결되었다.

巨濟는 간봉(2)가 초기하며 간봉(3)의 5기 권설봉수가 소재하던 곳이었다. 노선별로 간봉(2)는 충주 馬山에서 합쳐진 후 제2거 직봉으로 연결되었다. 간봉(3)은 모두 거제 加羅山에 모였다가 간봉(2) 충주 馬山에 합쳐진 후 직봉으로 연결되었다.

統營은 간봉(4)의 4기 봉수가 소재하던 곳이었다. 이 노선은 진주 角山에서 합해진 후 간봉(9)노선과 만나 충주(현 음성) 望夷城에 합쳐진 후 직봉으로 연결되었다. 또한, 간봉(2)와 (3)노선이 지나던 곳이었는데, 간봉(2)는 彌勒山 · 牛山 2기이며, 간봉(3)은 唐浦鎭 閑背串 1기이다.

固城은 간봉(5)의 봉수가 자체 거화를 통해 外洋에 일이 있는지 없는지를 本鎭에 알리는 역할을 하였던 所非浦堡 別望, 加背梁鎭 別望 등 2기의 권설봉수가 소재하였다. 그런만큼 고려~조선시대 倭寇의 침입으로 인한 피해가 컷던 곳이며, 다수의 봉수설치를 통해 왜구의 침입에 대비하였다.

또한, 간봉(2)와 (4)가 지나던 곳이었는데, 간봉(2)는 天峙·曲山이며, 간봉(4)는 佐耳山이다.

鎭海는 간봉(7) 노선이 지나는 곳으로 진해(현 마산) 加乙浦에 합해진 후 간봉(2)로 연결되어 충주 馬山에 합해졌다가 다시 제2거 직봉으로 연결되었다. 또한, 간봉(6)이 지나던 곳이었는데, 沙火郞은 간봉(7)의 봉수이자 간봉(6)이 초기하는 부산 天城堡에서 신호를 받아 웅천(현 창원) 高山에 응하였다.

蔚山은 제2거 직봉과 간봉(1)이 지나던 곳이었다. 노선과 성격상 제2거 직봉의 夫老山·蘇山 등 내지봉수 2기와 간봉(1)의 爾吉·下山·加里·川內·南木·柳浦 등 연변봉수 6기이다. 초축과 철폐시기가 다른데다 노선과 입지에 따라 봉수의 성격과 구조·형태가 확연히 다른 특징을 보이고 있어 동일지역내 봉수 연구에 있어 중요한 곳이다.

安東은 부산 干飛烏에서 초기하는 간봉(1)이 안동 峰枝山에서 합해진 후 제2거 직봉으로 연결되던 곳이었다. 따라서 동일지역 내 간봉(1)의 藥山·新石山과 제2거 직봉의 開目山 등 서로 다른 2개 노선의 봉수가 소재하고 있다.

金泉은 거제 加羅山에서 초기하는 간봉(2)의 城隍山·所山과, 남해 錦山에서 초기하는 간봉(9)의 龜山·高城山이 소재하고 있다. 따라서 동일지역내 간봉(2)와 간봉(9) 2개 노선이 지나던 곳이었다.

忠州는 거제 加羅山에서 초기하는 간봉(2)가 충주 馬山에서 합해진 후 제2거 직봉으로 연결되던 곳이었다. 따라서 동일지역 내 간봉(2)의 麻骨峙·周井山·大林城과 제2거 직봉의 心項 등 서로 다른 2개 노선의 봉수가 소재하고 있다.

永川은 부산 天城堡에서 초기하는 간봉(8)이 영천 城隍堂에서 합해진 후 제2거 직봉으로 연결되던 곳이었다. 따라서 동일지역 내 간봉(8)과 제2거 직봉의 方山·永溪·城山·仇吐峴 등 서로 다른 2개 노선의 봉수가 소재하고 있다.

咸安은 동일지역 내 거제 加羅山에서 초기하는 간봉(2)의 巴山과 부산 天城堡에서 초기하는 간봉(6)의 安谷山 등 서로 다른 2개 노선의 봉수가 지나던 곳이었다. 함안 소재 봉수의 특징은 이 지역이 연변·내지봉수의 접점에 위치한 까닭에 煙臺를 공통적으로 갖추고 있다.

星州는 부산 天城堡에서 초기하는 간봉(6)이 성주 角山에서 합해져 간봉(2)와 만났다가 다시 제2거 직봉으로 연결되던 곳이었다.

晉州는 통영 牛山에서 초기하는 간봉(4)가 진주 角山에 모여 간봉(9)와 합해진 후 제2거 직봉으로 연결되던 곳이었다. 따라서 동일지역 내 간봉(4)와 간봉(9)의 望晉·廣濟山 등 서로 다른 2개 노선의 봉수가 소재하고 있다.

馬山은 진해 沙火郎에서 거화된 간봉(7)이 진해(현 마산) 加乙浦에 모여 간봉(2)와 합해진 후 제2거 직봉으로 연결되는 노선과, 부산 天城堡에서 초기하는 간봉(6)의 城隍堂이 공존하고 있다.

南海는 간봉(9)가 초기하는 錦山이 위치하는데, 금산은 북쪽으로 臺防山으로 가고, 서쪽으로는 本縣의 所乙山으로 가서 제5거 직봉의 突山島에 합해졌다. 아울러 금산은 간봉(10)으로 동 지역 소재의 猿山·彌助項鎭 別烽臺와 함께 本邑·本鎭에만 응하였다. 따라서 남해는 간봉(9)와 간봉(10) 2개 노선의 봉수가 소재하는 곳이었다. 이중 금산은 각 노선의 결절점에 위치했던 봉수로서 중요한 역할을 하였다.

陰城은 남해 錦山에서 초기하는 간봉(9)가 望夷城에서 합해져 제2거 직봉으로 연결되던 곳이었다.

이상으로 소개한 16개 지역은 路線別로 2개 이상 노선의 봉수가 소재하거나 지나던 곳이었다. 또한, 노선이 다른 봉수가 해당 지역에서 합해져 직봉으로 연결되기도 하였다. 性格別로 연변·내지봉수가 혼재하거나 접점지역은 부산·울산·함안이다. 다음 沿邊烽燧만 소재하는 지역은 거

제 · 통영 · 고성 · 진해 · 마산 · 남해이다. 반면, 內地烽燧만 소재하는 지역은 안동 · 김천 · 충주 · 영천 · 성주 · 진주 · 음성이다.

따라서 지금까지 설명한 바를 정리하면 [표IV-4]와 같다.

[표IV-4] 제2거 노선 봉수의 지역별 현황표

連番	地域	제2거 路線											路線 數	性格	
		直烽	間烽(1)	間烽(2)	間烽(3)	間烽(4)	間烽(5)	間烽(6)	間烽(7)	間烽(8)	間烽(9)	間烽(10)		沿邊	內地
1	釜山	●(初起)	●(初起)					●(初起)		●(初起)			4	◎	
2	巨濟			●(初起)	○								2	◎	×
3	統營			○	○	●(初起)							3	◎	×
4	固城			○		○	●(初起)						3	◎	×
5	鎭海						○	●(初起)					2	◎	×
6	蔚山	○	○										2	◎	
7	安東	○	○										2	×	◎
8	金泉			○						○			2	×	◎
9	忠州	○		○									2	×	◎
10	永川	○							○				2	×	◎
11	咸安			○				○					2	◎	
12	星州	○		○						○			3	×	◎
13	晉州			○	○					○			3	×	◎
14	馬山							○	○				4	◎	×
15	南海									●(初起)	○		2	◎	×
16	陰城	○								○			2	×	◎

다음, 제5거 노선의 직봉과 3개소의 간봉이 소재하였던 전라연안 및 충남 · 경기 · 인천 지역은 경남 남해안에서 초기하는 제2거 노선의 봉수와는 다른 양상을 보인다. 노선별로 제5거 直烽은 여수 防踏鎭 突山島에서 초기하는 沿邊烽燧로 총 61기가 있다. 고흥 · 보성 · 장흥 · 강진 · 해남 · 진도 · 목포 · 무안 · 영광 · 고창 · 부안 · 군산지역 소재의 다수 봉수

를 거쳐 논산 皇華臺에 이르면 구조·형태적으로 내지화하여 다음 봉수인 魯城山부터 내지화한다. 이후 평택 塊台串부터 화성·시흥·인천·김포·강화 소재의 모든 봉수는 연변봉수의 형태이다가, 최종 신호를 받는 開花山은 다시 내지봉수이다. 이를 통해 제5거 직봉은 성격상 동일 노선상에 연변(초기 : 돌산도) → 내지(시초 : 황화대) → 연변(시초 : 괴태곶) → 내지(종착 : 개화산)의 다양하고도 복잡한 구조·형태적 특성을 보이고 있다.

노선별로 간봉(1)은 일부 중앙으로 신호가 전달되거나 혹은 각자 거화를 통해 本邑·本鎭에만 응하였던 연변·권설봉수로 총 13기가 있다. 지역적으로는 순천·광양·고흥·강진·장흥·보성·진도 등이다. 간봉(2)는 옥구 花山에서 초기하는 연변봉수로 총 15기가 있다. 평택 塊苔串에서 합해져 제2거 직봉으로 연결되었다. 간봉(3)은 강화 長烽島에서 초기하는 권설봉수로 甫音島·末叱島·鎭望山 등 4기이다. 초축시기는 조선 후기로서 모두 별도로 설치되어 운용되었다.

지역별로 노선관계를 살펴보면 여수는 防踏鎭 突山島에서 초기하는 제5거 직봉과 간봉(1)의 城隍堂烽燧가 소재하던 곳이었다. 보성·진도 역시 제5거 간봉(1)의 全日山·女貴山烽燧가 소재하며 제5거 직봉으로 연결되던 곳이었다. 반면, 高興·康津은 동일지역내 제5거 직봉과 간봉(1)의 봉수가 각각 소재하던 곳이었다. 平澤은 제5거 직봉과 제5거 간봉(2)가 평택 塊苔串烽燧에서 합해진 후 제5거 직봉으로 연결되던 곳이었다.

이외 동일 지역임에도 高陽·坡州·江華 3개 지역은 노선이 상이한 경우이다. 우선 高陽은 제3거와 제4거 등 2개 노선의 직봉이 지나던 곳이며, 이를 최종 제3거 종착지인 毋嶽東烽과 제4거 종착지인 毋嶽西烽에 전하였다. 다음 坡州는 제3거와 제4거 등 2개 노선의 직봉이 지나던 곳이었다. 마지막으로 江華는 제4거 간봉(3)과 제5거 직봉 및 간봉(3) 등 3개 노선의 봉수가 각각 소재하였다.

2) 文獻記錄

내지봉수는 해안이나 변경의 최일선에 위치하고 있었던 연변봉수와
비교하여 봉수군의 근무에 있어 위험이 덜하였다. 그러나, 산간 고지대에
위치하였던 봉수는 봉수군이 番을 서기 위해 오르내리기에 상당히 苦役이
었음에 따라 근무여건은 용이하지 않았다. 따라서 내지 · 연변봉수는 입
지뿐만 아니라 구조 · 형태와 규모를 달리하고 있다.

　제도적으로 내지봉수의 축조와 시설은 世宗 29年(1447) 3월 의정부에
서 병조의 呈狀에 의거하여 올린 腹裏烽火排設之制를 통해 규정되어졌
다. 즉,

> 腹裏[內地]의 봉화는 연변지방에 있는 연대의 비교가 아니니, 전에 있던 배설한
> 곳에 연대를 쌓지 말고 산봉우리 위에 땅을 쓸고 연기 부엌을 쌓아 올려 위는 뽀
> 족하게 하고 밑은 크게 하며, 혹은 모나게 하고 혹은 둥글게 하며, 높이는 10척에
> 지나지 않게 하고, 또 垣墻을 둘러쌓아 흉악한 짐승을 피하게 하며 -(下略)-5)

의 기록을 통해 연조의 기단은 크게 方形 혹은 圓形으로 하고 위는 뽀족한
형태에 높이는 10尺(3m)을 넘지 않는 연조의 모습을 추측할 수 있다. 또,
흉악한 짐승을 피하기 위해 垣墻을 동시에 갖추었다. 그후 成宗 6年(1475)
에는 왕이 병조에 내린 전교에

> 낮에 알리는 것은 반드시 연기로 하는데, 바람이 불면 연기가 곧바로 올라가지
> 못하므로 후망하기 어려우니, 이제 봉수가 있는 곳에는 모두 煙筒을 만들어 두게
> 하라. 바람이 어지러워 연기가 흩어져 후망할 수 없을 때에는 그곳의 봉수군이
> 달려와서 고하여 전보하도록 하라 -(下略)-6)

---

5) 腹裏烽火 非沿邊烟臺之比 勿築臺 於在前排設峯頭 除地築烟竈 上尖下大 或方或圓 高不過
十尺 且○以垣墻 以避惡獸(『世宗實錄』卷115, 世宗 29年 3月 丙寅)

의 기록을 통해 기존의 봉수대 시설에 추가로 煙筒을 설치하게 하는 등 시설을 강화하고 후망불능시 직접 봉수군이 다음 봉수로 달려가서 고하게 하였다. 즉, 성종 6년(1475) 이후로 모든 내지봉수는 垣墻내 烟竈 상부에 煙筒을 갖추어야만 했다. 아울러 봉수 내외로는 봉수군의 생활이나 물품 보관에 필요한 家屋과 庫舍 및 우물[井] 등의 부속시설을 갖추고 있었다.

한편, 화성 棲鳳山烽燧의 일예를 통해 조선후기 내지봉수의 구조·형태를 짐작할 수 있다. 봉수는 경기도 화성시 정남면 문학리와 향남면 동오리 경계의 棲鳳山(248m) 정상에 있다. 『華城城役儀軌』(1801)에 규모와 형태를 추정할 수 있는 관련기록이 있는데 이를 소개하면 다음과 같다.

> 서봉산 간봉에는 또한 다섯 개의 火竈를 雜石臺 위에 설치하였는데, 화조의 높이 11尺이고 아랫둘레 13척인데, 돌로 쌓고 회를 발랐다. 허리 부분과 꼭대기에 모두 횃불 아가리가 있는데, 동쪽으로 화성부 봉화둑의 봉화에 준하고 있다. 대 아래 산 허리에는 4칸의 庫舍를 지어 봉수군의 물품을 저장하고 또 그 아래에 守直廳을 지었다.[7]

이를통해 내지봉수의 주요 거화시설인 연조를 화조라 표기하는 등 용어의 차이가 있다. 또한, 火竈[煙竈]의 설치시 地表面이 아닌 雜石臺 위에 설치한 특징이 있다. 화조를 잡석대 위에 설치한 봉수는 서봉산봉수가 유일한 사례이다. 아울러 조선시대에는 度量衡의 단위로 營造尺이 널리 통용되었고, 1尺의 단위길이는 31.0cm 내외였음을 고려하면[8] 화조의 높이 11척은 대략 3.3m이며, 아랫 둘레 13尺은 대략 3.9m의 규모가 상정된다. 이를 통해 화조의 아래는 상부보다 크고 넓게 하여 위로 갈수록 좁혀서 높

---

6) 『成宗實錄』卷55, 成宗 6年 5月 乙亥
7) 棲鳳山間烽 亦設五火竈 於雜石臺上 火竈高十一尺 下圍十三尺 石築塗灰 腰頂俱有炬口 東準於府墩之烽而 臺下山腰 建四間庫舍 以儲軍物 又其下守直廳 (『華城城役儀軌』卷首 圖說)
8) 尹張燮, 「韓國의 營造尺度」, 『篠愚尹張燮敎授華甲紀念論文』, 1975, p.76.

이 3m가 넘는 1기 화조의 규모가 짐작된다. 한편, 축조시 "돌로 쌓고 회를 발랐다(石築塗灰)"는 내용을 통해 조선시대 봉수의 원형복원시 참고해야 할 단서가 된다. 또, 거화와 관련하여 "허리 부분과 꼭대기에 모두 횃불 아가리가 있는데(腰頂俱有炬口)"의 내용은 화두의 중간부분에 거화를 위한 시설이 마련되어 있고 거기서 배출된 연기가 꼭대기를 통해 배출되도록 시설을 마련하였음을 알 수 있다.

현재 봉수는 남-북 장축을 이루는 산정에 대형의 화강암바위 5개소가 일정한 간격으로 놓여 있는데 지형상 北高南低이다. 따라서 이들 바위마다 상부에는 위에서 언급한 화조 즉 거화를 위한 연조가 설치되어 있었을 것이나 현재는 멸실된 상태이다.

이외에도 해방 이후인 1947년 車相瓚(1887~1946)[9]의 遺稿를 모아 明星社에서 발행한 『朝鮮史外史』第1卷「烽火의 設置方法」내용을 소개하고자 한다. 이는 해방을 전후하여 당시 온전하게 남아 있던 봉수를 실견하고 기록한 내용이다. 그러므로 당시 봉수의 구조·형태를 파악하는데 참고 할 만한 가치가 있다. 이하 全文은 다음과 같다.

봉화에는 두 가지 종류가 있으니 하나는 봉(烽)이요 또 하나는 수(燧)다. 봉이라 한 것은 홰(炬)에 불을 켜서 서로 알게 하는 것이니 밤에만 쓰는 것이오 수는 나무에 불을 피워서 그 煙氣를 서로 바라보게 하는 것이니 낮에 하는 것이다. 홰는 普通으로 쓰는 홰와 같이 대개 싸리나무로 만들고 그 속에 관솔(松明)을 넣지만 수는 섶나무를 쌓고 그 우에다 狼糞(이리똥) 또는 馬糞(말똥)을 피운다. 여기에 特別히 마랑분을 쓰는 것은 랑분은 아모리 바람이 불어도 그 煙氣가 항상 一直線으로 올라가기 때문이다. 그러므로 수를 狼煙이라고 부르는 일도 있다. 그리고 봉화를 드는 方法은 우에도 잠간 말한바와 같이 不時에는 불을 하나를 들고

---

9) 문필가. 호 青吾. 春川 출생. 普成專門學校 졸업 후 모교 교수를 지내고, 開闢社의 주간으로 『개벽』, 『別乾坤』, 『新女性』, 『農民』, 『학생』 등의 잡지를 발간했다. 저서로 『朝鮮四千年秘史』, 『海東艶史』 등이 있다.

敵이 현형을 하면 불을 둘을 들고 國境에 가찹게 오면 또 셋을 들고 國境을 범하면 넷을 들고 또 敵軍과 서로 접전을 하게되면 다섯을 드나니(經國大典 參照) 金三淵昌翕의 烽火歎 이란 글에 「尋常一炬報平安其餘應讀惟所逢 二現 三近四越江 五炬乃知寇乘堞 심상한 횃불은 平安을 報함이오 其外에는 만나는대로 따러서 변하는데 둘은 나타남이고 셋은 가찹고 넷은 江을 건너서고 다섯재는 그제서 도적이 담에 오른 것을 알겠노라」라 한 것이 그것이다. 그리고 또 봉화를 설치하는 方法은 대개 中國兵書에 있는 그것을 그대로 채용한 듯하니 첫째 位置에 있어서는 每三十里마다 한 봉화를 두되 그 곳에서 第一 높은 곳에다 두고 또 山이 서로 가리고 막혀서 自然히 不便할 때에는 里數에 불구하고 서로 바라 볼 만한 程度의 거리에 두고 萬一 國境까지 臨하게 될 때에는 烽火의 周圍에다 성첩을 쌓았다. 그 다음에 烽火를 설치하는 方法은 한 烽火台마다 흙으로 만든 통이 네 개가 있으되 통사이에는 火台 네 개가 있고 台上에는 말둑을 박어서 홰를 安全하게 하였다. 그리고 各통의 相距는 約二十五步式으로 하나 山이 험하고 땅이 협착하야 二十五步의 거리로 할 수 없을 경우에는 다만 불만 서로 상응하야 잘뵈이게 하도록만 하고 그 遠近은 꼭 제한하지 않었다.

연통의 높이는 約 一丈五尺인데 절반以下부터는 四面의 各各 넓이가 約 一丈一尺이고 절반 以上부터는 우로 올라가면서 漸次 좁게 되었다. 또 통을 만드는데는 먼저 內面을 진흙으로 바른 다음에 表面 또한 진흙으로 처발러서 연기가 세나오지 못하게 하고 통우에는 밑이 없는 옹기동이를 만들어서 덮었으니 그것은 물론 연기를 잘 나가게 하느라고 그리한 것이었다. 그리고 또 아래에는 검은 화로에 부엌아궁이 있으니 땅에서 約 석자거리 되게 만들고 上下左右가 各各 一尺五寸이 되어 네모 반듯하고 門을 해달어서 自由로 열었다 닫었다 하게 하고 그 화로의 아궁이문은 속에다 나무를 넣고 진흙으로 잘 쌓발러서 붉길에 타지 않도록 하였으며 또 烽筒밖에는 四方으로 모도 깊은 구덩이를 파서 다른 곳과 불이 타지 않도록 하였다. 烽所에 預備저장하는 물건은 대개 섭나무·볏집·材木 等인데 秋成하기 前에 特別히 쑥대·쑥잎·갈대·풀마디(草節)等을 베어 말려가지고 한데 섞어 묶어 볼쏘개에 쓰게하고 섭나무저립(麻莖)·狼糞·引火之物을 쌓아둔 곳에는 또한 구덩이를 四方으로 돌려파서 火災가 범하지 않도록 防備하였다.

는 내용이다. 따라서 위 차상찬의 봉수구조와 관련된 내용에 근거하여 李喆永은 [표IV-5]의 ①과 같은 내지봉수의 연조 추정도를 제시하였다. 연조 상부에는 밑이 없는 항아리를 이용하여 거화시 연기가 잘 올라가도록 하기 위해 연통 구실을 하고 있다.

이외에도 [표IV-5]의 ② · ③ · ④를 통해 주요 내지봉수의 복원추정도를 제시하고 있다. 이는 오늘날 잔존 유지가 온전한데다 각각 다양한 형태로 내지봉수의 전형을 보여주는 용인 石城山, 성남 天臨山, 양산 渭川烽燧이다. 이중 [표IV-5]의 ②는 타원형의 방호벽 내에 동-서 1열로 5기의 연조와 외부에 초가를 갖춘 형태이다.

[표IV-5]의 ③은 방호벽 내에 동-서 1열로 5기의 연조와 庫舍 및 외부에 와가를 갖춘 형태이다. 또한, 장축을 이루는 동-서 방향으로 開口形의 출입시설이 마련되어 있다.

[표IV-5]의 ④는 장방형의 방호벽내에 동-서 1열로 5기의 연조와 타원형의 방호벽내에 고사 및 맞배지붕의 와가를 갖춘 형태이다. 구조 · 형태상 각각 형태가 다른 2기의 방호벽을 덧붙혀 놓은 모습으로 국내에서 유일한 사례이다.

이상 소개한 3기의 봉수는 出入施設의 형태가 모두 開口形이며 석축이다. 또한, 5기의 연조가 모두 방호벽 내에 있는 일반적인 형태이다. 따라서 조선시대 내지봉수의 정형을 추정 및 구조 · 형태를 이해하는데 참고할 만한 자료이다.

[표IV-5] 내지봉수 복원추정도

① 내지봉수 연조 추정도	② 용인 석성산봉수

③ 성남 천림산봉수	④ 양산 위천봉수

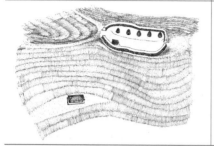

3) 沿邊烽燧와의 比較

　內地烽燧의 평면은 烽燧軍과 煙竈를 보호하는 防護壁의 형태에 따라 구분된다. 평면형태는 크게 楕圓形系와 方形系로 구분되는데, 타원형계가 대부분이다. 이러한 내지봉수의 유형과 시설 및 규모에 대해서는 2절에서 상세하게 다룰 것이다.

　반면, 沿邊烽燧는 평면형태가 煙臺를 두른 壕와 防護壁 등의 시설에 의해 결정된다. 歷史的으로 高麗時代부터 倭寇 방어와 관련하여 국내에서 가장 많은 봉수가 소재하는 慶尙道 연변봉수의 평면은 동해안과 남해안지역 간에 뚜렷한 차이가 있다. 즉, 동해안 연변봉수는 圓形이 대부분이며 이외 타원형·부정형·반원형이 소수이다. 반면, 남해안은 원형·타원형·장방형·부정형의 고른 분포이다. 이에대해 李喆永은 남해안 지역은 특정 형태로의 통일성이 약하며 특히 봉수의 평면형태가 비정형적으로 된 것이 많다는 점이 주목된다고 하였다. 또한, 동해안 연변봉수가 남해안 봉수와 비교하여 평면형태에 있어 전체적으로 강한 통일성을 띄는 것은 지형적 영향 외에도 같은 노선의 봉수라는 점을 들었다. 이에반해 남해안 연변봉수는 각각의 간봉노선이 初起하는 봉수가 대다수로 봉수 상호간에 연결성이 떨어질 수밖에 없고 그 결과 지형적 조건에 따라 다양한 평면형태로 조성되었다고 하였다.

또한, 동해안 연변봉수가 대체로 조선전기 세종대의 규식에 따라 축조될 수 있었던 것은 해발고도가 100~200m 정도인 완만한 구릉지에 봉수가 입지하여 지반이 토층을 이루는 경우가 많았기에 필요시설을 용이하게 조성할 수 있었기 때문으로 보았다. 이에 비해 남해안은 봉수가 입지한 부지의 평균 해발고도가 약 400m 내외로 매우 높은 편이다. 남해안은 전방 해상에 수많은 섬들이 놓여 있어 보다 양호한 시계확보를 위해서는 자연 해발고도가 높은 산봉우리를 봉수의 부지로 선택할 수밖에 없었으며 지반은 대부분 암반층을 이룬다. 따라서 세종대 연변연대조축지식의 규정대로 바닥을 굴착하여 圓形의 壕를 만드는 것은 대단히 어려울 수밖에 없는 것으로 보았다.

이외에도 경상도 소재의 연변·내지봉수 중 30기 평면도의 제시를 통해 비교를 명확히 하였다.[10]

[표IV-6] 경상도 소재 연변·내지봉수 평면도

연변봉수

①남해 대방산봉수	②고성 좌이산봉수	③고성 곡산봉수

---

10) 이철영, 「朝鮮時代 慶尙道地域 烽燧 研究」, 『大韓建築學會支會聯合論文集』제12권4호, 大韓建築學會支會, 2010.

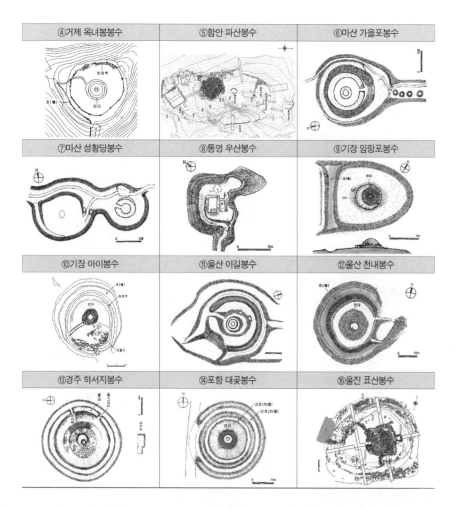

④거제 옥녀봉봉수	⑤함안 파산봉수	⑥마산 가을포봉수
⑦마산 성황당봉수	⑧통영 우산봉수	⑨기장 임랑포봉수
⑩기장 아이봉수	⑪울산 이길봉수	⑫울산 천내봉수
⑬경주 하서지봉수	⑭포항 대곶봉수	⑮울진 표산봉수

내지봉수

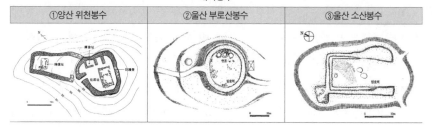

| ①양산 위천봉수 | ②울산 부로산봉수 | ③울산 소산봉수 |

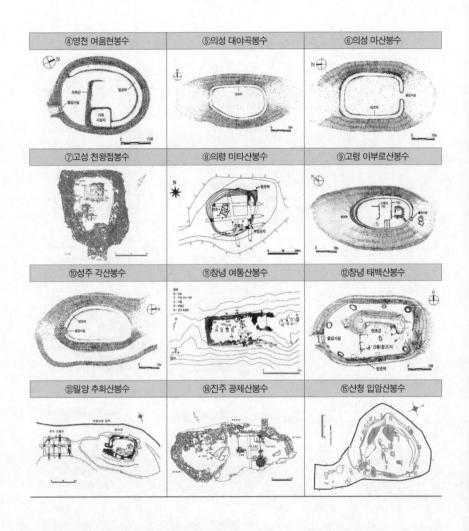

④영천 여음현봉수	⑤의성 대아곡봉수	⑥의성 마산봉수
⑦고성 천왕점봉수	⑧의령 미타산봉수	⑨고령 이부로산봉수
⑩성주 각산봉수	⑪창녕 여통산봉수	⑫창녕 태백산봉수
⑬밀양 추화산봉수	⑭진주 광제산봉수	⑮산청 입암산봉수

따라서 연변봉수는 내지봉수보다 규모가 클 뿐만 아니라 구조·형태가 다양하다. 또한, 봉수운용과 자체 방호를 위해 다양한 시설과 비품을 갖추고 있었다. 연변봉수의 축조와 시설규정은 世宗 4年(1422) 왕이 慶尙道水軍都安撫處置使의 계에 따라 여러 道에 명하여 연대를 높게 쌓고 활쏘는 집인 弓家와 火砲·兵器를 설치하도록 하였다.[11] 세종 14년(1432)에는 당시 국가의 환난이 북방에 있음을 강조하여 방비책으로 烟臺에는 小

火砲외에 信砲를 구비하도록 하였는데[12], 연대 설치의 간격을 煙火가 서로 바라보이는 것 외에 信砲소리의 서로 들을 수 있는 거리로 하였다.[13] 그러나, 이 신포의 사용은 逆風시 서로 듣지 못할 우려가 있어 적변을 알리기 위해 미리 나무를 쌓아 놓았다가 동시에 사용하자는 논의가 있어 채택되기도 하였다.[14] 또한, 세종 19년(1437)에는 의정부의 건의로 각 도의 극변초면으로서 봉화가 있는 곳은 煙臺를 높이 쌓고 근처에 사는 백성 10여인을 모아서 烽卒로 정하여, 매번에 3인이 모두 병기를 가지고 항상 그 위에서 주야로 정찰하여 5일만에 교대하도록 하는 등 봉화의 신설과 봉졸의 선정 및 근무조건을 정하였다.[15]

세종 20년(1438) 1월에 議政府는 兵曹의 정계에 의거하여 최초로 烟臺造築規式을 정하였다. 즉, 연대 4면 아래쪽의 너비는 每面 20척으로 하고 높이는 30척으로 하되 모두 布帛尺을 사용하여 고쳐 쌓도록 하고, 4면에는 모두 坑坎을 파도록 하였다. 그리고 修城典船色으로 하여금 연대의 본보기를 그려 도절제사에게 내려 보내도록 하고, 도절제사로 하여금 이를 참고해서 감독하고 축조하게 하였다.[16] 따라서 이를 통해 추정해 볼 수 있는 연변봉수의 형태는 오늘날 동·남·서해안에 잔존하는 煙臺 주위 壕를 갖춘 평면 圓形의 봉수이다.

세종 28년(1446)에는 봉수의 중요성에 비추어 각 도 연변연대의 축조

---

11) 『世宗實錄』卷17, 世宗 4年 8月 癸卯
12) 『世宗實錄』卷55, 世宗 14年 2月 己亥
13) 『世宗實錄』卷56, 世宗 14年 6月 癸巳 및 卷116, 世宗 29年 4月 丙申
14) 『世宗實錄』卷85, 世宗 21年 4月 癸卯
15) 『世宗實錄』卷76, 世宗 19年 2月 己卯
16) 議政府據兵曹呈啓 ─ 今間延等處各官 造築烟臺 未經一年 或致傾圮 專是監築官吏不用心也 烟臺四面下廣 每一面二十尺 高三十尺 皆用布帛尺 定制改築 四面皆置坑坎 四五人指兵器火砲 十日相遞 晝夜堠望 如有擅離者 依律痛督 沿邊各口子 造築石堡時 敵臺甕城及烟臺見樣 令修城典船色 圖畫下送 憑考監督 從之 (『世宗實錄』卷80, 世宗 20年 正月 更子)

법식과 중부봉화의 배설제도 등이 의정부에 의해 건의되어[17] 다음해 沿邊烟臺造築之式과 腹裏烽火排設之制가 동시에 마련되어 시행되었다. 이때 규정된 연변봉수의 형태와 갖추고 있어야만 했던 비품 등은 아래

연변의 각곳에 연대를 축조하되, 높이는 25척이고 둘레는 70척이며, 연대 밑의 사면은 30척으로 하고, 밖에 塹壕를 파는데 깊이와 넓이는 각기 10척으로 하고 모두 營造尺을 사용하게 하며, 또 坑塹의 외면에 나무 말뚝을 설치하는데 길이 3척이나 되는 것을 껍질을 깎아 버리고 위를 뾰족하게 하여 땅에 심고 넓이는 10척이나 되게 하며, 연대 위에는 假屋을 만들어 兵器와 조석에 사용하는 물과 불을 담는 器皿 등 물건을 간수하고, 망보는 사람은 10일 동안에 서로 번갈아 이를 지키게 하고, 새로 온 사람과 그전에 있던 사람 사이에 양식이 떨어질 때에는 있는 곳의 고을 관원과 감사와 절제사가 적당히 모자라는 것을 보충해 주게 하며 ―(下略)―[18]

의 기록을 통해 구체적으로 추측할 수 있다. 이전 시기 烟臺造築規式과의 차이점은 尺의 단위가 布帛尺에서 營造尺으로 바뀐 것이며, 후기에는 호의 외면에 木杙의 설치를 통해 봉수의 방호기능을 강화 및 연대 위에 임시로 假屋을 만들어 여러 가지 비품을 두게 하였다. 반면, 공통점은 연대 주위에 모두 壕를 의미하는 坑坎·坑塹을 마련토록 한 것이다. 이를통해 조선전기 연변봉수의 전형은 연대와 주위 호를 갖춘 평면 원형이다.

成宗 6年(1475)에는 왕이 내지봉수와 마찬가지로 병조에 내린 전교에

낮에 알리는 것은 반드시 연기로 하는데, 바람이 불면 연기가 곧바로 올라가지

---

17) 『世宗實錄』卷114, 世宗 28年 10月 更子
18) 沿邊各處烟臺築造 高二十五尺 圍七十尺 臺下四面三十尺 外掘塹 深廣十尺 皆用營造尺 又於坑塹外面 設木杙長三尺 削皮銳上植地 廣十尺 臺上造假屋 藏兵器及 朝夕供用水 火器皿 等物 看望人 十日 相遞守之 新舊間絶粮時 所在官及監 司節制使 隨宜補○一. (『世宗實錄』卷115, 世宗 29年 3月 丙寅)

못하므로 후망하기 어려우니, 이제 봉수가 있는 곳에는 모두 煙筒을 만들어 두게
하라. 바람이 어지러워 연기가 흩어져 후망할 수 없을 때에는 그곳의 봉수군이
달려와서 고하여 전보하도록 하라 —(下略)—[19]

의 기록을 통해 기존의 봉수대 시설에 추가로 煙筒을 모든 봉수마다 설치
하게 하는 등 시설을 강화하고 후망불능시 직접 봉군이 다음 봉수로 달려
가서 고하도록 하였다.

이후 선조 30년(1597) 盧稷의 진언에

驪州 이하 강가에는 도체찰사가 작은 둔덕을 만들고 그 위에 장대를 세워, 밤에
는 등을 달아 서로 응하게 하고 낮에는 깃발을 올려 서로 보이게 하였는데, 급보
가 있을 때는 신속히 전달할 수 있습니다.[20]

하여 당시 봉수와 유사한 기능을 갖춘 소규모의 전보통신 시설이 갖추어
져 있었음을 알 수 있다. 이 시설은 여울의 모래톱이나 산모퉁이 수풀이
우거진 곳의 서로 바라다 보이는 지역에는 모두 설치되었다. 肅宗 31年
(1705)에는 봉수가 中途廢絶되는 것을 우려하여 富護軍 閔銓의 상소에

봉수가 육지와 연결된 곳에는 겸해서 대포를 설치하여 구름이 끼어 어두운 날에
는 대포를 쏘아 서로 응한다면, 아마 중간에 봉화가 끊어지는 폐단이 없을 것입
니다.[21]

하여 砲聲으로서 봉수의 부족함을 보완하였다. 이는 세종대에 연대설치
의 간격을 煙火가 서로 바라보이는 것 외에 信砲 소리의 서로 들을 수 있
는 거리로 한 것과 단종대의 적변에 따라 봉수 5거를 한꺼번에 드는 방안,

---

19) 『成宗實錄』卷55, 成宗 6年 5月 乙亥
20) 『宣祖實錄』卷85, 宣祖 30年 2月 丙戌
21) 『肅宗實錄』卷41, 肅宗 31年 4月 丙子

성종대의 연통시설 마련, 선조대의 봉수대용으로 마련한 작은 둔덕 등의
시설과 더불어 砲聲이 봉수의 중도폐절에 대한 대책으로 보완되었음을 알
수 있다.

따라서 다음의 [표Ⅳ-7]은 李喆永이 경상도 연변봉수를 대상으로 제시
한 추정복원도이다. 이중 [표Ⅳ-7]의 ①은 울산 川內烽燧[22)]를 모델로 하여
원형의 연대 상부에는 밑이 없는 甕器 煙筒과 주위 壕 및 호를 건너 연대
에 접근이 용이하도록 橋梁施設과 연대 주위 무수한 木杙을 설치했을 것
이라는 가정하에 작성된 것이다. 아울러 봉수 못미쳐 봉수군 주거지의 복
원도를 제시하였는데 전통적인 서민가옥의 한 형태로 토담벽에 초가를 이
어 엮어 지붕을 해놓았다.

[표Ⅳ-7]의 ②는 울산 爾吉烽燧[23)]를 모델로 하여 연변봉수의 여러 유형
에서 특정 부분을 차용한 것이다. 연대 상부 煙筒과 주위 壕 및 호를 건너
연대에 접근이 용이하도록 橋梁施設과 연대 주위 무수한 木杙을 설치했을
것이라는 가정하에 작성된 것이다. 아울러 연대 주위에는 5기의 연조를
반구형으로 배치했다. 또한, 연대와 인접하여 봉수군 주거지의 복원도를
제시하였는데 전통적인 서민가옥의 한 형태로 토담벽에 초가를 이어 엮어
맞배지붕을 해놓았다.

[표Ⅳ-7]의 ④는 울진 表山烽燧[24)]의 시굴조사 결과를 토대로 작성된 복

---

22) 울산광역시 동구 화정동의 해발 98.4m인 산정에 있다. 초축시기는 高麗이며 노선과 성격
    상 제2거 간봉(1)의 연변봉수이다. 대응봉수는 조선전기에 북쪽의 南木烽燧에만 응하였
    으나, 이후 서쪽으로 加里烽燧에 응하는 노선이 신설된 이후 봉수제가 폐지될때까지 유
    지되었다.
23) 울산광역시 울주군 서생면 나사리 해발 121.2m인 烽臺山 정상에 있다. 초축시기는 高麗
    이며 노선과 성격상 동래 干飛烏에서 초기하는 제2거 간봉(1)의 연변봉수이다. 대응봉수
    는 조선전기 북쪽의 下山烽燧에만 응하였으나, 이후 북쪽으로 加里烽燧와 서쪽으로 阿爾
    烽燧에 응하는 노선이 신설된 이후, 조선후기에는 南山 → 阿爾 → 爾吉 → 下山 → 加里
    烽燧를 경유하여 안동 峰枝山烽燧에서 합쳐진 후 제2거 직봉으로 연결되었다.

원추정도이다. 봉수는 호를 파서 내·외부 공간을 구획한 후 내부공간에는 연대와 오름시설을 배치하였다. 외부공간에는 호와 인접시켜 庫舍와 불씨 보관시설로 추정되는 구조물을 배치하고 경사로로 연대와 연결시키고 있다.[25]

[표IV-7]의 ⑤는 부산시 소재 12기의 봉수 중 보존상태가 가장 양호하며 석축의 원형 연대와 방호벽 및 호가 잘 남아 있는 阿爾烽燧[26]의 복원추정도이다. 평면 원형의 호와 방호벽내 연대 상부에는 연통시설을 갖추었다. 아울러 방호벽 내에는 초가 건물지 1동이 배치되어 있는 형태이다.

[표IV-7]의 ⑥은 울산시 소재 8기의 봉수 중 연대를 둘러싸고 있는 석축의 방호벽 둘레가 216m로 국내 최대규모인 楡浦烽燧[27]의 복원추정도이다. 평면 마름모형의 석축 방호벽 내 원형의 호와 螺旋形 오름시설을 갖춘 연대 상부에는 연통시설을 갖추었다. 아울러 방호벽 내에는 와가 건물지와 庫舍가 배치되어 있는 형태이다.

이상으로 소개한 5기의 봉수는 한반도 남부지역에 다양한 형태로 잔존하는 연변봉수 중 동·남해안 울진·울산·부산 소재 일부 봉수의 특정 유형에 불과하다. 하지만 조선시대 연변봉수의 일반적인 구조·형태를 추정하는데 참고가 되며 향후 정비·복원시 참고할 만한 자료이다.

---

24) 경북 울진군 기성면 봉산리의 해발 78.3m인 속칭 배밑동 뒷산에 있다. 조선전기에는 북쪽으로 沙銅山烽燧에 응하였으며, 중기에는 남쪽으로 厚里山烽燧에 응하였다.

25) 이철영, 「울진 표산봉수의 복원 연구」, 『한국성곽학보』-제14집-, 한국성곽학회, 2008. pp.194~195.

26) 부산광역시 기장군 장안읍 효암리 해발 129.23m인 烽臺山 정상부에 있다. 노선과 성격상 부산 干飛烏에서 초기하는 제2거 간봉(1)의 연변봉수이다. 대응봉수는 남쪽으로 南山, 북쪽으로 울산 爾吉烽燧에 응하였다.

27) 울산광역시 북구 당사동의 해발 173.5m인 牛家山 정상부에 있다. 노선과 성격상 제2거 간봉노선의 연변봉수이다. 대응봉수는 조선전기에는 북쪽으로 경주 顔山烽燧에만 응하였으나, 이후 종전의 안산봉수 대신 북쪽으로 경주 下西知, 남쪽으로 南木烽燧에 응하였다.

① 연변봉수 복원추정도1	② 연변봉수 복원추정도2
③ 울진 표산봉수 평면도	④ 울진 표산봉수 복원추정도
⑤ 부산 아이봉수 복원추정도	⑥ 울산 유포봉수 복원추정도

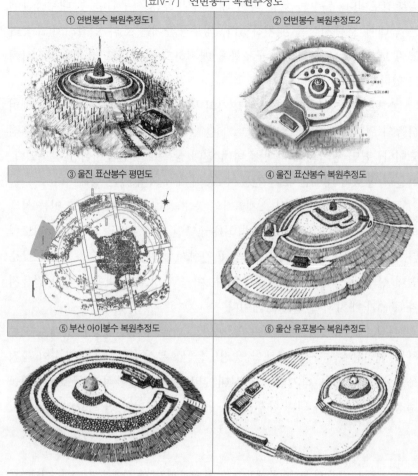

2. 施設

1) 煙竈

연조는 조선시대 봉수제가 운영되던 당시 매일 평상시의 1거는 물론

전쟁과 같은 비상시의 5거를 위해 내지봉수에 필수적으로 갖추고 있어야
만 했던 시설이었다.[28] 지금까지 내지봉수 연조의 하부는 지표·발굴조
사를 통해 일부 확인되었으나, 상부가 온전한 사례는 김천 城隍山[甘文山]
烽燧외에는 사례가 드물다. 높이는 잔존 연조의 기저부와 문헌기록을 통
해 대략 3m 내로 추정된다. 내지봉수에서 지표·발굴조사나 필자가 조사
를 통해 연조가 확인된 사례는 [표IV-10]처럼 약 20기 내이며, [표IV-8]은 현
재까지의 조사를 통해 원형파악이 가능한 주요 봉수의 연조 사진이다.

[표IV-8] 내지봉수 연조

① 포천 잉읍현봉수	② 울산 부로산봉수

---

28) 연조는 煙臺를 기본으로 하는 沿邊烽燧에서도 확인되고 있다. 현재까지의 지표·발굴조
사나 필자가 조사를 통해 연조가 확인된 연변봉수는 약 25기 내이다. 직경은 1.3m의 소형
에서 6.8m의 대형까지 다양하며 내지봉수 보다는 규모가 크다. 직경이 확인된 연변봉수
연조 20기의 평균 직경은 3.2m이다. 간격은 고성 曲山烽燧 연조처럼 거의 맞붙어 있는 경
우와, 화성 興天山烽燧 연조처럼 연조 중심간 거리가 8~12m에 이르거나, 남해 將軍山烽
燧 연조처럼 중심간 거리가 50m에 이르기까지 다양하다. 간격이 확인된 연변봉수 연조
16기 중 연조 중심간 거리가 비정상적으로 긴 장군산봉수를 제외한 15기의 평균 간격은
약 5.4m이다. 과거 연조를 연구자마다 烽竈 혹은 烽墩 등으로 지칭하였으나, 아래와 같이
연조가 옳은 용어이다.
腹裏烽火 非沿邊烟臺之比 勿築臺 於在前排設峯頭 除地築烟竈 上尖下大 或方或圓 高過十
尺 且〇 以垣墙 以避惡獸 (『世宗實錄』卷115, 世宗 29年3月 丙寅)

③ 용인 석성산봉수

④ 성남 천림산봉수

⑤ 성남 천림산봉수

⑥ 김천 성황산(감문산)봉수

⑦ 창녕 여통산봉수

⑧ 창녕 여통산봉수

⑨ 청도 남산봉수

⑩ 의령 미타산봉수

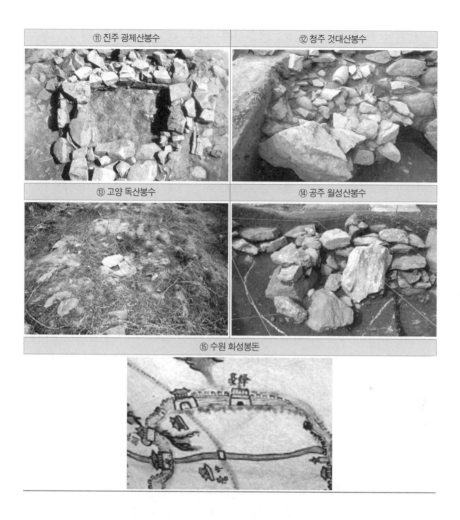

⑪ 진주 광제산봉수   ⑫ 청주 것대산봉수

⑬ 고양 독산봉수   ⑭ 공주 월성산봉수

⑮ 수원 화성봉돈

數量은 대부분 5기이나, 후대의 인위적인 훼손 혹은 정밀조사의 미실 시로 5기 미만인 경우도 더러 있다. 이중 파주 黔丹山烽燧는 검단산 (151.8m) 정상에 방형과 원형의 연조 2기가 1m의 거리를 두고 동-서로 인접하여 있는 특이한 형태이다. 또한, 연조 주위 방호벽의 흔적이 남아 있는데 지름은 약 14m이다. 내지봉수의 일반적인 형태와 연조의 수에서 차이가 있어 이형에 속한다.

築造는 석축 혹은 토·석 혼축이다. 이중 토·석 혼축인 경우는 봉수의 내구력을 강화하기 위한 목적으로 여겨진다. 반면, 조선후기 초축의 수원 華城烽墩은 유일하게 甎築이다.

形態는 원형과 외방내원형의 두 가지이다. 이중 원형은 울산 夫老山烽燧([표IV-8]의 ②)·김천 城隍山(甘文山)烽燧([표IV-8]의 ⑥), 외방내원형은 성남 天臨山烽燧([표IV-8]의 ④)에서 정형을 찾을 수 있다. 창녕 餘通山烽燧([표IV-8]의 ⑦) 연조 역시 후자의 예이나 교란으로 인해 윤곽만 확인이 가능하다.

配置는 방호벽내에 연조 5기를 일정한 간격으로 시설하는 것이 일반적인 형태이고 다수이다. 그러나, 드물게 청도 南山烽燧([표IV-8]의 ⑨)·고양 禿山烽燧([표IV-8]의 ⑬)처럼 연조가 방호벽 외부에 시설된 사례가 있다. 또한, 창녕 餘通山烽燧([표IV-8]의 ⑦)는 연조 1기가 방호벽 외부에 시설되고 나머지가 방호벽 내에 시설된 특이한 사례이다. 비록 소수이지만 이처럼 연조가 방호벽 외부에 시설되는 경우 실제 이들 연조에서 1거의 거화시 放火對策은 어떠하였을까 하는 의문이 든다. 이는 III장 2절에서 표를 통해 제시한 防護(火)備品 중에 滅火器를 각 봉수마다 5件씩 갖추고 있었다. 그럼으로 여기에서 해답을 찾아야 되지 않을까 여겨진다.

이외에 김천 城隍山烽燧는 해발 320m의 吹笛峰 정상부 土城인 甘文山城 내에 위치하고 있다. 남-북 장축의 1열로 토·석 혼축의 연조 5기가 토성의 성벽을 방호벽 삼아 있다. 따라서 별도의 방호벽을 마련하지 않은 특이한 사례이다. 이중 가장 남쪽에 위치한 연조가 규모가 크고 온전한데 규모는 하부 직경 5m, 둘레 17m, 높이 1.1~1.5m이다. 국내에서 확인된 내지 봉수 연조 중 규모가 크고 상부구조가 온전한 사례이다.[29]([표IV-9])

---

29) 內地烽燧인 城隍山烽燧와 거의 유사한 형태로 煙竈를 갖춘 沿邊烽燧는 제2거 간봉(2)와 (7)노선의 마산 加乙浦烽燧, 제5거 직봉의 화성 興天山·念佛山烽燧, 강화 鎭江山烽燧 등이 있다. 비록 노선과 성격은 다르지만 동일한 형태의 연조가 잔존한다는 데서 주목된다.

① 김천 성황산봉수 연조	② 김천 성황산봉수 연조 전경

③ 김천 성황산봉수 평면도

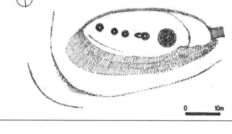

0   10m

    配置形態는 방호벽내에 연조 5기가 동-서 혹은 동남-서북 1열로 배치
되는 것이 가장 일반적이다. 이는 봉수가 들어선 곳의 입지와 지형이 동-
서로 평지에 넓은 공간을 확보한 경우에만 가능하다. 이경우 연조는 신호
를 보내는 방향에 치중하여 북쪽 방호벽에 인접하여 동-서 1열로 배치되
어 있다. 그러나, 드물게 연조 3기가 V자형(산청 笠巖山烽燧), 연조 5기가
전 · 후 2열의 W자형(충주 周井山烽燧), 연조 5기가 동-서 2열의 M자형
(진주 廣濟山烽燧)으로 배치된 사례도 있다. 이런 원인은 곧이어 (3)항에
서도 살펴 보겠지만 봉수가 축조된 곳의 지형차로 인한 내부 공간을 효율
적으로 활용하기 위해 연조의 간격을 좁게 배치할 수 밖에 없었던 것으로
여겨진다. 따라서 충주 주정산 · 진주 광제산 2기 봉수의 연조 중심간 간
격은 각각 2.3m, 1m로, 조선시대 내지봉수 연조의 중심간 평균 간격 3.5m
에 비해 매우 좁음을 알 수 있다.

直徑은 0.8m의 소형에서 5m의 대형에 이르기까지 다양하다. [표IV-10]에서 보듯이 각종 조사를 통해 직경을 알 수 있는 16기 내지봉수 연조의 평균 직경은 1.9m이다.

間隔은 연조 중심간 1m에서 최대 8m에 이르기까지 다양하다. 아울러 지표 혹은 발굴조사를 통해 간격을 알 수 있는 13기 봉수 연조의 중심간 평균 간격은 3.5m이다. 그러나, 5기의 연조가 온전하게 잔존하는 성남 天臨山烽燧와 김천 城隍山(甘文山)烽燧의 예로 볼 때 연조의 중심간 간격은 평균 5m 내외가 가장 이상적으로 여겨진다. 평상시 1거를 위해서는 연조의 간격이 좁아도 상관없지만, 전란과 같은 비상시 5거를 위해서는 일정한 간격을 유지해야만 대응봉수에서 5거를 확실하게 구분할 수 있기 때문이다. 그렇지 못한 이유는 봉수의 축조가 대응봉수간 거리와 지형 및 입지 여건에 따라 결정됨으로 충분한 면적을 확보하지 못한 데서 기인하는 것으로 여겨진다.

한편, 평면 타원형 혹은 방형의 방호벽 내에 5기의 연조를 기본 거화시설로 갖추었던 내지봉수에서 평상시의 1거는 실제 어느 연조에서 올렸을까 하는 의문이 든다. [표IV-10]에서 보듯 연조가 확인된 20여기의 봉수 중 4기가 정밀지표조사, 7기가 시굴·발굴조사 되었다. 이중 성남 天臨山烽燧는 발굴조사를 통해 노출된 동-서 방향 5기의 연조 중 규모가 가장 작은 4연조([표IV-8]의 ⑤)에서 燒土層이 확인되었다. 노출범위는 4연조의 남쪽으로 반경 3.4×3.2m이다. 또한, 북쪽 방호벽의 조사시 유실된 석재를 제거하자 4연조를 중심으로 일정 부분에 걸쳐 災層이 노출되었다. 이 재층은 타 지점에서는 확인되지 않아 4연조에서 거화를 담당하였을 가능성이 큰 것으로 조사자는 보았다.[30] 아울러 거화 후 발생된 재를 일정 장소에

---

30) 한국토지공사 토지박물관, 『성남 천림산봉수 발굴조사보고서』, 2001.

폐기하지 않고 곧바로 방호벽 바깥으로 처리한 것으로 보인다. 이렇듯 규모가 가장 작은 4연조에서 거화를 하였던 것은 매일 1거의 거화시 다량의 거화재료가 소비됨으로 거화재료의 절감이 한 원인으로 여겨진다. 이외에 최소한의 거화재료 사용만으로도 최종 응하였던 木覓山烽燧에 신호전달이 충분하였기 때문으로 여겨진다.

의령 彌陀山([표IV-8]의 ⑩), 진주 廣濟山([표IV-8]의 ⑪) 등 2기의 봉수는 발굴조사를 통해 5기의 연조 중 중앙 3연조에서 소토층이 확인되었다. 미타산봉수는 직경 1.8m의 원형으로 내부의 토층양상은 흑갈색의 점질토 위에 황갈색의 점토가 적갈색의 소토와 함께 내부를 채우고 있었다. 이는 제3연조를 사용하면서 지속적으로 보수를 한 것으로 추정하였다.[31] 광제산봉수는 직경이 남북 2.7m, 동서 2.2m의 방형으로 발굴조사를 통해 내부에는 소량의 목탄과 소토가 산재해 있었다.[32] 따라서 이와같은 조사결과를 놓고 볼 때 5기의 연조 중 가운데 3연조에서 매일 지속적으로 거화하였던 것으로 여겨진다.

창녕 餘通山烽燧는 발굴조사를 통해 방호벽의 북서쪽 모서리에서 원형 석열이 확인되었다. 원형 석열 내부의 할석 아래에서는 연조의 하부 시설이 원형으로 돌아가는 지름 1m, 폭 15cm 내외의 소토띠가 석열의 남쪽에 치우쳐 확인되었다. 이 소토띠의 내부에는 기와가 가득 채워져 있었으며, 이들 기와를 수습·제거하자 소토띠의 벽쪽으로 암키와가 세워져 있는 것이 발견되었다. 따라서 기와를 이용해 굴뚝으로 사용한 것으로 추정하였다. 소토와 기와를 모두 제거하자, 재가 담긴 채 구연부가 결실된 옹기가 발견되었다.[33]([표IV-8]의 ⑧) 이를통해 여통산봉수는 앞에서 소개한

---

31) 慶南發展硏究院, 『宜寧 彌陀山 烽燧臺』, 2007, pp.23~24.
32) 慶南發展硏究院, 『晋州 廣濟山烽燧臺』, 2006, p.27.
33) 우리문화재연구원, 『昌寧 餘通山烽燧臺 遺蹟』, 2007, pp.110~112.

타 봉수와 달리 거화를 방호벽 내 북서쪽 모서리의 연조에서 하였을 것으로 추정된다.

조선후기 지방지도에 표기된 수원 華城烽墩의 사례가 있다. 5기의 연조 중 가운데 연조에서 적색의 불꽃이 선명하게 피어 오르는 모습이다. 따라서 평상시 매일 1거의 거화는 가운데 연조에서 거화하였음을 입증하는 자료이다. 아울러 5기의 연조 상부에는 "烽臺"라 기입하였다.([표Ⅳ-8] 의 ⑮)

따라서 비록 정식으로 조사된 예는 적지만 이상과 같은 조사결과와 고지도의 수원 화성봉돈 표기를 통해 조선시대의 내지봉수는 신호를 받는 기능보다는 보내는 기능을 강조하여 전달방향(北)쪽에 동-서 1열로 연조가 설치되었다. 또한, 평상시 매일 1거의 거화는 중앙 3연조 혹은 이와 인접하여 규모가 작은 4연조나 방호벽 가장자리의 연조에서 항시적으로 신호를 전달하였을 것으로 여겨진다.

[표Ⅳ-10] 내지봉수 연조 현황표

連番	烽燧名稱	海拔높이(m)	路線 및 區分	初築	長軸	平面	煙竈					煙竈 配置(防護壁)			備考
							수량	축조	배치형태	직경(m)	간격(m)	내	외	내외	
1	포천 秃峴	225	제1거 직봉	世宗(1454)	동남-서북	부정	5	토+석	동-서 1열	1.8		●			
2	포천 㐷邑峴	294	제1거 직봉	世宗(1454)	남북	부정	5	석축	남-북 1열	1.8-1.6	2	●			
3	울산 夫老山	391.7	제2거 직봉	續撰(1469)		원형	3	석축	1열		1	●			
4	용인 石城山	471	제2거 직봉	世宗(1454)	남북	타원	3	석축	남-북 1열	1.6	5.6-6.4	●			정밀지표 연조2기멸실
5	성남 天臨山	170	제2거 직봉	世宗(1454)	동서	타원	5	석축	동-서 1열	2.4-2.3	5-7	●			발굴 4연조 소토
6	의령 彌陀山	640	제2거 간봉(2)	慶尙(1425)	동서	타원	5	석축	동-서 1열	1.6-2.2	등간격	●			발굴 중앙 3연조 지속적사용
	김천		제2거	慶尙											

No.	名	높이	거	연대	방향	형태	수	축조	연조배치	규모1	규모2				비고
7	城隍山 (甘文山)	320	간봉(2)	(1425)	남북	타원	5	土+석	남-북 1열	2-5	5		土城 內		방호벽 없음
8	충주 周井山	440.2	제2거 간봉(2)	世宗 (1454)	남동-서북	타원	5	석축	북서쪽 전후 2열(W형)	0.8-1.2	2.3	●			발굴 연조5기복원
9	창녕 餘通	128.2	제2거 간봉(6)	慶尙 (1425)	동서	직방	3-5	석축	동서 1열	1.3-2.5	8	●(2-4)	○(1)	●/○	발굴 서쪽 연조하부 옹기사용
10	창녕 太白山	253	제2거 간봉(6)	慶尙 (1425)	동서	말각 장방	2	석축	동서 1열	1.5	2	●			정밀지표
11	청도 南山	804	제2거 간봉(8)	世宗 (1454)	동서	방형	5	석축	동서 1열	2	4-5		○		연조 방호벽외부
12	진주 廣濟山	419.8	제2거 간봉(9)	慶尙 (1425)	동서	타원	5	석축	전후 동-서 2열(M형)	1.5-2.5	1	●			발굴 연조3기복원 3연조 소토
13	산청 笠巖山	295.5	제2거 간봉(9)	慶尙 (1425)	남북	타원	3	석축	동서 V형	내부 0.6		●			정밀지표
14	청주 巨叱大山	443.4	제2거 간봉(9)	世宗 (1454)	동서	타원	5	석축	동서 1열	1.5	3.6	●			발굴 연조5기복원
15	영주 고항리	685	제2거	·		타원	3-4	석축 1.6	1열	1.2-	2-3	●			기록없음
16	영천 所山	372.4	제2거	慶尙 (1425)	동서	타원	1	土+석	북쪽 위치	3					
17	고양 禿山	133.3	제3거 직봉	世宗 (1454)	동서	원형	5	석축	동서 1열	2.3-2.5	2.7-3		○		정밀지표 연조 5기 방호벽외부
18	파주 黔丹山	151.8	제4거	新增 (1530)	동서	전체 원형	2	석축	동서 1열	원형 11 방형 7.5		●			연조 원·방형
19	공주 月城山	312.6	제5거 직봉	世宗 (1454)	남북	타원	2-3	석축	1열			●			시굴
20	수원 華城燧墩			正祖20 (1796)	남서-북동	직방	5	전축	남서-북동 1열	1.8	2.1	●			중앙 3연조 간격 4m

2) 防護壁

방호벽은 달리 防火墻·防火壁 으로도 지칭된다. 산속에서 番을 서는 봉수군이 나쁜 짐승[惡獸] 으로부터 피해 입는 것을 방지하기 위한 목적에서 축조되었다.[34] 아울러 봉수가 항상 불[火]을 다루므로 연조의 불이 산 아래로 번지는 것을 방지하기 위한 방화용 시설을 의미한다. 축조시 지형 여건을 고려하여 대응봉수간 두 방향 혹은 주위 3~4 방향을 넓게 조망할 수 있는 산 정상부 혹은 산능선에 地上式으로 축조하였다.([표IV-11]) 대부분 석축이되, 칠곡 朴執山·의성 馬山·경주 大岾·상주 西山烽燧 처럼 토+석 혼축인 경우도 있다.([표IV-11]의 ⑪~⑭) 또한, 용인 石城山烽燧([표 IV-11]의 ②)처럼 산 정상부의 바위 암반을 이용하여 암반 위나 암반에 덧붙혀 축조하기도 하였다. 한편, 내지봉수의 축조와 관련하여 이철영은 봉수가 대개 산봉우리의 끝부분을 삭평하여 조성하였기 때문에 방호벽은 기저부에서 상부로 內托하는 수법으로 쌓아오다 봉수 내부 지면 높이에서는 挾築한 것으로 보았다.[35]

아울러 방호벽 내·외에는 연조와 건물지·고사 및 우물[井] 등의 부속 시설을 갖추었다. 방호벽 상부에는 평균 폭 1.3m, 높이 1.2m 가량으로 후망에 지장이 없고 방호벽 내에 시설된 연조의 높이를 넘지 않는 담장지가 설치되어 있었다.([표IV-13]) 그러나, 봉수제가 폐지되고 100년이 지나면서 방호벽 상부의 담장지는 거의 허물어지고 기저부만 남아 있는 경우가

---

34) 방호벽은 煙臺를 기본으로 하는 沿邊烽燧에서도 연대와 연조 및 봉수군의 보호를 위해 시설한 관계로 다수 확인되고 있다. 현재까지의 조사를 통해 방호벽이 확인된 연변봉수는 약 40여기이다. 형태는 연대 주위를 방호벽이 원형·타원형 혹은 반구 형태로 두른 것이 수적으로 가장 많다. 또는, 연대에 덧붙여 석축의 방호벽을 동-서 혹은 남-북 방향으로 한 양날개형이 울산 이길·남해 대방산·진도 상당곶·여수 만흥동 봉화산봉수에서 확인된다. 이외에 연변봉수를 특징짓는 연대 없이 凹형의 방호벽과 방호벽 내·외 혹은 상부에 연조를 갖춘 특수 유형의 凹형 연변봉수도 8기 가량 확인되고 있다. 이 유형의 연변봉수는 입지적 요인만 뺀다면 내지봉수와 유사한 형태이다.

35) 이철영, 「조선시대 내지봉수에 관한 연구」, 『건축역사연구』67(제18권6호), 韓國建築歷史學會, 2009, p.58.

다수이다. 이중 일부는 현재도 뚜렷하게 잔존 모습을 알 수 있다. 하지만, 영동 朴達山([표IV-13]의 ④)·칠곡 朴執山烽燧([표IV-13]의 ⑩)외에 충주 馬山烽燧처럼 교란이나 흙으로 덮혀 윤곽만 확인 할 수 있는 경우도 다수 이다.

[표IV-11] 내지봉수 방호벽

① 성남 천림산봉수	② 용인 석성산봉수
③ 충주 마골점봉수	④ 충주 주정산봉수
⑤ 영동 박달산봉수	⑥ 대구 법이산봉수

⑦안동 신석산봉수 ⑧영주 고항리봉수 ⑨청도 남산봉수 ⑩청도 팔조현봉수 ⑪칠곡 박집산봉수 ⑫의성 마산봉수 ⑬경주 대점봉수 ⑭상주 서산봉수

또한, 내지봉수는 평면이 防護壁의 형태에 따라 구분됨으로 분류가 용이하다. 평면형태는 크게 圓形系와 方形系로 구분되는데, 원형계가 대부분이다. 이 형태의 전형은 울산 夫老山烽燧·고양 禿山烽燧·논산 皇華臺烽燧 등이다. 그러나, 원형이라도 충주 周井山烽燧·제천 吾峴烽燧·영동 朴達羅山烽燧·성남 天臨山烽燧·의령 彌陀山烽燧·산청 笠巖山烽燧와 같이 타원형도 있다. 다음 방형은 창녕 太白山烽燧와 같이 말각방형이나 창녕 餘通山烽燧·의성 馬山烽燧·논산 魯城山烽燧·울산 蘇山烽燧·음성 望夷城烽燧와 같이 세장방형·직방형 등 여러 형태가 있다. 이에 반해 양산 渭川烽燧는 장방형과 원형의 방호벽이 이중으로 덧댄 특이한 형태로 국내에서 유일한 사례이다.([표IV-12]의 ⑮)

[표IV-12] 내지봉수 각 형태별 평면도

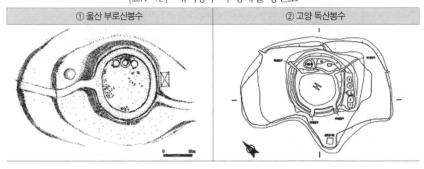

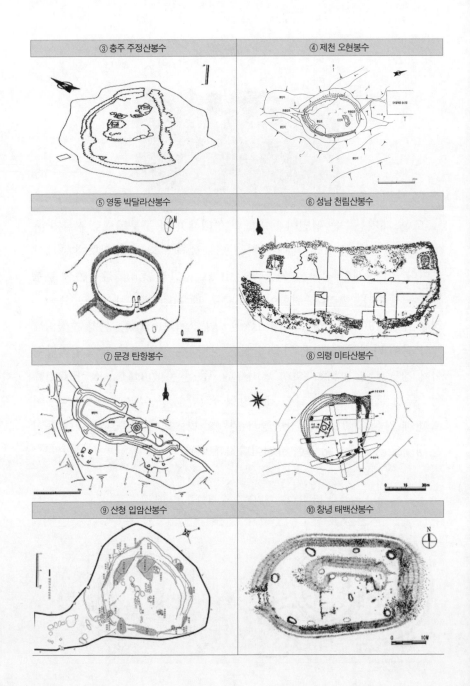

③ 충주 주정산봉수	④ 제천 오현봉수
⑤ 영동 박달라산봉수	⑥ 성남 천림산봉수
⑦ 문경 탄항봉수	⑧ 의령 미타산봉수
⑨ 산청 입암산봉수	⑩ 창녕 태백산봉수

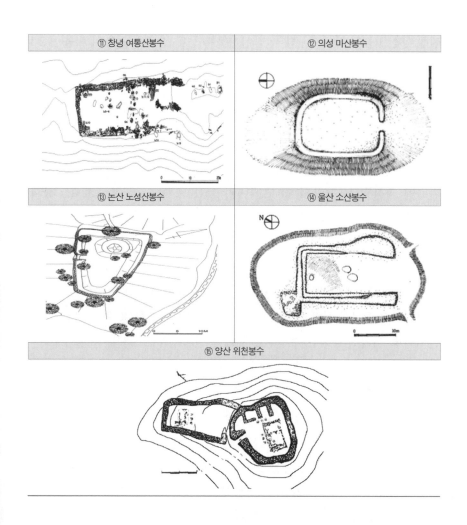

⑪ 창녕 여통산봉수	⑫ 의성 마산봉수
⑬ 논산 노성산봉수	⑭ 울산 소산봉수
⑮ 양산 위천봉수	

　長軸은 대부분 동-서이나 북동-서남 혹은 남동-서북도 확인된다. 이것은 경봉수인 木覓山烽燧로 최종 전달되는 봉수의 신호체계상 지형적으로 신호를 보내고 받기 유리한 곳에 장축방향을 설정하였기 때문이다. 平面은 [표IV-15]에 소개한 44기 중 (타)원형이 32기로서 다수이다. 다음 방형은 11기인데 청도 종도산 · 문의 소이산 · 의성 영니산봉수 등은 장축과 단축의 비율이 거의 1:1인 방형이다. 다음 청도 남산 · 창녕 태백산 · 경주 대점 ·

의성 마산 · 음성 망이성 · 대구 법이산봉수 등은 장축과 단축의 비율이 2:1 범위내의 직방형이다. 반면, 충주 마골치 · 창녕 태백산 · 영동 박달라산봉수 등은 장축과 단축의 비율이 3:1에 가까운 타원형 혹은 세장방 형태이다.

한편, 방호벽의 築造는 대부분 석축이나 더러 토 · 석 혼축인 경우도 있다. 둘레는 [표IV-15]에 소개한 44기 중 둘레가 확인된 39기 평균 78.7m이다.[36] 이를통해 조선시대 내지봉수의 일반적인 평균 둘레는 70~80m내의 범위에 속하였다. 따라서 이 범위내의 울산 夫老山 · 의성 大也谷 · 봉화 菖八來山 · 제천 吾峴 · 용인 石城山 · 안동 新石山 · 칠곡 朴執山 · 문경 炭項 · 산청 笠巖山 · 청주 巨叱大山 · 고양 禿山烽燧 등 11기가 내지봉수의 일반적인 평균 규모였다. 반면, 이보다 작은 규모인 60~70m내의 봉수는 울산 소산 · 봉화 용점산 · 충주 마산 · 상주 서산 · 진주 광제산 · 음성 망이성봉수 등 6기이다. 한편, 둘레 50~60m내의 소형 봉수는 안동 개목산 · 의령 미타산 · 충주 주정산 · 청도 남산 · 영주 고항리 · 서울 개화산 봉수 등 6기이다.

반면, 내지봉수 평균 둘레 이상인 80~90m내의 봉수는 의성 마산 · 성남 천림산 · 고령 이부로산 · 성주 각산 · 충주 마골치 · 창녕 여통 · 청도 북산 · 대구 법이산 · 사천 안현산 · 영동 박달라산 · 공주 월성산 · 공주 쌍령산봉수 등 12기이다. 다음 91~100m내의 대형 봉수는 영천 여음동 · 청도 종도산봉수 등 2기이다. 이에반해, 창녕 태백산봉수와 영천 소산봉수는 둘레 100m가 넘는 초대형 봉수이다.

따라서 국내 소재의 모든 내지봉수는 방호벽의 둘레가 50~110m 이내

---

36) 필자와 달리 이철영은 내지봉수 38기의 조사를 통해 평균 둘레를 78.1m로 추산하였는데, 평면형태별로는 장방형이 82.3m로 가장 길고 다음이 원형으로 78.9m이며 타원형이 76m인 것으로 추정하였다.
이철영, 「조선시대 내지봉수에 관한 연구」, 『건축역사연구』67(제18권6호), 韓國建築歷史學會, 2009, p.55.

에 포함된다. 그러므로 이 범위에 미달되거나 벗어나는 봉수는 조선시대 내지봉수의 일반적인 정형이 아님을 사례를 통해 알 수 있다.

평면형태별 규모는 (세)장방형이 3기 92.8m로서 길이와 둘레가 가장 크고, 다음은 원형이 4기 83.4m이며, 타원형이 27기 74.4m이다. 끝으로 규모가 가장 작은 평면형태와 규모는 직방형으로서 4기 71.5m이다.

방호벽 상부 담장지의 폭은 성남 천림산([표IV-13]의 ①)·청주 것대산 봉수([표IV-13]의 ⑤)와 같이 0.5m에서 울산 부로산봉수([표IV-13]의 ⑫)의 2.3m에 이르기까지 다양하다. [표IV-15]에 소개한 44기 중 폭이 확인되는 27기의 평균 폭은 1.2m이다. 방호벽의 높이[高]는 외벽 높이를 확인할 수 있는 38기 평균 1.9m이다. 한편, 봉화 창팔래산·안동 신석산·고령 이부로산·충주 주정산·청주 것대산 등 5기의 봉수는 방호벽의 내부 담장지가 온전하게 남아 있다.

[표IV-13] 내지봉수 원장지

| ① 성남 천림산봉수 | ② 공주 쌍령산봉수 |
| ③ 공주 월성산봉수 | ④ 영동 박달산봉수 |

⑤ 청주 것대산봉수   ⑥ 충주 주정산봉수

⑦ 고령 이부로산봉수   ⑧ 안동 신석산봉수

⑨ 청도 남산봉수   ⑩ 칠곡 박집산봉수

⑪ 산청 입암산봉수   ⑫ 울산 부로산봉수

한편, 平面이 防護壁의 形態에 따라 구분되는 內地烽燧는 소수지만 영천 餘音洞·고령 伊夫老山·진주 廣濟山烽燧·충주 周井山烽燧 등에서 내부 공간을 효율적으로 활용한 사례가 있다. 이에 대해서는 李喆永이 봉수 내부의 공간이용방식은 대다수가 기존 지형을 평탄하게 삭평하거나 경사지를 그대로 이용하여 연대 혹은 연조나 내부시설을 조성하였다. 즉, 봉수대 내부공간은 일체적으로 되어 있다. 그러나, 내지봉수의 경우 영천 여음동봉수처럼 북고남저형 경사지형을 상하 2개의 공간으로 분리하여 상단에는 연조 등의 거화시설을 설치하고 하단에는 庫舍와 같은 부속시설을 배치한 경우도 있다. 이때 상단 단부는 지반의 붕괴를 막기 위해 석축을 쌓았으며 두 공간의 통행을 위해 한 쪽에 경사로를 설치하였다. 진주 광제산봉수, 고령 이부로산봉수, 밀양 종남산봉수 등이 이러한 유형에 속한다.[37]고 하여 이를 도면으로 도식화 하였다.

따라서 내부 공간을 효율적으로 활용한 분리형 사례로 영천 餘音洞烽燧([표IV-14]의 ①)는 노선과 성격상 제2거 직봉의 내지봉수이다. 필자가 조사한 바로는 평면 남-북 장축의 타원형으로 전체적인 공간구성이 진주

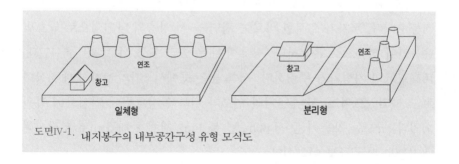

도면IV-1. 내지봉수의 내부공간구성 유형 모식도

---

37) 이철영, 「朝鮮時代 慶尙道地域 烽燧 硏究」, 『大韓建築學會支會聯合論文集』제12권4호, 大韓建築學會支會, 2010.

광제산봉수와 유사하다. 방호벽은 흙으로 덮혀 있지만 서쪽과 동남쪽에 석축이 일부 확인된다. 방호벽의 높이는 1.5m이며 상부 담장지의 폭은 1.2m이다. 남쪽은 민묘 3기를 조성하면서 일부 훼손되었다. 방호벽 내 내부 공간은 남-북으로 2단 구성인데, 北高南低의 지형차가 뚜렷하다. 북쪽 높은 곳에 방형의 臺가 있는데 규모는 높이가 1.1m, 직경이 남-북 6.8m, 동-서 5.4m이다. 대의 남쪽 하단부에는 서쪽으로 'ㄴ'자 형태의 통로 시설이 잔존한다. 규모는 남-북 장축 32m, 동-서 단축 19.3m, 전체 둘레 100m 이상의 대형으로 조선시대 내지봉수의 평균 범위를 훨씬 넘는 대형이다.

고령 伊夫老山烽燧([표IV-14]의 ②)는 노선과 성격상 제2거 간봉(2)직봉의 내지봉수이다. 필자가 조사한 바로는 평면 타원형으로 방호벽은 4면이 온전한데 내·외부가 온전하다. 높이는 남서쪽의 경우 외벽이 1.8m, 내벽이 1.2m이며 상부 담장지의 폭은 1m이다. 출입시설은 동남쪽에 계단형으로 1기 마련되어 있다. 방호벽 내부 공간은 화강석열을 이용하여 전체 3단 구성이다. 규모는 장축 32m, 단축 15.8m, 전체 둘레 84.4m로 조선시대 내지봉수의 평균 범위를 약간 넘는 규모이다.

진주 廣濟山烽燧([표IV-14]의 ③)는 노선과 성격상 제2거 간봉(9)의 내지봉수이다. 필자가 조사한 바로는 평면 동-서 장축의 타원형으로 방호벽은 4면이 석축으로 온전하다. 방호벽 내부 공간은 동-서로 2단 구성인데, 西高東低의 지형차가 뚜렷하다. 서쪽 높은 곳에서 5기의 M자형 배치상태로 조사되었으며, 조사 후 3기의 연조가 서북쪽 방호벽에 인접하여 복원되었다. 규모는 장축이 동-서 30m, 남-북 14m, 전체 둘레 66m로 조선시대 내지봉수 평균 규모 이하이다.

충주 周井山烽燧([표IV-12]의 ③)는 노선과 성격상 제2거 간봉(2)의 내지봉수이다. 방호벽 내 내부 공간은 남-북으로 2단 구성인데, 북쪽에 치우쳐 가장 높은 곳에 연조 5기가 전·후 2열의 W자형으로 배치되어 있다.

조사 후 5기의 연조가 북쪽 방호벽에 인접하여 복원되었다. 규모는 장축이 남-북 21m, 동-서 11m, 전체 둘레 약 50m로 조선시대 내지봉수의 평균 규모 이하이다.

따라서 이상 소개한 네 봉수는 내부공간을 2단(여음동 · 광제산 · 주정산), 3단(이부로산)으로 한 차이가 있다. 다만 이부로산봉수는 여음동 · 광제산봉수와 달리 지형차가 크지 않다는 차이가 있다.

[표IV-14] 내부공간활용 내지봉수

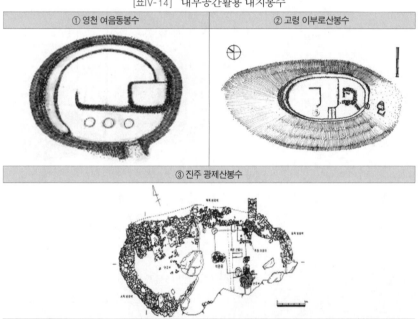

① 영천 여음동봉수	② 고령 이부로산봉수

③ 진주 광제산봉수

[표IV-15] 내지봉수 방호벽 현황표

連番	烽燧 名稱	海拔 높이(m)	路線 및 區分	初築	長軸	平面	防護壁 規模(m)						備考
							築造	東西	南北	둘레	폭	높이	
1	울산 夫老山	391.7	제2거 직봉	續撰 (1469)		원형	석축	23.3	20.3	79	2.2-2.3	0.8-1.4	
2	울산 蘇山	243	제2거 직봉	續撰 (1469)	남북	ㄷ	석축	23-25	11.6	67.8	1-1.3	1.2-1.3	

3	영천 餘音洞	235.2	제2거 직봉	慶尙 (1425)		타원형		장32	단19.3	100	1.2	1.5	2단 구성 방형 臺
4	의성 大也谷	146.3	제2거 직봉	興地 (1760)	동서	타원형	토+석	28.5	16	72.9			1605년경 신설
5	의성 馬山	243.9	제2거 직봉	慶尙 (1425)	남북	직방형	토+석	15	25.5	81	1.2-1.5	1.6	
6	안동 開目山	230	제2거 직봉	慶尙 (1425)		타원형	토+석	12.5	21	50.6		1.5	
7	봉화 菖八來山	273.4	제2거 직봉	興地 (1760)	남북	타원형	석축	21	26	78.9	1.1	외부 2.8-3.5 내부 1.6-1.7	
8	봉화 龍岾山	405	제2거 직봉	新增 (1530)	남북	타원형	토+석	14.6	23.7	66.6		1-2.5	
9	단양 所伊山	360	제2거 직봉	世宗 (1454)	북동- 서남	타원형	토+석	37	12.8			2.5	
10	제천 吾峴	420.5	제2거 직봉	世宗 (1454)	남북	타원형	석축	19.2	29.5	78	1		
11	충주 馬山	150.2	제2거 직봉 간봉(2)	世宗 (1454)	동서	타원형	토+석	24	14	62	1.1-1.3	1.4-2.2	
12	용인 石城山	471	제2거 직봉	世宗 (1454)	남북	타원형	석축	12.8	26.5	70		4	
13	성남 天臨山	170	제2거 직봉	世宗 (1454)	동서	타원형	석축	33.8	12	82.5 (상부) 85 (하부)	0.5-1.2	0.7-1.7	
14	안동 新石山	304.1	제2거 직봉	慶尙 (1425)	남북	타원형	석축	15.5	29.8	76.3		내벽0.8 외벽 1.3-1.5	
15	의령 彌陀山	640	제2거 간봉(2)	慶尙 (1425)	남북	타원형	석축	22.5	30	57	2	0.8-2.3	
16	고령 伊夫老山	551.5	제2거 간봉(2)	慶尙 (1425)	남동- 서북	타원형	석축	장32	단15.8	84.4	1-1.4	내벽1.2 외벽1.8	3단 구성
17	성주 角山		제2거 간봉(2)	慶尙 (1425)	남북	타원형		18	35.5	90.9		2.2-2.5	
18	칠곡 朴執山	347.7	제2거 간봉(2)	慶尙 (1425)	남북	타원형	석축	18.8	30	75	1.3-1.5	0.9-2	
19	상주 所山		제2거 간봉(2)	慶尙 (1425)	남북	타원형	석축	14	21.5	61	2	1.2-3.5	

20	문경 炭項	648.8	제2거 간봉(2)	慶尙 (1425)	동서	타원형	토+석	35	13	75-84		1.2	연대
21	충주 麻骨峙	640	제2거 간봉(2)	世宗 (1454)	남동- 서북	장방형	석축	14	29.5	83	1	1.3-1.9	
22	충주 周井山	440.2	제2거 간봉(2)	世宗 (1454)	남동- 서북	타원형	석축	11	21	50	0.8-0.9	외벽 3-4.5 내벽 0.5	복원
23	창녕 餘通	128.2	제2거 간봉(6)	慶尙 (1425)	동서	세장방	석축	33	12	90	남 1.4-1.6 북1-1.1	1.2	서, 남, 북 석축 복원
24	창녕 太白山	253	제2거 간봉(6)	慶尙 (1425)	동서	말각 장방	토+석	36.2	23.5	105.6	1.2-1.5	1.5-2.4	
25	청도 南山	804	제2거 간봉(8)	慶尙 (1425)	동서	직방형	석축	17.4	11.8	50.3	1.6	0.8-2.5	
26	청도 北山		제2거 간봉(8)	慶尙 (1425)	동서	타원형	석축	21	29.6	90	1	1.2-2.4	八助峴 烽燧
27	청도 종도산		제2거		동서	방형	석축	24	23	94	1.8	1.6	
28	대구 法伊山	333	제2거 간봉(8)	世宗 (1454)	동남- 북서	직방형		장 34.6	단16.5	87		2.1	
29	사천 鞍峴山	465	제2거 간봉(9)	續撰 (1469)		원형	석축			82	0.9	1.6	복원
30	진주 廣濟山	419.8	제2거 간봉(9)	慶尙 (1425)	동서	타원형	석축	30	14	66	1-2	1	복원 2단구성
31	산청 笠巖山	295.5	제2거 간봉(9)	慶尙 (1425)	남북	타원형	석축	19	20.8	73	1.2	1.6-2.2	
32	영동 朴達羅山	322.5	제2거 간봉(9)	世宗 (1454)	북서- 남동	타원형	토+석	37	13.6	85.3	0.9-1	2.4	
33	문의 所伊山	221	제2거 간봉(9)	世宗 (1454)	동서		토+석	15.4	13.3			2.9-4	
34	음성 望夷城	471.9	제2거 간봉(9)	世宗 (1454)	동서	직방형		23.5	12.5	68		0.5-0.7	
35	청주 巨叱大山	443.4	제2거 간봉(9)	世宗 (1454)	동서	타원형	석축	27	16	73.3	0.5-0.7	외벽 1.7-3.2 내벽 0.6-0.7	
36	경주 大岾	602.3	제2거	慶尙 (1425)	남북	장방형		23-24	14-15			1.1	
37	의성 盈尼山	445	제2거	慶尙 (1425)	동서	방형	석축	15	17			0.9	

38	영주 고항리	685	제2거	·		타원형	석축	12.3	13	58		1.7	기록 없음
39	영천 所山	372.4	제2거	慶尙 (1425)	동서	타원형	토+석	36.5	22.5	102.5	2	2	
40	고양 禿山	133.3	제3거 직봉	世宗 (1454)		원형	토+석	23	22	74.6	1.6-1.7		연조 방호벽 외부
41	논산 皇華臺	80	제5거 직봉	世宗 (1454)		원형	토축	21	21	98	1.2	남1.5 북5.5	
42	공주 月城山	312.6	제5거 직봉	世宗 (1454)	남북	타원형	석축	12	34.6	81.4	1	외벽1.4 내벽0.7	
43	공주 雙嶺山	366.4	제5거 직봉	新增 (1530)	남북	타원형	토+석	22	35	83	1	1.5-1.8	원형 高臺 (토축) 직경 동서 8, 높이1
44	서울 開花山	128.4	제5거 직봉	世宗 (1454)	남북	타원형	토+석	13	17	54.5		0.6-1.3	

3) 出入施設

출입시설은 봉수에서 매일 番을 섰던 봉수군뿐만 아니라, 거화 · 방호를 위한 각종 물자가 봉수 내 · 외부로의 출입을 위해 마련한 시설이다.[38] 현재까지의 조사를 통해 일반적인 내지봉수의 출입시설 형태는 開口形과

---

38) 출입시설은 沿邊烽燧에서도 방호벽내의 연대 혹은 방호벽내로 진입하기 위해 15기 정도가 확인된다. 長軸은 남-북 방향이 다수이다. 形式은 개구형이 8기, 계단형이 7기로서 거의 동일한 비율이다. 봉수의 평면구조로 본 개구형과 계단형의 기능적 차이는 첫째, 開口形은 원형 · 직방 · 세장 · 마름모 · 양날개형 등 다양한 평면형태의 연변봉수에 시설되어졌다. 둘째, 階段形은 주로 평면 원형의 봉수에 1~2개소가 시설되어진 차이점이 있다. 특히, 평면 원형이되 내부가 빈 凹자 형태의 연변봉수는 모두 계단식 출입시설 형태이다. 출입시설의 방향은 첫째, 개구형이 대부분 남쪽에 치중하여 방향을 두었으나, 예외적으로 영덕 廣山烽燧는 북쪽으로 출입구를 낸 유일한 사례이다. 둘째, 계단형은 출입시설을 다양한 방향으로 고루 두었다. 아울러 조선시대 연변봉수 출입시설의 수량은 내지봉수와 마찬가지로 유형에 관계 없이 1개소만을 마련하는 것이 보편적이었다.

階段形으로 분류되며 傾斜形도 소수 확인된다.[39] 또한, 특수한 경우로 봉수가 城 내에 위치하는 경우 성벽을 방호벽 삼아 방호벽 뿐만 아니라 출입시설이 없는 김천 城隍山烽燧의 사례도 있다. 이중 대부분의 내지봉수에서 채택한 출입시설 형태는 開口形으로 본문에서 소개하는 12기외에 다수이다.

각 유형별로 살펴보면 開口形은 봉수 내·외부로의 출입을 위한 별도의 시설이 없이 방호벽을 정면 U자 혹은 V자 형태로 개방한 시설을 의미한다. 따라서 계단형보다는 축조시 공력을 줄일 수 있다는 장점이 있다. 일반적으로 좌·우 방호벽 사이에는 봉수군 1인 정도의 출입과 물자 수송이 용이하게 적당한 폭으로 개방되어 있다. 하부는 폭이 좁으며 상부는 폭이 넓은 관계로 정면 모습이 上廣下峽의 V자 형태인 경우가 많다. 아울러 개구형 출입시설의 경우 과거 出入門의 부착여부는 확인이 곤란하다. 다만 어떠한 형태로든 임시적이나마 開閉施設을 마련하였을 것으로 여겨진다. 출입시설을 낼 시에는 주된 출입방향으로 한 곳에만 내거나, 장축방향의 능선으로 좌·우 두 곳에 내기도 하였다. 왜냐하면 출입시설을 최소화해야만 외부로부터 침입하려는 惡獸 혹은 침입자로부터 봉수군의 신변안전을 보장받을 수 있기 때문이다.([표IV-16의 ①~⑥])

階段形은 봉수 내·외부로의 출입을 위해 개구형 출입시설에 별도로 석축의 계단 형태로 축조한 형식을 의미한다. 축조는 석축 혹은 토·석 혼축이다. 세부 축조에 있어 좌·우 방호벽 사이에 짧게 계단 형태로 시설하

---

39) 이철영은 내지봉수 출입시설의 형태를 아래의 논고에서 開放式·階段式·傾斜式으로 유형분류하였다. 필자 역시 종전에는 이와 같은 입장이었다. 그러나, 본 논고에서는 竝列式 羅列을 지양하고자 하며, 아울러 종전 開放式으로 지칭하였던 것은 출입시설에 門의 부착여부에 따라 閉鎖式도 상정할 수 있으므로 이를 開口形으로 변경하여 지칭하고자 한다. 이철영,「조선시대 내지봉수에 관한 연구」,『건축역사연구』67(제18권6호), 韓國建築歷史學會, 2009, pp.58~59.

거나, 혹은 좌·우 방호벽에서 바깥으로 길게 계단 모양의 출입시설을 내기도 하였다. 출입시설을 낼 시에는 개구형과 마찬가지로 봉수 축조시의 형태와 지형여건을 감안하여 주된 출입구 한 쪽으로만 시설하였다. 그러나, 장축의 좌·우 두 곳, 혹은 드물게 3~4개소를 마련한 사례도 있다. 대부분의 내지봉수는 전체 둘레가 평균 70~80m 내인 만큼 1~2개소의 출입시설을 두는 것이 일반적이다. 이와달리 네 방향의 출입시설을 두는 경우는 봉수가 위치하는 산 정상부에 넓은 평지를 확보하고 평면 원형의 봉수라야만 시설이 가능하다. 현재까지의 조사를 통해서는 고양 禿山烽燧가 국내에서 4개소의 계단형 출입시설을 마련한 유일한 사례이다.([표IV-16의 ⑦~⑩])

傾斜形은 방호벽이 어긋나 있는 상태로 내부로 긴 경사로를 낸 형태를 말한다.[40] 현재까지의 조사를 통해 청주 巨叱大山烽燧와 상주 西山烽燧 2기의 사례가 있다. 따라서 출입시설의 한 유형으로 상정하기에는 사례가 적다는 약점이 있다.([표IV-16의 ⑪·⑫])

[표IV-16] 내지봉수 출입시설 유형

① 공주 쌍령산봉수	② 논산 황화대봉수

---

40) 이철영, 「조선시대 내지봉수에 관한 연구」, 『건축역사연구』67(제18권6호), 韓國建築歷史學會, 2009, p.59.

③ 양산 위천봉수 | ④ 봉화 용점산봉수
⑤ 의성 마산봉수 | ⑥ 칠곡 박집산봉수
⑦ 고양 독산봉수 | ⑧ 영동 박달라산봉수
⑨ 고령 이부로산봉수 | ⑩ 산청 입암산봉수

⑪ 청주 것대산봉수	⑫ 청주 것대산봉수 평면도

　지금까지 소개한 세가지 형태의 출입시설은 축조에 있어 석축이나 토·석으로 혼축하기도 하였다. 수량은 [표IV-17]에 소개한 24기 중 1개소만을 마련한 개구형이 12기, 계단형이 10기, 경사형이 2기이다. 이를통해 조선시대 내지봉수 출입시설의 수량은 유형에 관계없이 일반적으로 1개소만을 마련하는 것이 보편적이었다.

　따라서 유지가 뚜렷하여 출입시설을 한 개소 마련한 開口形 출입시설의 정형을 보여주는 봉수는 의성 마산, 봉화 용점산, 논산 황화대, 공주 쌍령산봉수 등이다. 반면, 階段形 출입시설은 고령 이부로산, 산청 입암산봉수, 영동 박달라산봉수 등에서 정형을 확인할 수 있다. 이중 朴達羅山烽燧의 출입시설은 박달산을 향하여 방호벽의 동남쪽 중앙부에 폭 1.4m로 한 개소가 마련되어 있다. 특이하게 출입시설을 낸 방호벽은 내부에서 외부로의 석축이 'ㅣΓ' 모양으로 마구리면이 정연한데 길이는 3.1m이다. 출입시설의 마련시 북서-남동의 장축방향에 마련하지 않고 박달산을 향한 단축방향에 둔것이 특이하다.([표IV-12]의 ⑤) 이들 봉수 출입시설의 方向은 개구형이 남쪽 7기, 동남쪽 2기, 서쪽 1기로서 대부분 남쪽에 치중하여 출입방향을 두었다. 계단형은 남쪽 2기, 동남(남동)쪽 3기, 동쪽 1기, 서쪽 1기로서 북쪽을 제외한 세방향으로 고루 두었다.

　출입시설을 2개소 마련한 경우는 사례가 적은데 용도상 양산 渭川烽燧

가 좋은 사례이다. 봉수는 평면 복합형으로 해발 325m인 산 정상부 동쪽에 석축으로 둥글게 쌓아 그 속에 瓦家와 庫舍를 배치하였다. 그리고 서쪽으로 연접하여 능선 정상부를 따라 경사지게 장방형으로 쌓고 그 속에 화덕을 배치하였다. 따라서 방호벽을 두 개소 덧붙힌 특이한 형태이다. 출입시설은 開口形으로 2개소가 서남쪽에 위치한다. 이중 1개소는 장방형의 봉수지, 1개소는 타원형의 와가와 고사지로 나 있다.[41] 공주 月城山烽燧는 해발 312.6m인 산 정상부에 남-북 장축의 장타원형으로 남아 있다. 출입시설은 계단형으로 2개소가 남북쪽에 위치한다. 이중 남쪽이 폭 1.2m로 뚜렷하며 북쪽은 흔적만 남아 있다.[42]

출입시설을 4개소 마련한 경우 앞에서도 소개한 바와 같이 고양 禿山烽燧가 국내에서 유일하다. 평면 원형으로 해발 133.3m인 산 정상부에 토·석의 방호벽을 두르고 階段形의 출입시설을 4방에 마련하였다. 이중 북쪽과 남서쪽의 2개소가 온전하다. 동쪽은 폭 1.4m, 높이 0.7m 정도이며, 계단시설은 폭 1.4m, 길이 2.5m 가량의 흔적만 있다. 북쪽은 폭 1m, 높이 0.5m 정도이며, 계단시설은 폭 1.4m, 길이 2.9m이다. 동쪽과 북쪽간 거리는 22m이다. 서쪽은 폭 1m, 높이 0.6m 정도이며, 계단시설은 폭 1m, 길이 2.1m이다. 북쪽과 서쪽간 거리는 22m이다. 남서쪽은 폭 1.3m, 높이 0.3m 정도이며 지면과 거의 밀착되어 있다. 계단시설은 폭 1.6m, 길이 2.4m 가량으로 4단의 시설을 하여 놓았는데 계단 끝을 호선처럼 둥글게 처리하였으며 가장 온전하게 남아 있다. 특히, 서쪽과 남서쪽간에는 연조가 동남쪽에 위치하여 남향하고 있다. 서쪽과 남서쪽간 거리는 10m이며, 남서쪽과 동쪽간 거리는 18m이다.

---

41) 圓寂山烽燧臺保存會, 『梁山圓寂山烽燧臺 精密地表調査報告』, 1991, pp.12-15.
42) 公州大學校博物館, 『月城山烽燧臺 試掘調査 結果槪略報告』, 2003.4.

| 連番 | 烽燧名稱 | 海拔높이(m) | 路線및區分 | 初築 | 長軸 | 平面 | 出入施設 | | | | | 規模(m) | | | 備考 |
| | | | | | | | 形式 및 位置 | | | 築造 | 數量 | | | | |
							開口	階段	傾斜			폭	높이	길이	
1	양산 渭川	325	제2거 직봉	續撰(1469)	북동-서남	복합형	●(서남)	×	×	석축	2	1.5	1		봉수복원
2	영천 仇吐峴	195.9	제2거 직봉	慶尙(1425)	동서	원형	●(남)	×	×	토+석	1				
3	의성 繩院	164.6	제2거 직봉	興地(1760)	남북	타원형	●(서쪽 중앙)	×	×		1				
4	의성 馬山	243.9	제2거 직봉	慶尙(1425)	남북	직방형	●(남쪽 중앙)	×	×	토+석	1	2.5	1		
5	봉화 龍岾山	405	제2거 직봉	新增(1530)	남북	타원형	●(남)	×	×	토+석	1	1.6	1.2		
6	제천 吾峴	420.5	제2거 직봉	世宗(1454)	남북	타원형	●(남,북,남동)	×	×	석축	3	0.8-1		1.5-2.2	
7	성남 天臨山	170	제2거 직봉	世宗(1454)	동서	타원형	×	◎(동)	×	석축	1				
8	안동 新石山	304.1	제2거 직봉	慶尙(1425)	남북	타원형	●(남)	×	×	석축	1	1.8			
9	고령 伊夫老山	551.5	제2거 간봉(2)	慶尙(1425)	남동-서북	타원형	×	◎(동남)	×	석축	1	1		3.7	
10	칠곡 朴執山	347.7	제2거 간봉(2)	慶尙(1425)	남북	타원형	●(남)	×	×	석축	1	1.7			
11	상주 西山		제2거 간봉(2)	慶尙(1425)	남북	타원형	×	×	○(남)	토+석	1				
12	충주 周井山	440.2	제2거 간봉(2)	世宗(1454)	남동-서북	타원형	×	◎(북,동,서)	×	석축	3	0.8 1 0.8	0.7 0.7	1.2	
13	창녕 太白山	253	제2거 간봉(6)	慶尙(1425)	동서	말각장방	×	◎(서)	×	석축	1	1.3	1	2.1	
14	밀양 城隍	227.4	제2거 간봉(8)	慶尙(1425)	동서	말각방형	●(동남)	×	×	석축	1	1.9-2.6	1.4	5.5	
15	산청 笠巖山	295.5	제2거 간봉(9)	慶尙(1425)	남북	타원형	×	◎(남)	×	석축	1	1.2	1.1	1.3	
16	영동 朴達羅山	322.5	제2거 간봉(9)	世宗(1454)	북서-남동	타원형	×	◎(동남)	×	토+석	1	1.4			

17	음성 望夷城	471.9	제2거 간봉(9)	世宗 (1454)	동서	직방형	● (동)	×	×	토+석	1	0.8		
18	청주 巨叱大山	443.4	제2거 간봉(9)	世宗 (1454)	동서	타원형	×	×	○ (동)	토+석	1	2.8-3.5		
19	영천 所山	372.4	제2거	慶尙 (1425)	동서	타원형	×	◎ (남동 중앙)		토+석	1	2.4		3.8
20	고양 禿山	133.3	제3거 직봉	世宗 (1454)		원형	×	◎ (4방)	×	토+석	4	1-1.4		2.1-2.9
21	논산 皇華臺	80	제5거 직봉	世宗 (1454)		원형	● (남)	×	×	토축	1	1~6	1.5	
22	공주 月城山	312.6	제5거 직봉	世宗 (1454)	남북	타원형	×	◎ (남북)	×	석축	2	0.7-1.4		1.1
23	공주 雙嶺山	366.4	제5거 직봉	新增 (1530)	남북	타원형	● (남)	×	×	토+석	1	0.6-3.4	1.4	
24	서울 開花山	128.4	제5거 직봉	世宗 (1454)	남북	타원형	×	◎ (남)	×	토+석	1			

4) 建物

(1) 地誌書 檢討

건물은 봉수에서 番을 서는 봉수군이 風雨와 寒暑를 피하고 기본적인 생활이나 휴식외에 거화 · 방호에 필요한 각종 비품을 보관하는데 필요한 시설물이다. 관련 용어로 조선전기 『世宗實錄』의 沿邊烟臺造築之式에는 假屋으로, 조선후기 발간의 地誌에는 瓦家 · 草家 · 庫舍 · 假家 등으로 다양하게 기록되어 있다. 용도상 봉수군의 실제 생활과 관련된 거주공간으로서의 瓦家 · 草家와, 평상시 혹은 비상시에 거화 · 방호에 필요한 각종 비품 및 재료 등을 보관하기 위한 소규모의 건물인 庫舍와 임시건물인 假家 등으로 구분된다.

조선후기 발간의 지지에 내지봉수 건물관련 기록이 남아 있는 봉수와 건물의 내용 및 규모는 [표IV-18]처럼 5기이다. 이들 봉수가 위치하는 평균 해발높이는 422m이다. 가장 높은 곳에 합천 금성봉수, 가장 낮은 곳에 금산 소산봉수가 위치한다. 지지의 건물관련 기록을 검토하면 양산 위천 · 합천 금성 등 2기의 봉수는 각각 2間 규모로 실제 봉수군의 생활과 관련된 와가와 초가를 갖추고 있었다. 또한, 각종 비품을 보관하기 위한 창고 용도의 고사와 임시가옥인 가가를 각각 2間씩 구분하여 갖추고 있었다.

반면, 금산 고성산 · 소산 등 2기의 봉수는 각각 6間 규모의 와가를 갖추고 있었다. 그런데, 와가 6칸은 내지봉수에서 봉수군의 생활공간 용도로는 불필요하게 큰 규모이다. 따라서 가옥의 일부는 봉수군의 생활공간으로 활용되었겠지만, 일부는 봉수의 거화 · 신호전달 · 방호(화) 및 생활과 관련한 각종 비품을 보관하기 위한 용도로 활용되었을 것이다. 아울러 6칸의 기록은 봉수 내 건물의 칸수를 나타내며 실제로는 위천봉수와 금성봉수처럼 별동으로 건립되었을 가능성이 높다. 이렇게 보면 주거용 건물의 규모는 대개 2~3칸 정도였을 것으로 추정된다.[43] 그러므로『獻山誌』(1786) 울산 부로산봉수 와가 4칸의 내용은 가옥과 고사 등 봉수 내 건물의 칸수를 나타낸 것으로 여겨진다.

[표IV-18] 지지의 내지봉수 건물관련 현황표

連番	烽燧名稱	높이(m)	路線	初築	內容	規模	出典	備考
1	양산 渭川	325	제2거 직봉	續撰(1469)	瓦家	2間	輿地圖書(1760)	복원
					庫舍	2間		
2	합천 金城	592.1	제2거 간봉(9)	慶尙(1425)	草家	2間	輿地圖書(1760)	·
					假家	2間		
3	울산 夫老山	391.7	제2거 직봉	續撰(1469)	瓦家	4間	獻山誌(1786)	·
4	금산 高城山	481.8	제2거 간봉(9)	慶尙(1425)	瓦家	6間	慶尙道邑誌(1832)	·
5	금산 所山	319	제2거 간봉(2)	慶尙(1425)	瓦家	6間	慶尙道邑誌(1832)	·

43) 이철영,「조선시대 봉수군의 주거에 관한 연구」,『한국주거학회논문집』제16권제6호, 한국주거학회, 2005, pp.113~114.

(2) **調査事例**

내지봉수로서 지표에 건물과 관련된 터가 잔존하는 봉수는 앞의 지지
기록과 달리 다수이다. 그러나, 고고학적 조사를 통해 건물의 규모가 확인
된 봉수는 [表IV-19]처럼 11기 정도이다. 이중 양산 渭川烽燧는 정밀지표
조사를 통해 지지의 기록내용처럼 와가와 고사 등이 실제 확인되었다. 반
면, 나머지는 정밀조사가 이루어지지 않아 자세한 내용을 알 수 없다.

[表IV-19]를 근거로 건물지가 조사된 내지봉수 11기의 특성을 살펴 보
면 위치하는 평균 해발높이는 382m이다. 가장 높은 곳에 의령 미타산봉
수, 가장 낮은 곳에 성남 천림산봉수가 위치한다. 노선은 제2거 직봉 3기,
간봉 7기이며, 제5거 직봉이 1기이다. 장축은 동-서 방향 6기로서 가장 많
으며, 남동-서북 2기, 남북 2기, 북동-서남 1기이다. 건물의 위치는 내부가
9기, 외부가 2기로서 거의 모든 봉수가 내부에 건물을 두었다.

각 봉수별로 조사내용을 살펴 보면 양산 渭川烽燧는 경남 양산시 상북
면 석계리의 해발 325m 지점에 동-서 장축으로 있다. 1991년 원적산봉수
대 보존회에 의해 지표조사 후 복원되었다. 봉수는 동-서 장축의 할석으로
쌓은 주변 석축이 있고 정상부인 동쪽은 둥글게 쌓아 그속에 瓦家와 庫舍
를, 그리고 서쪽은 능선 정상부를 따라 경사지게 장방형으로 쌓고 그 속에
火德을 배치하였다. 건물지가 자리하고 있는 정상부는 주변에 타원형 석
축이 둘러져 있는데, 남쪽부분의 경우 바깥쪽 227cm, 안쪽 90cm 높이이
고 폭은 170cm이다. 입구는 서남쪽에 있으며 높이 100cm, 폭 105cm 정도
크기이고 문이 있던 흔적은 없다. 瓦家는 서향인 정면 3칸, 측면 2칸, 주간
거리 150cm 규모의 맞배지붕 기와집으로 조사 당시 축대와 초석이 남아
있었으며 온돌이 확인되었다. 庫舍[44]는 건물지 북쪽 방호벽에 맞붙여서
남향한 채 정면 2칸, 측면 1칸 규모로 남아 있다. 서쪽의 동남쪽을 개방한
ㅁ자형과 동쪽의 남쪽을 개방한 ㄷ자형 2기가 맞붙어 있다. 석축으로 구
분된 2칸 위에 연목을 걸친 뒤 초가집과 같이 짚으로 지붕을 이었다고 보

고하였다.[45] 이를 통해 실을 2間으로 구분하고 있는 양산 위천봉수는 두 실의 형태와 크기가 다른데 이는 수장물품을 성격과 종류에 따라 분리하여 수장하기 위한 고려에서 비롯되었다고 판단된다.[46]

용인 石城山烽燧는 경기도 용인시 처인구 포곡읍 마성리의 해발 471m인 석성산 정상부에 봉화뚝으로 지칭되는 평탄한 바위암반부에 동남-서북 장축으로 있다. 건물지는 봉수 남동쪽 하단부의 평탄지에 위치하는데 2009년 충주대학교에 의해 정밀지표조사 되었다. 치석된 석재들이 확인되고 건물이 들어서기 좋은 평탄지인데다 건물지 서쪽에 바위암반을 배후 삼아 원형의 우물[井]이 1개소 있어 건물지로 추정되는 곳이다.[47]

성남 天臨山烽燧는 경기도 성남시 수정구 금토동의 해발 170m인 청계산 말단부 능선상에 동-서 장축으로 있다. 건물지는 봉수 남쪽 경사면 하단의 평탄대지에 위치하는데 2003년 토지박물관에 의해 발굴조사되었다. 조사를 통해 평탄대지를 에워싼 석축유구와 수혈유구 각 1기, 건물지 1개소 등이 조사되었다. 과거 조선시대의 생활유적이 있었던 것은 확실하지만 그 성격과 규모 등은 파악하기 어려운 실정이었다. 다만, 주위를 감싸고 있는 석축유구를 통해 대략적인 범위를 추정할 수 있을 뿐이었다. 이를 통해 봉수에는 정면 3間, 측면 2間 규모의 木造瓦家 건물과 각종 비치물품을 보관하기 위한 창고 등이 있었을 것으로 추정되었다.[48]

의령 彌陀山烽燧는 경남 의령군 부림면 묵방리의 해발 640m 가량인

---

44) 봉수군이 거화를 하기 위해 필요한 각종 비품 및 재료와 신호전달·방호비품 등을 보관하기 위해 주로 봉수 내부에 석축으로 축조한 소규모 건물을 지칭한다.
45) 圓寂山烽燧臺保存會, 『梁山圓寂山烽燧臺 精密地表調査報告』, 1991, pp.12-15.
46) 이철영, 「조선시대 동해안지역 연변봉수에 관한 연구」, 『건축역사연구』57 제17권2호, 韓國建築歷史學會, 2008, p.60.
47) 충주대학교, 『용인 석성산봉수 종합정비 기본계획』, 2009, pp.65~66.
48) 한국토지공사 토지박물관, 『성남 천림산봉수 건물지 발굴조사보고서』, 2003.

미타산성 내 평탄지에 동-서 장축으로 있다. 2003년과 2005년 경남발전연구원 역사문화센터에 의해 산성조사의 일환으로 시굴·발굴조사 되었다. 건물지는 타원형의 봉수 내부에서 총 3동이 확인되었다. 크기가 유사하며 그중 북서쪽에 위치한 건물지는 봉수군의 생활을 위한 공간으로 추정되었다. 나머지 남쪽 문지와 접해 확인된 2동의 건물지는 잔존상태가 불량하여 원형을 추정하기 쉽지 않은 것으로 보고되었다.[49]

고령 伊夫老山烽燧는 경남 고령군 운수면 신간리의 해발 551.5m인 儀鳳山城 내 정상부에 남동-서북 장축으로 있다. 필자가 조사한 바로 봉수 내부의 공간은 北高南低의 대지가 크게 남북 2단으로 구분되어 있다. 봉수 내부 상부인 북측 단에는 건물의 기단으로 보이는 석렬이 잘 남아 있는데 길이 6.6m, 폭 4m 정도이다. 아울러 하부 출입구 쪽의 남쪽 단에는 우물 혹은 연조로 추정되는 內圓外方形의 원형유구 1기가 확인된다. 직경은 내부 2.5m, 외부 4.6m이다.

충주 周井山烽燧는 충북 충주시 상모면 온천리의 해발 440.2m인 산능선 정상부에 남동-서북 장축으로 있다. 1995년 충북대학교 호서문화연구소에서 발굴조사하였다. 내부의 공간은 北高南低의 대지를 크게 남북 2단으로 나누고 있다. 건물지는 타원형의 봉수 내부 남쪽 구역에서 다량의 기와, 불땐자리 흔적과 숯, 재, 수저 등이 출토되어 과거 봉수군이 항상 머무르던 집과 각종 봉수운용에 필요한 물품을 보관하던 庫舍가 있었다고 여겨진다. 건물의 규모는 부엌을 갖춘 최대 3칸을 넘지 못하였을 것으로 추측되었다.[50]

창녕 太白山烽燧는 경남 창녕군 대합면 합리의 해발 253m인 산정상부

49) 慶南發展研究院 歷史文化센터, 『宜寧 彌陀山城』, 2003.
_____, 『宜寧 彌陀山 烽燧臺』, 2007.
50) 忠北大學校 湖西文化研究所, 『忠州 周井山烽燧臺 發掘調査報告書』, 1997, pp.24~25.

에 동-서 장축으로 있다. 2008년 우리문화재연구원에 의해 정밀지표조사되었다. 조사를 통해 건물지는 평면 말각장방형의 봉수 내부 서쪽에 치우쳐 위치한다. 잔존 규모는 동서 약 4.5m, 남북 약 6m 정도로 남북 2칸, 동서 1칸의 동향인 직방형 건물지로 추정된다.[51]

밀양 推火山烽燧는 경남 밀양시 밀양읍 교동의 해발 227.4m인 推火山城 내 야산 정상부 제2봉에 북동-서남 장축으로 있다. 1997년과 2001년 동아대학교 박물관에 의해 지표·시굴조사되었다. 조사를 통해 봉수 내에서 북쪽 담장에 덧붙인 2동의 건물지 흔적이 확인되었다. 서로 방향을 달리 하면서 서로 이어지는 구조로 배치되어 있다. 이중 문지에 가까운 건물지는 길이 670cm, 폭 530cm 가량이며 다시 동서 방향 2칸으로 세분되는 것으로 파악된다. 건물지 내에서 기와편들이 담장벽 가까이에서 집중적으로 출토되어 와가 건물이 위치하였던 것으로 추정되었다. 우측의 건물지는 길이 680cm, 폭 300cm 가량이며 상기 건물지에 딸린 부속 건물지로 추정되었다.[52]

진주 廣濟山烽燧는 경남 진주시 명석면 덕곡리의 광제산 남봉 정상부(해발 419.8m)에 동-서 장축으로 있다. 2003~2004년 경남발전연구원 역사문화센터에 의해 시굴·발굴조사되었다. 봉수 내부의 공간은 西高東低의 대지를 크게 남북 2단으로 구분하고 있다. 조사를 통해 봉수 내 지형이 낮은 가지구의 북쪽 방호벽에 인접하여 추정 건물지 1동이 확인되었다. 노출된 초석의 배치형태로 볼 때 평면형태는 북편과 동편이 긴 ㄱ자형을 하고 있으며 동편은 아궁이와 합친 길이가 6.7m, 북편의 길이는 6m인 것으

51) 우리문화재연구원, 『창녕 태백산봉수대 문화재 정밀지표조사결과보고서』, 2008, pp.19~20.
52) 東亞大學校 博物館, 『密陽 推火山·終南山烽燧臺 復元資料收集基礎調査報告』, 1997.
_____, 『密陽 推火山烽燧臺 試掘調査報告書』, 2001, pp.66~71.

로 보고되었다.[53]

청주 巨叱大山烽燧는 충북 청주시 상당구 용정동의 해발 443.4m인 봉우리에 동-서 장축으로 있다. 1995년 청주대학교 박물관에 의해 봉수 내부 동편부의 발굴조사[54]와 2008년 중원문화재연구원에 의해 봉수 내부가 발굴조사 되었다. 조사를 통해 건물지는 평면 장란형의 봉수 내부 서쪽에서 1동이 확인되었다. 출토되는 기와를 통해 건물지는 와가이며, 연료를 보관하던 창고인지 봉수군의 숙소인지는 확실하지 않은 것으로 보고되었다.[55]

공주 月城山烽燧는 충남 공주시 옥룡동의 해발 312.6m인 산정상부에 남-북 장축으로 있다. 2003년 공주대학교 박물관에 의해 시굴조사 되었다. 조사를 통해 건물지는 봉수 내부 남쪽에서 남-북 장축의 정면 3칸, 측면 2칸의 규모임이 확인되었다.[56]

[표IV-19] 내지봉수 건물지 조사현황표

連番	烽燧名稱	높이(m)	路線	初築	長軸	位置		規模(m)	推定 建物形態		備考
						內部	外部		構造	間數	
1	양산 渭川	325	제2거 직봉	續撰 (1469)	동서	●	×	①7.5×3 ②?	①와가(맞배지붕) ②ㅁ·ㄷ자형	①3×2칸 ②2×1칸	정밀지표
2	용인 石城山	430	제2거 직봉	世宗 (1454)	남북		○	·	·	2동	정밀지표
3	성남 天臨山	170	제2거 직봉	世宗 (1454)	동서	×	○	·	와가	3×2칸	발굴조사
4	의령 彌陀山	640	제2거 간봉(2)	慶尙 (1425)	동서	●	×	①8.5×4 ②6×4 ③6.8×3.3	①와가 ②고사(와가) ③·	①3×1칸 ②· ③·	시굴·발굴

53) 慶南發展硏究院 歷史文化센터,『晋州 廣濟山烽燧臺 試掘調査報告書』, 2003.
_____,『宜寧 廣濟山烽燧臺』, 2006, pp.18~24.
54) 청주대학교 박물관,『청주 것대산봉수터 발굴조사』, 2001.
55) 중원문화재연구원,『청주 것대산봉수-발굴조사 약보고서-』, 2008, p.22.
56) 公州大學校 博物館,『月城山烽燧臺 試掘調査 結果槪略報告』, 2003, p.9.

5	고령 伊夫老山	551.5	제2거 간봉(2)	慶尙 (1425)	남동- 서북	●	×	6.6×4	·	·	지표조사
6	충주 周井山	440.2	제2거 간봉(2)	世宗 (1454)	남동- 서북	●	×	8.5×6	와가	3칸	발굴조사
7	창녕 太白山	253	제2거 간봉(6)	慶尙 (1425)	동서	●	×	4.5×6	와가	2×1칸	정밀지표
8	밀양 推火山	227.4	제2거 간봉(8)	慶尙 (1425)	북동- 서남	●	×	6.7×5.3	와가 (맞배지붕)	2칸	지표· 시굴
9	진주 廣濟山	419.8	제2거 간봉(9)	慶尙 (1425)	동서	●	×	6.7×6	·	1동	발굴조사
10	청주 巨叱大山	443.4	제2거 간봉(9)	世宗 (1454)	동서	●	×		와가	1동	발굴조사
11	공주 月城山	312.6	제5거 직봉	世宗 (1454)	남북	●	×	2.4×2.1	·	3×2칸	시굴조사

5) 우물[井]

우물[井]은 봉수에서 番을 서는 봉수군의 취사나 생활에 필요한 요소이
다. 조선시대 봉수제가 운영되던 당시에는 모든 봉수마다 우물이 봉수
내·외부나 건물지 인근에 있었다. 그렇지 않은 경우는 마을 인근에서 봉
수군이 식수를 용기에 담아 지고 날랐던 것으로 여겨진다. 아울러 봉수제
의 폐지 이후 오랫동안 사용하지 않음에 따른 지형의 변화 혹은 후대의 인
위적인 매몰 등으로 현장조사에서 확인되지 않는 경우가 많다.

현재 내지봉수로서 우물이 확인된 사례는 [표IV-21]처럼 9기 정도이
다.[57] 이중 청주 巨叱大山烽燧의 우물이 가장 완벽한 형태로 원형이 남아

---

57) 우물[井]은 沿邊烽燧에서도 현재까지의 조사를 통해 전국적으로 약 12기 정도에서 확인
된다. 이중 당진 安國山烽燧, 포항 磊城山烽燧, 고흥 蓬來山·楡朱山烽燧의 우물이 가장
완벽한 형태로 잘 남아 있다. 특히 고흥 소재 2기의 봉수는 지역적 특성에 연유한 듯 우물
의 평면이 方形이다.

있다. 다음이 밀양 성황봉수 우물이며, 용인 석성산, 진주 광제산, 음성 망이성봉수의 우물 등은 인위적인 보수가 이루어졌다. 축조는 석축이며 평면형태는 원형이다. 위치하는 곳은 방호벽을 기준으로 내부가 2기, 외부가 6기이다. 이중 우물이 내부에 위치하는 군위 승목산·의성 대야곡봉수 2기는 단지 지표조사만으로 추정된 결과이다. 따라서 우물의 존재유무는 불확실하다.

[표IV-20] 내지봉수 우물[井]

① 용인 석성산봉수	② 청주 것대산봉수
③ 밀양 추화산봉수	④ 진주 광제산봉수

이중 현재도 식수로 사용이 가능한 우물은 용인 석성산, 밀양 성황, 진주 광제산, 음성 망이성, 청주 것대산 등 5기이다. 이중 진주 廣濟山烽燧의 우물([표IV-20]의 ④)은 봉수가 조성되면서 만들어져 당시 봉수군들의 식수 및 생활용수로 사용되었다. 뿐만 아니라 산 아랫마을 사람들이 여름철 각종 피부병 치료와 기우제 행사 등에 사용하면서 약샘[藥水]으로 지칭되

고 있는데 현재도 유지가 온전하게 남아 있다.

내지봉수의 우물은 대부분 防護壁을 기준으로 外部에 위치하며, 우물의 평면형태는 圓形이다. 아울러 이들 봉수의 우물은 봉수제가 폐지된 이후에도 계속적인 보수를 통해 현재도 食水로 사용되고 있다.

[표IV-21] 내지봉수 우물[井] 현황표

連番	烽燧名稱	海拔높이 (m)	路線 및 區分	初築	우물[井]			備考
					內部	外部	形態	
1	군위 繩木山	252	제2거 직봉	慶尙(1425)	●	×	·	廢井
2	의성 大也谷	146.3	제2거 직봉	興地(1760)	●	×	·	廢井
3	용인 石城山	471	제2거 직봉	世宗(1454)	×	○	원형	排水口
4	안동 藥山	·	제2거 간봉(1)	世宗(1454)	×	○	원형	廢井
5	문경 炭項	648.8	제2거 간봉(2)	慶尙(1425)	×	○	·	廢井
6	밀양 城隍	227.4	제2거 간봉(8)	慶尙(1425)	×	○	원형	·
7	진주 廣濟山	419.8	제2거 간봉(9)	慶尙(1425)	×	○	원형	약샘
8	음성 望夷城	471.9	제2거 간봉(9)	世宗(1454)	×	○	원형	·
9	청주 巨叱大山	443.4	제2거 간봉(9)	世宗(1454)	×	○	원형	排水口

3. 小結

지금까지 내지봉수의 구조 · 형태와 시설에 대해 분석한 결과를 요약하면 다음과 같다.

첫째, 봉수는 성격에 따라 내지 · 연변봉수가 구조 · 형태를 달리하며 구조의 차이가 있다. 따라서 『增補文獻備考』(1908)에 의거하여 한반도 남부지역 소재 제2거 각 노선의 초기 연변봉수가 내지화하여 중앙으로 연결되는 노선은 제2거 직봉과 간봉(1) · (2) · (6) · (8) · (9)의 6개 노선이다. 이들 6개 노선의 초기봉수는 지역적으로 부산 · 거제 · 남해 등 경남 남해안이다. 또한, 연변과 내지의 접점봉수가 위치하는 지역은 부산 · 영덕 ·

함안·밀양·사천 등이다. 지역적으로 경남 남해안과 경북 내륙지역이다. 그리고 제2거 간봉(1)의 영덕 廣山, 간봉(2)의 함안 巴山, 간봉(6)의 함안 安谷山 등 3개 노선의 연변·내지 접점에 위치한 봉수는 煙臺를 공통적으로 갖추고 있다. 따라서 각 노선별 초기 연변봉수가 완전히 내지화하는 지역은 양산·진보(현 청송)·의령·창녕·밀양·진주 등이다. 그러므로 양산외 5개 지역은 봉수의 구조·형태상 연변과 내지봉수를 구분하는 분기점이 되는 곳이다.

성격별 내지봉수의 수는 직봉이 40기로 가장 많으며, 다음이 간봉(2)의 23기이며 간봉(1)이 4기로서 가장 적은 수치이다. 따라서 제2거 직봉과 간봉 10개 노선 총 166기의 봉수 중 내지봉수 104기로서 연변봉수 62기에 비해 많은 수치이다. 또한, 제2거는 영덕 大所山을 북방한계선으로 하고, 남해 雪屹山을 남방한계선으로 하는 경북 동해안과 경남 남해안의 긴 해안선을 감시·조망해야 했기에 직봉외에 다수의 간봉을 운용하였다.

이외에도 제2거 10개소의 간봉 중에는 각자 거화를 통해 本邑이나 本營·本鎭에만 연락하였던 간봉(3)·(4)·(5)·(7)·(10)의 5개 노선이 있다. 地域別로 간봉(3)은 통영·거제, 간봉(4)는 통영·진주·고성, 간봉(5)는 고성, 간봉(7)은 진해·마산, 간봉(10)은 남해이다. 이들 지역에 본읍·본진에만 응하는 다수의 봉수를 설치한 목적은 이들 지역이 여말~선초 대마도 방면에서 침입하는 왜구의 주요 루트였기 때문이다. 또한, 선조대에 壬辰倭亂을 겪으면서 조선 수군의 사령부와 다수 營·鎭·堡 등이 이들 지역에 위치하였기에 주위로 자체방어를 위한 신호전달의 목적에서 봉수를 설치하여 운용하였다.

아울러 제2거 노선의 봉수가 지나는 경남·경북·충북 소재의 16개 지역은 동일지역임에도 각자 다른 노선의 봉수가 초기하거나 지나던 곳이었다. 특히, 경상도 내 안동·영천·성주·진주·마산과 충청북도 내 충주·음성 등 7개 지역은 제2거 간봉이 해당 지역 소재의 봉수에서 합해진 후 다시 직봉으로 연결되는 分岐點이었다.

둘째, 내지봉수의 부속시설로는 연조·방호벽·출입시설·건물지·우물[井] 등이 있다. 우선 내지봉수에서 지표·발굴조사를 통해 연조가 확인된 사례는 약 20기 내이다. 연조의 配置는 방호벽 내에 두는 것이 일반적이나, 청도 南山烽燧·고양 禿山烽燧처럼 외부에 시설된 사례가 있다. 또한, 창녕 餘通山烽燧는 연조 1기가 외부에 시설되고 나머지가 내부에 시설되어 있다. 이외에 김천 城隍山烽燧는 토·석 혼축의 연조 5기가 토성의 성벽을 방호벽 삼아 남-북 1열로 시설되어 있다. 配置形態는 방호벽 내에 동-서 혹은 남-북 1열로 배치되는 것이 가장 일반적이다. 그러나, 소수지만 V자형(산청 笠巖山烽燧), W자형(충주 周井山烽燧), M자형(진주 廣濟山烽燧)의 배치 사례가 있다. 直徑은 0.8~5m에 이르기까지 다양한데, 평균 직경은 1.9m이다. 間隔은 연조 중심간 1~8m에 이르기까지 다양한데, 평균 간격은 3.5m이다.

防護壁은 내지봉수의 평면형태를 결정하는 중요한 요소이다. 평면형태는 크게 橢圓形系와 方形系로 구분되는데, 타원형이 대부분이다. 長軸은 동-서 혹은 북동-서남 혹은 남동-서북도 확인된다. 이것은 경봉수인 木覓山烽燧로 최종 전달되는 봉수의 신호체계상 지형적으로 신호를 보내고 받기 유리한 곳에 장축방향을 설정하였기 때문이다. 둘레는 평균 78.7m로서 조선시대 내지봉수의 일반적인 평균 둘레는 70~80m내의 범위에 속하였다. 그러나, 이 범위에 미달되거나 초과되는 봉수도 있기에 국내 소재의 내지봉수는 방호벽의 둘레가 50~110m 이내에 포함된다. 평면형태별 규모는 (세)장방형이 3기 92.8m로서 길이와 둘레가 가장 크고, 다음은 원형이 4기 83.4m이며, 타원형이 27기 74.4m이다. 끝으로 규모가 가장 작은 평면형태와 규모는 직방형으로서 4기 71.5m이다. 방호벽 상부 담장지의 폭은 0.5~2.3m에 이르기까지 다양하나 평균 폭은 1.2m이다. 방호벽의 높이[高]는 외벽 높이를 기준으로 평균 1.9m이다.

한편, 平面이 防護壁의 形態에 따라 구분되는 內地烽燧는 소수지만 영천 餘音洞 · 고령 伊夫老山 · 진주 廣濟山烽燧 등에서 내부 공간을 2단(여음동 · 광제산) 내지 3단(이부로산)으로 구분하여 효율적으로 활용한 사례가 있다. 다만 이부로산봉수는 여음동 · 광제산봉수와 달리 지형차가 크지 않다는 차이가 있다.

出入施設은 현재까지의 조사를 통해 開口形 · 階段形 · 傾斜形의 세가지 형태가 있다. 이중 대부분의 내지봉수에서 채택한 출입시설 형태는 開口形이다. 수량은 주된 출입방향으로 한 곳에만 내거나, 장축 방향의 능선으로 좌 · 우 두 곳에 내기도 하였다. 그러나, 고양 禿山烽燧는 국내에서 4개소의 계단형 출입시설을 마련한 유일한 사례이다. 각 형태별 출입시설의 方向은 개구형이 대부분 남쪽에 치중하여 두었다. 반면, 계단형은 북쪽을 제외한 세 방향으로 고루 두었다.

建物址는 지지의 기록에 따라 명칭이 假屋 · 瓦家 · 草家 · 庫舍 · 假家 등으로 다양하다. 조선후기 발간의 지지에 내지봉수 건물관련 기록이 남아 있는 봉수와 건물의 내용 및 규모는 5기이다. 반면, 지표에 건물과 관련된 터가 잔존하는 봉수는 다수인데, 이중 고고학적 조사를 통해 건물의 규모가 확인된 봉수는 11기 정도이다. 이를통해 건물의 위치는 내부가 9기, 외부가 2기로서 거의 대부분 봉수가 내부에 건물을 두었다.

내지봉수의 우물[井]은 현재까지의 조사를 통해 9기가 조사되었는데, 이중 청주 巨叱大山烽燧의 우물이 가장 완벽한 형태로 남아 있다. 우물이 위치하는 곳은 방호벽을 기준으로 대부분 外部이며, 평면형태는 圓形이다.

V. 결론

    지금까지 朝鮮時代의 內地烽燧를 중심으로 봉수 전반을 다루었다. 내지봉수는 極邊初面의 沿邊烽燧와 京烽燧를 연결하는 육지 내륙지역 소재의 봉수를 일컫는 용어이다. 조선시대 5炬制의 봉수 路線上『萬機要覽』(1808)의 편찬부터 直烽·間烽의 구분이 있었으나 규모와 시설의 차이가 있는 것은 아니었다. 世宗 29년(1447) 3월 의정부에서 병조의 呈狀에 의거하여 올린 건의를 통해 腹裏烽火排設之制가 마련되어 시행됨으로서 구체적인 시설기준이 마련되었다.

    한반도 남부지역에는 약 500기 내외의 봉수가 있다. 이들 봉수대들은 지역에 따라 성격과 구조·형태가 다양한데, 이중 내지봉수는 약 200기 내외로 추정된다. 노선별로는 한반도 북부에서 초기하는 1·3·4거 등 3개 노선의 일부 봉수가 한반도 남부지역에 소재하고 있다. 또한, 부산 다대포진 鷹峰에서 초기하는 제2거와, 여수 방답진 突山島에서 초기하는 제5거 노선의 직봉과 간봉 전체를 포함하고 있다. 그러나 朝鮮王朝 全 시기를 통하여 일부는 노선의 변동으로 置廢와 移設 및 復設을 거듭하면서 일관된 노선이 유지된 것은 아니었다.

    그러므로 본문에서는 봉수제의 운영과 문헌상의 봉수시설 및 표기양식에 대하여 각 장별로 검토하였다. 이를 위해 조선시대의 地誌 및 古文書의 기록과 古地圖를 참고하였다. 이어 지금까지의 조사결과를 바탕으로 구조·형태와 시설에 대한 검토를 통해 조선시대 내지봉수의 실체를 어느정도 밝히고 이해하는 계기가 되었다. 각 장별로 본 연구를 통해 얻은 결과는 다음과 같다.

제 I 장 序論의 研究史 檢討에서는 봉수제의 폐지 이후 일제강점기 日人들과 해방 후 先學에 의한 연구내용을 소개하였다. 이어 歷史學·地理學·考古學·建築學·民俗學·鄉土史·通信工學 등 일곱 개 분야로 구분 후 각 분야별 연구자들에 의해 진행되어 온 연구내용을 소개하였다. 다음 調査現況에서는 경기도 이남의 지역을 5개의 권역으로 구분하여 각 권역별로 조사현황을 소개하였다. 이를 통해 지금까지의 봉수연구와 조사현황을 이해하는 계기가 되었다고 여긴다.

제 II 장 烽燧制의 運營과 變遷에서는 삼국시대에 시원적인 형태로 시작되었을 봉수제가 이후 고려시대에 성립되고 조선전기에 확립된 후 국가적인 운영 및 변천과정을 겪었음을 전제로 하였다. 고려왕조의 봉수제는 毅宗 3년(1149) 1急에서 4急으로 성립된 후, 忠定王 3년(1351) 수도 開京의 松嶽山 烽燧所의 설치로 인해 체제를 정비하게 되었다. 당시 개경과 인접하였던 경기지역의 서해안을 따라서는 灣과 串 및 島嶼에 다수의 沿邊烽燧가 조밀하게 분포하고 있었다. 이들 봉수의 설치목적은 해로를 통한 왜구 침입에 대비하기 위해서였다. 고려시대 봉수가 효용을 발휘한 사실은 禑王 3년(1377) 5월 왜구의 강화 침입 때와, 우왕 14년(1388) 4월 수도 개경과 가까운 椒島에 왜구가 침입하였을 때 擧火 하였다는 단 두 기록뿐이다.

조선 개국 후 世宗 5년(1423) 수도 漢城府의 남산에 木覓山烽燧를 설치함으로 인해 비로소 중앙의 京烽燧로 최종 집결하는 5炬制의 전국 烽燧路線이 확립되었다. 아울러 이때 북방 女眞族의 침입에 대비하여 世宗 15년

(1433)부터 본격화된 鴨綠江 上流의 4郡 및 豆滿江 下流 남안의 6鎭 설치를 계기로 다수의 煙臺가 설치되었다. 따라서 종래 경상·전라 남해안과 고려 수도 開京을 향해 서해 도서해안을 따라 집중적으로 설치되어 있었던 노선의 置廢와 移設이 불가피하게 되었다. 이후 『經國大典』(1485)의 반포를 통해 조선의 봉수제는 완성을 보게 되었다. 따라서 世宗 5년(1423) 5거 봉수제의 확립 후 高宗 31년(1894) 철폐까지 약 500여 년 간 봉수는 국가의 중요한 군사통신시설로서 유지되었다. 이외에 봉수는 지방이나 변방의 變故를 중앙의 병조에 알리기 위한 목적으로도 사용되었으며, 봉수가 지나는 府·牧·郡·縣 인근의 백성들이 봉수를 바라보고 변방의 안위를 판단하는 警報機能도 갖추고 있었다. 또한, 조선시대 識者層이었던 文人들에 의해 詩의 소재로 인용되기도 하였으며, 그 내용이 文集 등에 남아 있다. 이외에도 조선왕조 말기와 대한제국 시기 서양인들에 의해 남산의 봉수를 바라보고 느낀 경이로움과 기능에 대한 내용이 기록으로 남겨지기도 하였다.

조선후기 봉수제 운영의 실태를 알 수 있는 자료는 烽燧에 실제 근무한 사실을 기록한 日記들이다. 현재까지 확인된 일기는 도별로 咸鏡道·黃海道·忠淸道·慶尙道·全羅道의 것들이며 수량은 제한적이다. 당시 이 일기의 작성자는 해당 지역 소재 봉수를 관리·감독하던 烽燧別將·縣令·縣監·郡守·府使 등이다. 매월 초 韓紙에 楷書 혹은 草書와 吏讀文으로 작성하여 지난달의 봉수 거화 시 매일의 기상상태를 관할 상부기관에 올린 牒呈이다. 첩정 상부에 횡으로 작게 일자를 표기한 후 기상상태에 따라 횡선으로 晴·雲暗 혹은 晴一炬北風吹등으로 표기하였다. 또한, 대응봉수와 각 當番 伍長의 성명을 縱으로 楷書와 吏讀體로 써 놓았다. 이들 가운데 19세기 전반 安東大都護府 소속 開目山·堂北山·藥山烽燧와 義城縣 소속 馬山烽燧 및 후반기의 彦陽縣 소속 夫老山烽燧에서 작성한 陰晴日記를 통해 조선후기 경상도의 봉수운용을 알 수 있다. 또 이를 통해 경상도의 19세기 봉수운용은 매월 6番 5日制로 총 20番制이며 평균 100日 단위로 番을 교대하였음도 밝힐 수 있었다. 아울러 각 번마다 伍長 1인과 烽燧軍 4인이 한 개 組가 되어 番을 섰던 5인 체제였고 대체로 한 번 정해진 番은 특별한 사유가 없는 한 그대로 유지되었음을 알 수 있다.

이렇듯 조선 개국 후 근 500여 년 동안 국가적인 운영을 하였던 봉수제는 高宗 31年(1894) 八路烽燧의 폐지 결정과 다음해 각처 烽臺와 烽燧軍을 폐지함으로써 봉수제도는 사라지게 되었다.

제Ⅲ장 文獻上의 烽燧施設과 標記樣式에서는 조선후기 발간 지지에 기록된 봉수시설과 고지도의 각종 봉수 표기양식에 대한 소개와 검토를 하였다. 봉수가 제대로 기능을 발휘하기 위해서는 炬火·防護施設외에 봉수의 실제 운용자였던 烽燧軍의 生活과 관련된 각종 시설을 갖추고 있어야 했고, 필요한 다수의 소모성 備品을 갖추고 있었다. 아울러 對應하는 봉수사이에 신호가 통하지 않는 상황에 대비한 별도의 비상시 신호전달 체계를 갖추어야 했다. 이중 地誌의 炬火備品 및 材料의 수량이 대부분 5단위로 준비되어 있었음을 밝히었다. 이를 통해 조선의 봉수제가 5炬를 근간으로 하였던 만큼 평상시의 1炬 외에 비상시의 5炬를 위한 다수의 거화재료를 상시적으로 비축해 놓고 있어야만 했음을 유추할 수 있다.

다음 봉수군이 番을 서는 동안 휴대하였던 개인 호신용 防護備品으로 조선후기 일부 지역의 봉수에서는 공통적으로 鳥銃·고리칼[環刀]을 비치하고 있었다. 그러나, 이들 무기는 모든 봉수에 같은 수량이 지급된 것이 아니었다. 따라서 봉수마다 1인 내지 2인의 봉수군이 조총을 들고 환도를 패용한 채 번을 섰다. 그리고 나머지 봉수군은 교대로 휴식을 취하거나 취사를 위한 준비, 혹은 봉수 인근에서 매일 1거의 거화를 위한 소모성 거화재료의 채집과 비축 및 운반을 하면서 근무하였다.

봉수군의 생활관련 비품 중 전 봉수에서 공통적으로 확인되는 비품은 솥[鼎]이다. 이는 봉수군이 番을 서는 동안 가족과 떨어진 채 봉수에 상주하면서 솥을 사용한 取食을 하였다는 증거이다. 또한, 조선후기 봉수에 상주하면서 교대로 번을 섰던 봉수군 인원은 5人이었다. 이는 개인생활 비품인 수저[匙子]·沙鉢·물독[水瓮·水㼜]·표주박[(懸)瓢子] 등의 개인 생활비품 단위가 5인 것을 통해 알 수 있다. 즉, 매 봉수마다 5日씩 월 6番 교대로 번갈아 근무한 5인의 봉수군은 번을 서는 동안 공동으로 取食을 해결하였다.

봉수는 성립초기 연기와 횃불 외에 信砲의 비치와 煙筒施設의 마련을 통해 효율적인 신호전달체계를 강구하였다. 그러나 후기에는 화살[箭]·깃발[旗]외에 북[鼓], 징[鉦]과 꽹가리[錚], 喇叭[戰角·竹吹螺] 등의 악기를 비치하고 있었다. 따라서 조선후기 봉수의 신호전달체계는 신호불통을 우려하여 주·야간의 視覺과 聽覺에 의지한 깃발과 각종 악기류를 각 봉수마다 형편에 맞게 비치하고 있었다.

조선후기 발간의 地誌와 古地圖에는 봉수의 다양한 標記樣式이 확인된다. 여기에는 봉수군의 생활과 밀접한 관련이 있는 家屋(瓦家·草家), 내지·연변봉수의 주요 거화시설인 煙竈·煙窟·煙臺·煙筒, 봉수 신호의 수단으로 활용되었던 깃발[旗]·長臺, 봉수가 위치한 곳이 성곽 내이거나 요새지일 경우 城郭·要塞·菊花, 봉수에서 불이 피어오르는 모습을 형상화 한 불꽃·촛불과 산정에 위치한 봉수의 표기를 원형·방형·∏·凸형으로 단순화 하거나, 봉수명만 기입한 경우 등 약 20여 형태로 구분된다. 따라서 이를 통해 조선시대 봉수의 실제적인 구조·형태와 당시 존재하던 봉수의 형태를 추정하는데 중요한 자료가 되고 있다. 또한, 용도별로 다양하게 표기된 형태는 조선시대 烽燧軍의 生活, 烽燧의 炬火 및 防護施設 등 운용과 구조·형태에 대한 실제적인 자료이다.

제Ⅳ장 內地烽燧의 構造·形態와 施設에서는 노선별로 구조·형태의 차이 나는 점과 문헌기록의 검토 및 연변봉수와의 비교를 시도하였다. 이를 위해 『增補文獻備考』(1908)에 의거하여 한반도 남부의 제2거 노선을 중심으로 소개하였다. 이중 極邊初面의 초기 연변봉수가 구조·형태상 내지를 향하여 중앙으로 연결되는 노선은 제2거 직봉과 간봉(1)·(2)·(6)·(8)·(9)의 6개 노선이다. 이들 6개 노선의 초기봉수는 지역적으로 부산·거제·남해 등 경남 남해안이다. 또한, 연변과 내지의 접점 봉수가 위치하는 지역은 부산·영덕·함안·밀양·사천 등이다. 지역적으로 경남 남해안이며 경북 내륙지역을 일부 포함한다. 그리고 제2거 간봉(1)의 영덕 廣山, 간봉(2)의 함안 巴山, 간봉(6)의 함안 安谷山 등 3개 노선의 연변·내지 접점에 위치한 봉수는 煙臺를 공통적으로 갖추고 있다. 따라서 각 노선별 극변초면의 초기 연변봉수가 완전히 내지로 향하는 지역은 양산·진보(현 청송)·의령·창녕·밀양·진주 등이다. 그러므로 양산 외 5개 지역은 봉수의 구조·형태상 연변과 내지봉수를 구분하는 분기점이 되는 곳이다.

성격별 내지봉수의 수는 직봉이 40기로 가장 많으며, 다음이 간봉(2)의 23기이며 간봉(1)이 4기로서 가장 적은 수치이다. 따라서 제2거 직봉과 간봉 10개 노선 총 166기의 봉수 중 내지봉수 104기로서 연변봉수 62기에 비해 많은 수치이다. 또한, 제2거는 영덕 大所山을 북방한계선으로 하고, 남해 雪屹山을 남방한계선으로 하는 동해안과 경남 남해안의 긴 해안선을 감시·조망해야 했기에 직봉 외에 다수의 간봉을 운용하였다.

이외에도 제2거 10개소의 간봉 중에는 각자 거화를 통해 本邑이나 本鎭에만 연락하였던 간봉(3)·(4)·(5)·(7)·(10)의 5개 노선이 있다. 地域別로 간봉(3)은 통영·거제, 간봉(4)는 통영·진주·고성, 간봉(5)는 고성, 간봉(7)은 진해·마산, 간봉(10)은 남해이다. 이들 지역에 본읍·본진에만 응하는 다수의 봉수를 설치한 목적은 여말~선초 대마도 방면에서 침입하는 왜구의 주요 루트였기 때문이다. 또한, 선조 대에 壬辰倭亂을 겪으면서 조선 수군의 사령부와 다수 營·鎭·堡 등이 이들 지역에 위치하였으므로, 이들 군사 거점 주위로 자체방어를 위한 신호전달의 목적에서 봉수를 설치하여 운용하였던 것이다.

아울러 제2거 노선의 봉수가 지나는 경남 · 경북 · 충북 소재의 16개 지역은 동일지역임에도 각자 다른 노선의 봉수가 초기하거나 지나던 곳이었다. 특히, 경상도 내 안동 · 영천 · 성주 · 진주 · 마산과 충청북도 내 충주 · 음성 등 7개 지역은 제2거 간봉이 해당 지역 소재의 봉수에서 합해진 후 다시 직봉으로 연결되는 分岐點이었다.

둘째, 봉수의 부속시설로는 연조 · 방호벽 · 출입시설 · 건물지 · 우물[井] 등이 있다. 우선 현재 내지봉수에서 지표 · 발굴조사를 통해 煙竈가 확인된 사례는 약 20기에 달한다. 연조의 配置는 방호벽 내에 두는 것이 일반적이다. 그러나, 청도 南山烽燧 · 고양 禿山烽燧처럼 외부에 시설된 사례도 있다. 또한, 창녕 餘通山烽燧는 연조 1기가 외부에 시설되고 나머지가 내부에 시설되어 있다. 이외에 김천 城隍山烽燧는 토 · 석 혼축의 연조 5기가 토성의 성벽을 방호벽 삼아 남-북 1열로 시설되어 있다. 配置形態는 방호벽 내에 동-서 혹은 남-북 1열로 배치되는 것이 가장 일반적이다. 소수지만 V자형(산청 笠巖山烽燧), W자형(충주 周井山烽燧), M자형(진주 廣濟山烽燧)의 배치 사례가 있다. 直徑은 0.8~5m에 이르기까지 다양한데, 평균 직경은 1.9m이다. 間隔은 연조 중심간 1~8m에 이르기까지 다양한데, 평균 간격은 3.5m이다.

防護壁은 내지봉수의 평면 형태를 결정짓는 중요한 요소이다. 평면 형태는 크게 圓形系와 方形系로 구분되는데, 원형이 대부분이다. 長軸은 동-서 혹은 북동-서남이며 혹은 남동-서북도 확인된다. 이것은 경봉수인 木覓山烽燧로 최종 전달되는 봉수의 신호체계상 지형적으로 신호를 보내고 받기 유리한 곳에 장축방향을 설정하였기 때문이다. 둘레는 평균 78.7m로서 조선시대 내지봉수의 일반적인 평균 둘레는 70~80m내의 범위에 속하였다. 간혹 이 범위에 미달되거나 초과되는 봉수도 있었다. 내지봉수는 대략 방호벽의 둘레가 50~110m 이내에 포함된다. 평면 형태별 규모는 (세)장방형이 3기 92.8m로서 길이와 둘레가 가장 크고, 다음은 원형이

4기 83.4m이며, 타원형이 27기 74.4m이다. 끝으로 규모가 가장 작은 평면 형태와 규모는 직방형으로서 4기 71.5m이다. 방호벽 상부 담장지의 폭은 0.5~2.3m에 이르기까지 다양하나 평균 폭은 1.2m이다. 방호벽의 높이[高]는 외벽 높이를 기준으로 평균 1.9m이다. 한편, 平面이 防護壁의 形態에 따라 구분되는 內地烽燧는 소수지만 영천 餘音洞·고령 伊夫老山·진주 廣濟山烽燧·충주 周井山烽燧 등에서 내부 공간을 2단 내지 3단으로 구분하여 활용한 사례가 있다. 이런 원인은 봉수 축조 당시의 지형적 여건 때문이다. 그러므로 본문에서는 해당 봉수의 소개를 통해 공간 활용의 사례를 소개하였다.

出入施設은 현재까지의 조사를 통해 開口形·階段形·傾斜形의 세 형태가 있다. 이중 대부분의 내지봉수에서 채택한 출입시설 형태는 開口形이다. 수량은 주된 출입방향으로 한 곳에만 내거나, 장축방향의 능선으로 좌·우 두 곳에 내기도 하였다. 고양 禿山烽燧는 4개소의 계단형 출입시설을 마련한 유일한 사례이다. 각 형태별 출입시설의 方向은 開口形이 대부분 남쪽에 치중하여 두었다. 반면, 階段形은 북쪽을 제외한 세 방향으로 고루 출입구를 두었던 것으로 나타난다.

建物址는 문헌기록에 따라 명칭이 假屋·瓦家·草家·庫舍·假家 등으로 다양하다. 조선후기 발간의 지지에서 내지봉수 건물관련 기록이 남아 있는 봉수와 건물의 내용 및 규모는 5기이다. 반면, 지표에 건물과 관련된 터가 잔존하는 봉수는 다수인데, 이중 고고학적 조사를 통해 건물의 규모가 확인된 봉수는 11기 정도이다. 이를 통해 건물의 위치는 내부가 9기, 외부가 2기로서 거의 모든 봉수가 내부에 건물을 두었다.

마지막으로 내지봉수의 우물[井]은 현재까지의 조사를 통해 9기가 조사되었는데, 이중 청주 巨叱大山烽燧의 우물이 가장 완벽한 형태로 남아 있다. 우물이 위치하는 곳은 방호벽을 기준으로 대부분 外部이며, 평면 형태는 圓形이다.

참고문헌

1. 史料

『三國史記』, 『三國遺事』, 『高麗圖經』, 『高麗史』, 『高麗史節要』, 『東史綱目』, 『萬機要覽』, 『備邊司謄錄』, 『增補文獻備考』, 『烽燧調查表』, 『經國大典』, 『續大典』, 『大典通編』, 『各司謄錄』, 『受敎輯錄』, 『史記』, 『後漢書』, 『舊唐書』, 『唐六典』

2. 地誌書

『慶尙道地理志』, 『世宗實錄』地理志, 『慶尙道續撰地理誌』, 『新增東國輿地勝覽』, 『東國輿地志』, 『輿地圖書』, 『輿圖備志』, 『大東地志』, 『湖西邑誌』, 『獻山誌』, 『慶尙道邑誌』, 『嶺南邑誌』, 『湖南邑誌』

3. 古文書

『茂山鎭兵馬萬戶晴明日記』, 『延安兼任新溪縣令五烽燧風變日記』, 『豊川都護府使書目』, 『長連縣監陰晴日記』, 『兎山兼任谷山都護府使陰晴日記』, 『行藍浦縣監書目』, 『丹陽郡守書目』, 『安東大都護府使書目』, 『開目山烽燧壬辰三月陰晴日記』, 『開目山烽燧壬辰六月陰晴日記』, 『開目山烽燧壬辰七月陰晴日記』, 『開目山烽燧壬辰八月陰晴日記』, 『開目山烽燧壬辰十二月陰晴日記』, 『堂北山烽燧壬辰四月陰晴日記』, 『堂北山烽燧癸巳五月陰晴

日記』, 『堂北山烽燧癸巳九月陰晴日記』, 『馬山日記甘谷山傳通』, 『彦陽縣夫老山烽臺瞭望日記』, 『南牧川烽燧別將書目』, 『海南縣監牒呈』, 『南木烽燧別將書目』

4. 文集

『虛白亭集』, 『十淸集』, 『鵝溪遺藁』, 『東岳集』, 『澤堂集』, 『靑莊館全書』, 『月洲集』, 『三淵集』

5. 古地圖

『全羅左道順天古突山鎭地圖』(奎10493), 『全羅順天防踏鎭地圖』(奎10510), 『順天府地圖』(奎10511), 『羅州智島鎭地圖』(奎10491), 『靈光荏子鎭地圖』(奎10442), 『長興府會寧鎭地圖』(奎10443), 『珍島府地圖』(奎10461), 『靑山鎭地圖』(奎10515), 『萬頃縣古群山鎭地圖』(奎10432), 『茂長縣地圖』(奎10469), 『海東八道烽火山岳地圖』, 『海東地圖』, 『東輿圖』, 『大東輿地圖』

6. 學位論文(年度順)

方相鉉, 『朝鮮前期 通信制度의 硏究』, 慶熙大學校 碩士學位論文, 1976.

朴世東, 『朝鮮時代 烽燧制 硏究』, 嶺南大學校 碩士學位論文, 1987.

盧泰允, 『朝鮮時代 烽燧制 硏究』, 檀國大學校 碩士學位論文, 1991.

孫德榮, 『朝鮮時代 公州地方의 烽燧에 대한 考察』, 公州大學校 碩士學位論文, 1992.

金明徹, 『朝鮮時代 濟州道 關防施設의 硏究』, 濟州大學校 碩士學位論文, 2000.

金周洪, 『京畿地域의 烽燧硏究』, 祥明大學校 碩士學位論文, 2001.

金一來, 『朝鮮時代 忠淸道 지역의 沿邊烽燧』, 서울市立大學校 碩士學位論文, 2001.

李貴惠, 『釜山地方의 烽燧臺 硏究』, 釜山大學校 碩士學位論文, 2001.

이상호, 『조선후기 울산지역 봉수군에 대한 고찰』, 울산대학교 석사학위논문, 2004.

李喆永, 『朝鮮時代 沿邊烽燧에 관한 硏究』, 大邱가톨릭大學校 博士學位論文, 2006.

洪性雨, 『慶南地域 烽燧臺의 構造에 관한 一考察』, 慶南大學校 碩士學位論文, 2007.

7. 硏究論文

김경추,「朝鮮時代 烽燧体制와 立地에 관한 연구 -강원도를 중심으로-」,『地理學硏究』제
    35권 3호, 韓國地理敎育學會, 2001.

김난옥,「고려후기 烽卒의 신분」,『韓國史學報』제13호, 高麗史學會, 2002.

김도현,「삼척의 烽燧와 관련 民間信仰」,『江原史學』19 · 20合集, 2004.

_____,「삼척지역의 烽燧硏究」,『博物館誌』第11號, 江原大學校 中央博物館, 2004.

김명철,「제주도 관방시설에 관한 연구와 실태」,『학예지』제8집, 육군사관학교 육군박
    물관, 2001.

김범수,「당진지역의 봉수」,『內浦文化』제15호, 唐津鄕土文化硏究所, 2003.

김성미,「창녕 여통산 봉수대 발굴조사 개보」,『한국성곽학보』제9집, 한국성곽학회,
    2006.

_____,「창녕지역의 봉수 고찰」,『한국성곽학보』제13집, 한국성곽학회, 2008.

金榮官,「조선시대 서울 지역의 봉수대 설치와 운영」,『한국성곽연구회 정기학술대회』
    (叢書 5), 한국성곽연구회, 2004.

김용우,「浦項의 봉수대」,『東大海文化硏究』(제10집), 동대해문화연구소, 2005.

김용욱,「조선조 후기의 烽燧制度 -해안 봉수대를 중심으로-」,『法學硏究』第44卷 第1
    號 · 通卷52號, 釜山大學校 法學硏究所, 2003.

金周洪,「京畿道의 烽燧制度」,『平澤 關防遺蹟』(I), 京畿道博物官, 1999.

_____,「京畿地域의 烽燧位置考(I)」,『博物館誌』第9號, 忠淸大學 博物館, 2000.

_____,「朝鮮時代의 烽燧制」,『實學思想硏究』19 · 20, 毋岳實學會, 2001.

_____,「慶尙地域의 烽燧(I)」,『聞慶 炭項烽燧 地表調査報告書』, 忠北大學校 中原文化
    硏究所, 2002.

_____,「慶尙地域의 烽燧(II)」,『實學思想硏究』23輯, 毋岳實學會, 2002.

_____,「京畿地域의 烽燧位置考(II)」,『白山學報』62, 白山學會, 2002.

_____,「忠北地域의 烽燧(I)」,『忠州 馬山烽燧 地表調査報告書』, 忠北大學校 中原文化
    硏究所, 2003.

_____,「仁川地域의 烽燧(I)」,『仁川文化硏究』創刊號, 인천광역시립박물관, 2003.

_____,「울산지역의 봉수」,『울산관방유적(봉수)』, 울산문화재보존연구회, 2003.

_____,「韓國의 沿邊烽燧(I)」,『한국성곽연구회 정기학술대회』(叢書2), 한국성곽연구

회, 2003.

_____,「北韓의 烽燧」,『비무장지대 도라산유적』, 경기도박물관 · 세종대학교박물관 · 육군사관학교 육군박물관, 2003.

_____,「朝鮮前期 京畿中部地域의 烽燧 考察」,『祥明史學』第8 · 9合輯, 祥明史學會, 2003.

_____,「海東地圖의 烽燧標記形態 考察」,『학예지』제10집, 육군사관학교 육군박물관, 2003.

_____,「京畿南部地域의 烽燧 現況」,『平澤 關防遺蹟(II)』, 京畿道博物官, 2004.

_____,「韓國烽燧의 構造 · 施設과 地域別 現況 考察」,『한국성곽연구회 정기학술대회』(叢書 5), 한국성곽연구회, 2004.

_____,「韓國의 沿邊烽燧(II)」,『울산지역 봉수체계와 천내봉수대의 보전방안』, 울산과학대학 건설환경연구소, 2004.

_____,「韓國 沿邊烽燧의 形式分類考(I)」,『實學思想研究』27輯, 毋岳實學會, 2004.

金周洪 · 玄男周,「高麗~朝鮮時代 江華島의 烽燧 · 瞭望」,『江華外城 地表調查報告書』, 韓國文化財保護財團, 2007.

金周洪,「韓國 沿邊烽燧의 形式分類考」,『한국의 연변봉수』, 한국학술정보, 2007.

_____,「韓國 內地烽燧의 構造 · 形態 考察」,『학예지』제14집, 육군사관학교 육군박물관, 2007.

_____,「南海岸 地域의 沿邊烽燧」,『慶南研究』創刊號, 경남발전연구원 역사문화센터, 2009.

_____,「忠州地域의 烽燧」,『中原文物』第21號, 충주대학교 박물관, 2009.

_____,「朝鮮後期 地方地圖의 烽燧標記」,『先史와 古代』32, 韓國古代學會, 2010.

김중규,「18세기 군산지역 봉수대의 폐지 및 이설에 따른 위치 및 명칭 확인」,『제17회 전국향토문화연구발표수상논문집』, 전국문화원연합회, 2002.

김태호,「우리 고장 봉수대」,『淸道文化』제9집, 청도문화원, 2007.

나동욱,「강서구 천가동 연대산봉수대 지표조사」,『博物館研究論集』3, 부산광역시립박물관, 1995.

_____,「경남지역의 봉수」,『울산관방유적(봉수)』, 울산문화재보존연구회, 2003.

_____,「釜山 慶南地域 봉수대의 구조와 시설」,『울산지역 봉수체계와 천내봉수대의 보

　　전방안』, 울산과학대학 건설환경연구소, 2004.

南都泳,「朝鮮時代 軍事通信組織의 發達」,『韓國史論』9, 國史編纂委員會, 1986.

_____,「馬政과 通信」,『韓國馬政史』, 마사박물관, 1997.

노명구,「조선후기 군사 깃발」,『학예지』제15집, 육군사관학교 육군박물관, 2008.

朴相佾,「朝鮮時代의 烽燧運營體系와 遺蹟現況」,『淸大史林』第6輯, 淸州大學校 史學會,
　　1994.

方相鉉,「朝鮮前期의 烽燧制」,『史學志』第14輯, 檀國大學校 史學會, 1980.

백형선,「여수의 봉수대」,『아살자 2001 자료집』, 여수시민협, 2001.

孫德榮,「朝鮮時代 公州地方의 烽燧」,『웅진문화』8, 1995.

孫弘烈,「高麗末期의 倭寇」,『史學志』第9輯, 檀國大學校 史學會, 1975.

신재완,「保寧의 烽燧臺」,『保寧文化』第8輯, 保寧文化研究會, 1999.

陳庸玉,「봉수제도의 발달」,『한국전기통신100년사』, 1987.

元慶烈,「驛站과 烽燧網」,『大東輿地圖의 研究』, 成地文化社, 1991.

尹聖儀,「唐津地域의 烽燧址」,『內浦文化』제5호, 唐津鄕土文化研究所, 1993.

李元根,「朝鮮 烽燧制度考」,『蕉雨 黃壽永博士 古稀紀念 美術史學論叢』, 通文館, 1988.

_____,「烽燧槪說」,『韓國의 城郭과 烽燧』下, 한국보이스카우트연맹, 1991.

이재,「경기 봉화유적 조사 및 사례연구」,『천림산봉화 고증을 위한 학술세미나 논문
　　집』, 성남문화원, 1999.

___,『한강 이북지역의 봉수체계에 관한 연구』, 육군사관학교 화랑대연구소, 2000.

이지우,「조선시대 경남지역 烽燧臺의 변천」,『경남의 역사와 사회 연구』(연구총서Ⅷ),
　　경남대학교 경남지역문제연구원, 2003.

_____,「朝鮮時代 慶南地域 烽燧臺의 運用實態」,『加羅文化』第18輯, 慶南大學校博物館
　　加羅文化研究所, 2004.

이철영,「천내봉수대의 현황과 보전방안」,『울산지역 봉수체계와 천내봉수대의 보전방
　　안』, 울산과학대학 건설환경연구소, 2004.

_____,「조선시대 봉수군의 주거에 관한 연구」,『한국주거학회논문집』제16권제6호,
　　(사)한국주거학회, 2005.

_____,「조선시대 연변봉수의 배치형식 및 연대에 관한 연구」,『건축역사연구』49 제15
　　권5호, 韓國建築歷史學會, 2006.

_____,「조선시대 동해안지역 연변봉수에 관한 연구」,『건축역사연구』57 제17권2호, 韓國建築歷史學會, 2008.

_____,「울진 표산봉수의 복원 연구」,『한국성곽학보』-제14집-, 한국성곽학회, 2008.

_____,「조선시대 내지봉수에 관한 연구」,『건축역사연구』67 제18권6호, 韓國建築歷史學會, 2009.

_____,「朝鮮時代 慶尙道地域 烽燧 硏究」,『大韓建築學會支會聯合論文集』제12권4호, 大韓建築學會支會, 2010.

임정준,「蔚珍地域의 烽燧 調査報告」,『史香』창간호, 울진문화원부설 울진역사연구소, 2003.

車勇杰,「한국 봉수의 성격·기능·특징」,『한국성곽연구회 정기학술대회』(叢書 5), 한국성곽연구회, 2004.

최형국,「朝鮮後期 軍事 信號體系 硏究」,『학예지』제15집, 육군사관학교 육군박물관, 2008.

許善道,「烽燧」,『韓國軍制史』, 陸軍本部, 1968.

_____,「近世朝鮮前期의烽燧制(上)」,『韓國學論叢』第7輯, 國民大學校 韓國學硏究所, 1985.

許善道,「近世朝鮮前期의 烽燧(下)」,『韓國學論叢』第8輯, 國民大學校 韓國學硏究所, 1986.

홍성우,「慶南地域 內地烽燧臺 考察」,『학예지』제14집, 육군사관학교 육군박물관, 2007.

_____,「慶南地域 山城 內 烽燧臺의 檢討」,『咸安 武陵·安谷山城』, 함안박물관, 2009.

홍성우·박세원,「조선시대 봉수대의 구조와 조사방법」,『野外考古學』第9號, 韓國文化財調査硏究機關協會, 2010, pp.279~321.

황의호 외,「보령지역의 봉수대 연구」,『제19회 전국향토문화연구발표수상논문집』, 전국문화원연합회, 2004.

김정현,「고구려의 봉수체계에 대하여」,『력사과학』제3호, 과학백과사전출판사, 1978.

리영민,「경성읍성을 중심으로 한 동북방봉수체계와 그 시설물」,『조선고고연구』제1호, 사회과학원 고고학연구소, 1992.

리종선,「고려시기의 봉수에 대하여」,『력사과학』제4호, 과학백과사전출판사, 1985.

윤영섭,「리조초기 봉수의 분포」,『력사과학』제1호, 과학백과사전출판사, 1988.

_____, 「리조시기의 봉수제도에 대하여」, 『력사과학논문집』제15호, 과학백과사전종합
　　　　출판사, 1990.

8. 調査報告書

江陵大學校 博物館, 『江陵의 歷史와 文化遺蹟』, 1995.

_____, 『高城郡의 歷史와 文化遺蹟』, 1995.

_____, 『東海 於達山 烽燧臺』, 2001.

강원대학교 중앙박물관, 『강릉 낙풍리 광산개발사업구간내 문화유적지표조사보고』,
　　　　2002.

거제시, 『옥녀봉 봉수대 지표조사보고서』, 1995.

京畿道博物館, 『平澤 關防遺蹟 (I)』, 1999.

_____, 『도서해안지역 종합학술조사』 I · II · III, 2000 · 2001 · 2002.

경기도박물관, 『경기도3대하천유역 종합학술조사』 I (임진강) I , 2001.

_____, 『경기도3대하천유역 종합학술조사』 I (한강)II , 2002.

_____, 『경기도3대하천유역 종합학술조사』 I (안성천)III, 2003.

_____, 『平澤 關防遺蹟 (II)』, 2004.

慶南考古學研究所, 『固城 曲山烽燧 試掘調査 報告書』, 2006.

_____, 『固城 天王岾烽燧臺 試掘調査 報告書』, 2007.

경남대학교박물관, 『統營 閑山島 望山 別望烽燧臺 精密地表調査 報告書』, 2007.

慶南文化財研究院, 『統營 彌勒山烽燧臺』, 2001.

_____, 『山淸 笠巖山烽燧臺 地表調査結果報告』, 2006.

_____, 『南海 雪屹山烽燧臺 地表調査 結果報告』, 2006.

慶南發展研究院 歷史文化센터, 『宜寧 彌陀山城』, 2003.

_____, 『晋州 廣濟山 烽燧臺 試掘調査 報告書』, 2003.

_____, 『晋州 廣濟山 烽燧臺』, 2006.

_____, 『宜寧 彌陀山 烽燧臺』, 2007.

_____, 『烽火山 烽燧臺 地表調査報告書』, 2008.

慶尙北道文化財研究院, 『盈德 大所山烽燧臺 精密地表調査報告書』, 2002.

경상북도문화재연구원,『청도 오례산성 정밀지표조사보고서』, 2009.

公州大學校 博物館,『魯城山城』, 1995.

국립문화재연구소,『軍事保護區域 文化遺蹟 地表調査報告書』(江原道篇), 2000.

_____,『軍事保護區域 文化遺蹟 地表調査報告書』(京畿道篇), 2000.

國立中央科學館,『外羅老島 宇宙센터 建設事業地域內 文化遺蹟 地表調査報告書』, 2001.

國立昌原文化財研究所,『固城郡 文化遺蹟 地表調査 報告書』, 2004.

南道文化財研究院,『光陽市의 支石墓와 護國抗爭遺蹟』, 2005.

남해군,『금산봉수대 지표조사보고서』, 1999.

남해군 창선면,『대방산 봉수대 지표조사보고서』, 2000.

단국대학교 중앙박물관,『망이산성 학술조사보고서』, 1992.

_____,『망이산성 발굴보고서(1)』, 1996.

_____,『안성 망이산성 2차 발굴보고서』, 1999.

大邱大學校 中央博物館,『盈德 烽燧臺 地表調査 報告書』, 2007.

東亞大學校 博物館,『密陽推火山·終南山烽燧臺 復元資料收集基礎調査報告』, 1997.

_____,『佐耳山烽燧臺 地表調査報告書』, 1999.

_____,『巨濟 江望山烽燧臺 精密地表調査報告書』, 2002.

東亞細亞文化財研究院,『咸安 巴山 烽燧臺 文化遺蹟 發掘調査 報告書』, 2007.

_____,『巨濟 江望山 烽燧臺 文化遺蹟 發掘調査 報告書』, 2007.

明知大學校 博物館,『始華地區 開發事業區域 地表調査』, 1988.

보령시,『보령시 소재 봉수대 정비 기본계획』, 2009.

부산광역시립박물관,「강서구 천가동 연대산 봉수대 지표조사」,『박물관연구논집』3,
          1995.

釜山博物館,『機張郡 孝岩里 爾吉烽燧臺』, 2004.

釜山大學校博物館,『釜山光域市 機張郡 文化遺蹟 地表調査報告書』, 1998.

삼강문화재연구원,『거제 지세포봉수대 시굴조사보고서』, 2010.

西原鄕土文化研究會,『忠北의 烽燧』, 1991.

서울역사박물관,『남산 봉수대지 지표조사보고서』, 2007.

_____,『남산 봉수대지 발굴조사보고서』, 2009.

성남시·성남문화원,『城南 天臨山烽燧』, 2006.

_____,『한국의 봉수40선』, 2007.

_____,『한국의 봉수 문헌자료집』, 2008.

順天大學校 博物館,『高興郡의 護國遺蹟 II -烽燧-』, 2002.

順天大學校 文化遺産研究所,『順天市의 城郭과 烽燧』, 2007.

안동대학교박물관,『울진군 봉수대 지표조사보고서』, 2006.

圓寂山烽燧臺 保存會,『梁山圓寂山烽燧臺 精密地表調査報告』(慶南 梁山郡 上北面),
　　　　1991.

우리문화재연구원,『昌寧 餘通山烽燧臺 遺蹟』, 2007.

_____,『창녕 태백산봉수대 문화재 정밀지표조사 결과보고서』, 2008.

_____,『하동군 금성면 두우배후단지 예정부지 내 문화재 지표조사 결과보고
　　　　서』, 2008.

울산과학대학 건설환경연구소,『蔚山 川內烽燧臺 學術調査報告書』, 2004.

울산대학교 도시·건축연구소,『우가산 유포봉수대』, 2003.

_____,『서생 나사봉수대』, 2004.

육군박물관,『강화도의 국방유적』, 2000.

陸軍士官學校 陸軍博物館,『江原道 鐵原郡 軍事遺蹟』, 1996.

_____,『江華郡 軍事遺蹟 -城郭·烽燧篇-』, 2000.

_____,『江原道 高城郡 軍事遺蹟』, 2003.

_____,『강원도 홍천군 군사유적』, 2009.

仁川光城市,『文鶴山城 地表調査報告書』, 1997.

인하대학교 박물관,『仁川 柚串烽燧 정밀지표조사 보고서』, 2004.

전남대학교 박물관,『강진 원포봉수』, 2006.

_____,『麗水 五林洞 支石墓』, 1992.

中原文化研究院,『忠州 馬山烽燧 -試掘調査報告-』, 2009.

_____,『清州 巨叱大山烽燧 -發掘調査報告-』, 2010.

濟州文化藝術財團 文化財研究所,『兎山烽燧』, 2004.

清原鄕土文化研究會,『文義 所伊山烽燧』, 1998.

청주대학교 박물관,『청주 것대산 봉수터 발굴조사 보고서』, 2001.

忠北大學校 湖西文化研究所,『忠州 周井山烽燧臺 發掘調査報告書』, 1997.

忠北大學校 中原文化硏究所,『處仁城・老姑城・寶蓋山城』, 1999.

_____,『堤川 城山城・臥龍山城・吾峙烽燧』, 2000.

_____,『聞慶 炭項烽燧 地表調査報告書』, 2002.

_____,『忠州 馬山烽燧 地表調査報告書』, 2003.

忠北鄕土文化硏究所,『충북의 역원과 봉수』, 2009.

충주대학교,『용인 석성산봉수 종합정비 기본계획』, 2009.

忠淸埋藏文化財硏究院,『牙山 꾀꼴・물한・燕巖山城 地表調査 報告書』, 2002.

충청문화재연구원,『서산 주산봉수』, 2008.

한국토지공사 토지박물관,『고양시의 역사와 문화유적』, 1999.

_____,『남양주시의 역사와 문화유적』, 1999.

_____,『城南 天臨山烽燧 精密地表調査報告書』, 2000.

_____,『성남시의 역사와 문화유적』, 2001.

_____,『城南 天臨山烽燧 發掘調査報告書』, 2001.

_____,『성남 천림산봉수 건물지 발굴조사보고서』, 2003.

함안박물관,『咸安 武陵・安谷山城 -정밀지표조사 보고서-』, 2009.

9. 略報告書 및 會議資料

경상문화재연구원,『남해・하동 개발촉진지구내 사우스케이프 오너스클럽 조성사업부
　　　　지 문화재 발(시)굴조사 지도위원회의 자료집』, 2010.

경상북도문화재연구원,『의성 영니산 봉수지 정비사업부지 내 유적 발(시)굴조사 지도
　　　　위원회 자료집』, 2009.

公州大學校 博物館,『月城山 烽燧臺 試掘調査 結果槪略報告』, 2003.

대경문화재연구원,『울진 표산봉수대 문화유적 발굴조사 지도위원회 자료』, 2008.7

청주대학교 박물관,『청주 것대산 봉수터 발굴조사 약보고서』, 1995.7.

忠南大學校 博物館,『鷄足山城 發掘調査 略報告』, 1998.

한강문화재연구원,『강화 선두리 강화종합리조트 조성사업부지 내 문화재 발굴조사 지
　　　　도위원회의 자료집 』, 2007.

한울문화재연구원,『2009년 강화산성 남장대지 발굴조사』, 2009.5.

10. 單行本

김난옥, 『고려시대 천사 천역양인 연구』, 신서원, 2000.

김주홍 외, 『한국의 봉수』, 눈빛, 2003.

김주홍, 『한국의 연변봉수』, 한국학술정보, 2007.

_____, 『조선시대의 연변봉수』, 한국학술정보, 2010.

徐仁源, 『朝鮮初期 地理志 硏究』, 혜안, 2002.

손영식, 『전통 과학 건축』, 대원사, 1996.

이상태, 『한국 고지도 발달사』, 혜안, 1999.

전용철, 『개성의 옛 자취를 더듬어』, 문학예술출판사, 2002.

진용옥, 『봉화에서 텔레파시 통신까지』, 지성사, 1997.

車相瓚, 『朝鮮史外史』, 明星社, 1947.

경기문화재단, 『京畿道의 城郭』, 2003.

_____, 『華城城役儀軌』, 2005.

_____, 『화성성역의궤 건축용어집』, 2007.

慶北大 嶺南文化財硏究院, 『營總』, 2007.

丹陽鄕土文化硏究會, 『兩白之間(丹陽)의 山城·烽燧』, 2000.

大田直轄市, 『大田의 城郭』, 1993.

成地文化社, 『大東輿地圖의 硏究』, 1991.

여수시민협, 『아살자 2001 자료집』, 2001.

울산문화재 보존연구회, 『울산관방유적(봉수)』, 2003.

의성문화원, 『義城의 烽燧臺』, 1999.

長水文化院, 『長水郡의 山城과 烽燧』, 2002.

전북체신청, 『全北의 烽燧臺』, 1992.

철원문화원, 『철원의 성곽과 봉수』, 2006.

遞信部, 『韓國電氣通信100年史』(上), 1985.

한국보이스카우트연맹, 『韓國의 城郭과 烽燧』(하), 1990.

韓國學中央硏究院, 『古文書集成』82 -寧海 務安朴氏篇(Ⅰ)武毅公(朴毅長)宗宅-, 2005.

11. 地圖資料

김정호, 『東輿圖』, 서울大學校 奎章閣, 2003.

李燦, 『韓國의 古地圖』, 汎友社, 1991.

12. 日本語書籍

和田一郎, 「烽臺屯及煙臺屯」, 『朝鮮土地地稅制度調査報告書』, 宗高書房, 1920.

松田甲, 「李朝時代の 烽燧」, 『朝鮮』254, 1928.

朝鮮總督府, 『朝鮮寶物古蹟調査資料』, 1942.

平川 南, 鈴木靖民 編, 『烽(とぶひ)の道』, 青木書店, 1997.

찾아보기